國家社會科學基金重大項目（21&ZD271）
全國高等院校古籍整理研究工作委員會科研項目
「十四五」國家重點圖書出版規劃項目
2021—2035年國家古籍工作規劃重點出版項目
國家出版基金資助項目

本書獲
南開大學文科發展基金首批重點項目
內蒙古大學內蒙古元代文學與文化研究基地
資金支持

顧　問　安平秋　陳　洪　詹福瑞

編纂委員會（以姓氏筆畫爲序）

丁　放　左東嶺　汪林中　尚永亮　周絢隆　查洪德

黄仕忠　張　晶　張前進　朝戈金　廖可斌　魏永貴

主　編　查洪德

国家出版基金项目
NATIONAL PUBLICATION FOUNDATION

查洪德 主编

全遼金元筆記

王亞偉 編校

第一輯 九

中原出版傳媒集團
中原傳媒股份公司
大象出版社
·鄭州·

圖書在版編目(CIP)數據

全遼金元筆記. 第一輯. 九 / 查洪德主編; 王亞偉編校.— 鄭州 : 大象出版社, 2022. 12
ISBN 978-7-5711-1664-4

Ⅰ. ①全… Ⅱ. ①查… ②王… Ⅲ. ①筆記-中國-遼金時代②筆記-中國-元代 Ⅳ. ①K240. 66

中國版本圖書館 CIP 數據核字(2022)第235111號

全遼金元筆記 第一輯 九

出 版 人 汪林中
項目策劃 張前進
項目統籌 李光潔 吳韶明
責任編輯 陶 慧
責任校對 安德華 張紹納
整體設計 王晶晶 杜曉燕
責任印製 郭 鋒
出版發行 大象出版社
(鄭州市鄭東新區祥盛街27號 郵編450016)
製 版 河南新華印刷集團有限公司
印 刷 北京匯林印務有限公司
版 次 2022年12月第1版 2022年12月第1次印刷
開 本 640 mm×960 mm 1/16 24印張
字 數 307千字
定 價 96.00元

目録

武林舊事

⊙周　密撰

點校説明

《武林舊事》十卷，周密撰。周密（一二三二—一二九八），字公謹，號草窗、四水潛夫、弁陽老人、弁陽嘯翁、蕭齋、華不注山人等。生平見《齊東野語》撰者介紹。

是書作於宋亡之後，夏承燾《唐宋詞人年譜·周草窗年譜》以《齊東野語》卷十五「花屈辱」所載「予嘗得其（張鎡）園中亭榭名及一歲遊適之目，名《賞心樂事》者，已載之《武林舊事》」考之，云《武林舊事》成書早於《齊東野語》，至晚應在至元二十八年之前。

自序稱書中所記，乃作者客杭時目睹耳聞先朝之舊事。今考其所載，宋室南渡後都城雜事，凡宫廷典禮、宫殿建置、皇室生活、教坊樂部、歲時節俗、杭州市肆、西湖名勝、物産飲食、遊藝競技、雜劇曲藝等無不備載。於乾道、淳熙間，三朝授受、兩宫奉養之事，叙述尤詳，極爲難得。密作是書本欲「如吕滎陽《雜記》而加詳，如孟元老《夢華》而近雅」，《四庫全書·武林舊事》提要云：「體例雖仿孟書而詞華典贍，南宋人遺篇剩句頗賴以存，『近雅』之言不謬。吕希哲《歲時雜記》今雖不傳，然周必大《平園集》尚載其序，稱其『上元』一門多至五十餘條，不爲不富。而密猶以爲未詳，則是書之賅備可知矣。」

是書并非單純記録南宋都城臨安掌故，如其自序所云，寓有「時移物换，憂患飄零」「盛衰無常」之感，卷七「乾淳奉親」下有「其於世教民彝，豈小補哉」云云。後之覽者於此書亦有認識和發明。明人宋廷佐讀此書，因南渡君臣忘君父之仇，沉酣於湖山之樂，而爲之興嘆；陳柯體察宋氏之意，則由觀感而興鑒戒；清人汪日菼認爲是編可補乾道、咸淳兩志所未備；鮑廷博則言書前自序彰顯全書之旨，聲情綿邈，凄然有故國舊君之思。由是觀之，前人對此書之認識主要在於興亡鑒戒、助益風教、補充文獻三方面。以今之眼光審之，是書之價值遠不止此。書中所記涉及南宋都城臨安之儀典、民俗、藝術、宗教、文學、飲食、娱樂、建築、工商業等諸多方面，其中頗有他書未載未備者，是南宋城市、經濟、文化等領域研究之重要史料。

是書自問世以來，流傳情况極複雜。現存明清兩代鈔本、刻本若干種，分藏於全國各地數十家圖書館。據元人忻厚德跋文載，是書最早有元刻本六卷和元鈔本十卷。六卷本，情况不詳；十卷本，乃元人仇遠所藏，後歸西河莫氏（疑爲莫維賢，仇遠門人），忻氏又從莫氏處手鈔成全書。此兩種版本均已不存。有明一代，是書刊刻、傳鈔興盛，版本混亂，現存以正德十三年宋廷佐刻本六卷和陳繼儒《寶顔堂秘笈》本十卷爲善。宋廷佐刻本版本來源不詳，後有嘉靖三十九年陳柯翻刻本。陳繼儒《寶顔堂秘笈》本十卷，分爲《前武林舊事》六卷和《後武林舊事》四卷。而《高寄齋訂正武林舊事》六卷後，又有《寶顔堂後集武林舊事》五卷。從内容看，此五卷之卷一乃從《前武林舊事》卷六中析出「棋待詔」至「消息」部分，别置一卷，其餘四卷與《後武林舊事》四卷無明顯差異。是書在清代流布益廣，諸多版本中以鮑廷博《知不足齋叢書》十卷本與《四庫全書》十卷本爲善。《知不足齋叢書》本所據底本乃惠棟所藏，即元人傳自仇遠所藏之十卷本，又校以明代宋、陳兩刻。《四庫全書》本則據毛氏汲古閣元版傳鈔而來，首尾完具，不同之處在於將「棋待詔」至「消息」部分作爲卷十下，置於卷末。此外，自元代以來有多個從是書中析出的單行本，陶宗儀所編《説郛》中多有收録。

考察是書主要版本，《知不足齋叢書》本最爲完善、精良。本次整理以《知不足齋叢書》本爲底本，校以明宋廷佐刻本（簡稱「宋刻本」）、陳繼儒《寶顔堂秘笈》本（簡稱「秘笈本」）及文淵閣《四庫全書》本（簡稱「四庫本」）。整理中亦參考楊瑞點校本（浙江古籍出版社二〇一五年版《周密集》）、范熒整理本（大象出版社二〇一七年《全宋筆記》）、謝永芳注評本（中州古籍出版社二〇一九年）。

目録

吴壽暘跋　文江跋　翁同書題　《百川書志》提要　《讀書敏求記》提要　《西湖志》提要　《四庫全書總目》提要　《四部寓眼録補遺》提要

卷一

慶壽册寶

壽皇聖孝，冠絶古今，承顔兩宮，以天下養。一時盛事，莫大於慶壽之典。今摭録大略於此。淳熙三年，光堯聖壽七十，預於舊歲冬至加上兩宮尊號，立春日行慶壽禮。至十三年，太上八十，正月元日再舉慶典。其日文武百僚集大慶殿，各服朝服，用法駕五百三十四人，大樂四十八架【一】，樂正、樂工一百八十八人，及列儀仗、鼓吹於殿門外。上服通天冠、絳紗袍，執大圭，恭行册寶之禮。鼓吹振作，禮儀使已下皆導從。上乘輦，從至德壽宮，俟太上升御座。宮架樂作，皇帝北向再拜，奏起居，致詞曰：「臣某稽首言，伏惟聖號太上皇帝陛下壽同天永，德與日新，典册揚徽，華夷賴慶。」左相宣答曰：「聖號太上皇帝聖旨，皇帝迎陽展采，鏤牒榮親，何幸吾身，屢觀盛事！」次皇太子以下稱賀，致詞，宣答訖，并再拜舞蹈，禮畢。次詣太上皇后殿，行禮如前。候解嚴訖，皇帝入宮進奉禮物，行家人禮。御宴極歡。自皇帝以至群臣、禁衛、吏卒，往來皆簪花。後三日，百官拜表稱賀於文德殿。四方萬姓不遠千里快睹盛事，都民垂白之老喜極有至泣下者。楊誠齋詩云：

校勘記

【一】大樂四十八架　「八」字下原衍「人」字，據宋刻本、秘笈本、四庫本删。

「長樂宮前望翠華，玉皇來賀太皇家。青天白日仍飛雪，錯認東風轉柳花。」「春色何須羯鼓催，君王元日領春回。牡丹芍藥薔薇朵，都向千官帽上開。」任斯庵詩云：「金爵觚稜曉日開，三朝喜氣一時回。聖人先御紅鸞扇，天子龍輿萬騎來。」「霜曉君王出問安，寶香隨輦護朝寒。五雲深處三宮宴，九奏聲中二聖歡。」

四孟駕出

先期，禁衛所、閤門牒臨安府，約束居民，不許登高及衩袒觀看。男子并令衫帶，婦人裙背。仍先一日封閉樓門，取責知委，不許容著來歷不明之人。殿步三司分撥統制、將官、軍兵六千二百人，擺綴諸巷。大禮則倍此數。至日五鼓，地分頭項沿門驅逐雜人外，儀衛節次如左【二】：

地分約攔，諸廂約攔，緝捕使臣，都轄官約攔，軍器庫從物，內藏庫從物，御酒庫從物，御厨從物，祗候庫從物，騏驥院御馬，兩行。御藥院藥架，引從舍人，兩行。諸司庫務官，兩行。搜視行宮司，行宮殿門，控攏親從，二百十五人。前驅親從，兩行，各二十一人。贊喝舍人，兩行，各八人。天武，兩行，各八人，居外。都下親從，兩行，各八人，居內。駕頭，閤門祇候乘騎捧駕。引駕主首，兩行，各五人。閤門提點，兩行。御史臺知班，兩行。尚書省録事，密院副承旨，珠子御座，御馬院馬，喝御座【三】。閤門簿書，兩行。宣贊舍人，兩行。茶酒班，環衛官，帶御器械，攔前

【二】儀衛節次如左　「左」原作「后」，據四庫本改。

【三】喝御座　「喝御座」原作「喝咎座御」，據宋刻本、秘笈本、四庫本改。

等，輦官人員，逍遥輦，輦官十六人。御輦院官，閤門承受，兩行。御燎子頭籠，翰林司官，御絲鞋所，御服所，御座馬，兩行，十四。馬院總管，御軍器庫，睿思殿庫，閤子庫【四】，閤門覺察官，兩行。長入祗候，兩行，各二十六人。茶酒班殿侍，各二十一人。快行親從，各三十二人。擊鞭，兩行，各七人。殿前指揮使，兩行，各二十一人，居外。茶酒班殿侍，兩行，各六人，執從物，居内。編排禁衛行子，三十人於内往來編排。等子人員十將，兩行，各四人，居外。御龍直，共八十二人，執從物，居内。知閤門事，乘馬，行圍子内。步帥，乘馬，行圍子内。親從方圍子。兩行，各一百四十人。

圍子兩邊各四重：第一重，内殿直已下，兩邊各一百人。第二重，崇政殿圍子，兩邊各一百人。第三重，御龍直，兩邊各一百人。第四重。崇政殿圍子，兩邊各一百人。

水手并覷捕等子，兩邊各五人。攔前崇政殿親從，十七人。殿帥，乘騎，行圍子内中道。主管禁衛所内官。等子【五】，兩邊各二十五人，居外。中道，第二日，并恭謝，教坊樂人迎駕，念致語、口號等，并教坊、樂部於此排立。快行親從，兩行，各三十人。塵斧拂子，水晶骨朵，香毬，二【六】。打燭快行，兩行，駕回不用。編排官，二人。執燭籠親從，兩行，各七十四人。到衆安橋去燭，駕回先行。行門，兩行，各十二人。當食官，聽宣官，輦官人員，平輦，輦官，十六人。黄羅御傘，二。黄羅御扇，二。挾輦御藥，帶插外御帶，帶插閤下官，閤門覺察舍人，攔後圍子，挾輦指揮使，各二十一人。輦後樂，東西兩邊共三十六人，第一日不作。天武，兩行，各八人，居外。都下親從，兩行，各八人。扇筤，挾輦内殿直，各二十二人。宰臣，使相，執政，宰執後約攔親從，二十二人。從駕臣僚分東西兩班，東班係尚書、

【四】閤子庫　「子」原作「門」，據宋刻本、秘笈本改。

【五】主管禁衛所内官等子　「衛」原作「軍」，據宋刻本、四庫本改。

【六】二　「二」字下原衍「人」字，據宋刻本、秘笈本、四庫本删。

侍郎、兩制等官，西班係正位、宗室、遥郡。閤門覺察宣贊舍人，侍從後約攔親從。各二十二人。

車駕所經，諸司百官皆結綵門迎駕起居。俟駕頭將至，知班行門喝「班到排立」，次喝「躬身拜，再拜」。駕回不拜，值雨免拜。班首奏「聖躬萬福」，唱喏【七】，直身立。齪巷軍兵則呼「萬歲」。

大禮 南郊　明堂

三歲一郊，預於元日降詔，以冬至有事於南郊；或用次年元日行事。明堂止於半年前降詔，用是歲季秋上辛日。先於五六月内擇日，命帥漕及修内司修飾郊壇【八】，及絞縛青城齋殿等屋，凡數百間，悉覆以葦席，護以青布。并差官兵修築泥路，自太廟至泰禋門，又自嘉會門至麗正門，計九里三百二十步，明堂止自太廟至麗正門。皆以潮沙填築，其平如席，以便五輅之往來。

每隊各有歌頭，以綵旗爲號，唱和《杵歌》等曲以相，兩街居民各以綵段錢酒爲犒。又命象院教象，前導朱旗，以二金三鼓爲節，各有幞頭紫衣蠻奴乘之，手執短钁，旋轉跪起，悉如人意。市井因競市繪塑小象，以饋遺四方。又以車五乘，壓之以鐵，多至萬斤，與輅輕重適等，以觀疾徐傾側之勢。至前一月進呈，謂之「閃試」。及駕出前一日，縛大綵屋於太廟前，置輅其中，許都人觀瞻。

【七】唱喏　「唱喏」原作「喝唱」，據宋刻本、秘笈本、四庫本改。

【八】命帥漕及修内司修飾郊壇　「帥」原作「司」，據宋刻本、秘笈本、四庫本改。

先自前一月以來，次第按試習儀，殆無虛日。郊前十日，執事、陪祀等官并受誓戒於尚書省。宗室赴太廟受誓戒。前三日，百官奏請皇帝致齋於大慶殿。

是日，上服通天冠、絳紗袍、綪結佩，升高座。侍中奏請降座，就齋室。次日，車駕詣景靈宫，服衮冕行禮。儀從并同「四孟」。禮畢，駕回，就赴太廟齋殿宿齋。是夕四鼓，上服衮冕詣祖宗諸室，行朝饗之禮。是夜，鹵簿、儀仗、軍兵於御路兩傍分列，間以籸盆、蕡燭。自太廟直至郊壇、泰禋門，輝映如晝。宰執、親王、貴家巨室，列幕櫛比，皆不遠千里，不憚重費，預定於數月之前，而至期猶有爲有力所奪者。珠翠錦繡絢爛於二十里間，雖寸地不容閑也。歌舞游遨，工藝百物，輻輳争售，通宵駢闐。至五鼓，則穲稍先驅，所至皆滅燈火，蓋清道祓除之義。

黎明，上御玉輅，從以四輅，金、象、革、木。導以馴象。千官百司，法駕儀仗，錦繡雜遝，蓋十倍孟饗之數，聲容文物不可盡述。次第出嘉會門，至青城宿齋。明堂則徑入麗正門齋殿齋宿。四壁皆三衙諸軍，周廬坐甲，軍幕、旌旗布列前後，傳呼唱號，列燭互巡，往來如織。行宫至暮則嚴更警場，太廟齋宿亦然。鼓角轟振。又有衛士十餘隊，每隊十餘人，互喝云：「是與不是？」衆應曰：「是！」又喝云：「是甚人？」衆應曰：「殿前都指揮使某人。」謂之「喝攔」。至三鼓，執事、陪祀官并入，就黄壇排立。萬燈輝耀，燦若列星。凡齪燈皆自爲誌號，謂如捧俎官，則畫一人爲捧俎之狀等類。蓋燈多，不容不以此辨認，亦有好奇可笑者。

用丑時一刻行事。至期，上服通天冠、絳紗袍，乘輦至大次。禮部侍郎奏中嚴、外辦【九】，禮儀使奏請皇帝行事。上服袞冕，步至小次，升自午階。天步所臨，皆藉以黄羅，謂之「黄道」。中貴一人以大金合貯片腦，迎前撒之。禮儀使前導，殿中監進大圭。至版位，禮直官奏：「有司謹具，請行事。」宫架樂作。自此，上進止皆樂作。時壝壇内外，凡數萬衆，皆肅然無譁。天風時送佩環韶濩之音，真如九天吹下也。太社令升煙，燔牲首【一〇】。上先詣昊天位，次皇地祇，次祖宗位，奠玉、祭酒、讀册、文武二舞，次亞、終獻，禮畢。上詣飲福位，受爵，飲福酒。登歌樂作。禮直官喝「賜胙」，次「送神」，次「望燎」，訖，禮儀使奏「禮畢」。上還大次，更衣，乘輦還齋宫。百僚追班，賀禮成於端誠殿。

黎明，上乘大安輦，從以五輅進發。教坊排立，奏念致語、口號訖，樂作。諸軍隊伍亦次第鼓吹振作。千乘萬騎如雲奔潮湧，四方萬姓如鱗次蟻聚，迤邐入麗正門。教坊排立，再奏致語、口號。舞畢，降輦小憩，以俟辦嚴【一一】，登門肆赦。弁陽老人有詩云：「黄道宫羅瑞腦香，衮龍升降佩鏘鏘。大安輦奏乾安曲，萬點明星簇紫皇。」又曰：「萬騎雲從簇錦圍，内官排辦馬如飛。九重閶闔開清曉，太母登樓望駕歸。」李鶴田詩云：「嚴更頻報夜何其，萬甲聲傳遠近隨。梔子燈前紅炯炯，大安輦上赴壇時。」

郊壇，天盤至地高三丈二尺四寸，通七十二級，分四成。上廣七丈，共十二階，分三十

【九】外辦　「辦」原作「辨」，據《宋史·禮志》《文獻通考》改。

【一〇】燔牲首　「牲」字下原衍「旨」字，據宋刻本、四庫本删。

【一一】以俟辦嚴　「辦」原作「辨」，據四庫本改。

六龕。午階闊一丈，主上升降由此階。其餘各闊五尺。圓壇之上，止設昊天上帝、皇地祇二神位，及太祖、太宗配。三十六龕【一二】，共祀五帝、太乙、感生、北極、北斗，及分祀衆星三百六十位。儀仗用六千八百八十九人，自太廟排列至青城。玉輅下祗應人共三百二十一人：呵喝人員二人，教馬官二人，挾捧輪將軍四人，推輪車子官健八人，駕士班直二百三十二人，千牛衛將軍二員，抱太常龍旗官六員，職掌五人，專知官一名，手分一名，庫子八人，裝挂匠二人，諸作工匠十五人，蓋覆儀鸞司十一人，監官三員。金、象、革、木輅，每輅下一百五十六人。玉輅青飾，金輅黃飾，象輅紅飾，革輅淺色飾，木輅黑飾。輅下人冠服并依輅色。玉輅前儀仗騎導：騎導官，左壁文臣，右壁武臣。六軍儀仗官兵二千二百三十二人。左右諸衛將軍十三員。中道五員，左右八員。金吾街仗司：執犦稍八十人，攝將軍八員，仗下監門二十六員，鼓吹五百八十三人，導駕樂人三百三十人。

登門肆赦

其日，駕自文德殿，詣麗正門御樓。教坊作樂迎導，參軍色念致語，雜劇色念口號。至御幄降輦，門下閤門進「中嚴、外辦」牌訖，御樂喝唱「捲簾」，上出幄臨軒。門下鳴鞭，宮架奏曲。簾捲，扇開，樂止，撞右五鐘。

黃傘纔出，門下宰臣以下兩拜，分班立。門上中書令稱：「有敕，立金鷄。」門下侍

【一二】三十六龕　「三」原作「天」，據《宋史·禮志》《文獻通考》改。

郎應喏，宣：「奉敕，立金鷄。」鷄竿一起，門上仙鶴童子捧赦書降下。閤門接置案上，太常寺擊鼓。鼓止，捧案至樓前中心。知閤稱：「宣付三省。」參政跪受，捧制書出班跪奏，請付外施行。門上中書令承旨宣曰：「制可。」門下參政稱：「宣付三省。」遂以制書授宰臣。跪受訖，閤門提點開拆，授宣赦舍人，捧詣宣制位，起居舍人一員摘句讀。舍人稱：「有制。」宰臣以下再拜。俟讀至「咸赦除之」，獄級奏脱枷訖，罪囚應喏，三呼「萬歲」，歌呼而出。候宣赦訖，門上舍人贊，樞密及中書令曲賀兩拜。門下宣制舍人捧制書授宰臣【一三】，宰臣授刑部尚書，尚書授刑房録事訖，歸班，兩拜，致詞，三舞蹈，三叩頭。知閤稱：「有制。」宰臣已下再拜。知閤宣荅云：「若時大慶，與卿等同之。」又拜舞如前。門上中書令奏「禮畢」，扇合，宫架樂作。簾降，樂止。撞左五鐘。

門下禮部郎中奏「解嚴」，上還幄次。門下鳴鞭，舍人喝：「奉敕放仗。」宰臣已下再拜，退。次宣勞將士訖，乘輦歸内。至南宫門，教坊迎駕，念致語、口號如前。至文德殿降輦，舞畢，退。弁陽翁詩云：「换輦登門捲御簾，侍中承制舍人宣。鳳書乍脱金鷄口，一派歡聲下九天。」

金鷄竿，長五丈五尺，四面各百戲一人緣索而上，謂之「搶金鷄」。先到者得利物，呼「萬歲」。纈羅襖子一領；絹十匹；銀碗一隻，重三兩。

諸州進奏院各有遞鋪腰鈴、黄旗者數人，俟宣赦訖，即先發太平州、萬州、壽春府，取

【一三】門下宣制舍人捧制書授宰臣　「捧」字下原衍「赦」字，據宋刻本、秘笈本、四庫本删。

「太平萬壽」之語，以次俱發。鈴聲滿道，都人競觀。

樓下排立次第：青龍、白虎旗各一，信旗二，方扇二，方圓罕畢二，幢四，劍二，將軍二，僧衆，居左。道衆，居右。玉輅，居中。太常宮架樂，宣赦臺，招拜紅旗，擊鼓，三院罪囚獄級，居左。御馬六匹，居右。宣制位，居中。横門，快行，承旨，三省官已下。

恭謝

大禮後，擇日行恭謝禮。第一日，駕出如四孟儀，詣景靈宮天興殿聖祖前行恭謝禮，次詣中殿祖宗神御前行禮。還齋殿進膳訖，引宰臣以下賜茶。茶畢，奏事訖，還内。第二日，上乘輦自後殿門出，教坊都管已下於祥曦殿南迎駕起居，參軍色念致語，雜劇色念口號，樂作。駕後樂東西班則於和寧門外排立，後從作樂。將至太乙宮，道士率衆執威儀於萬壽觀前，入圍子内迎駕起居，作法事，前導入太乙宮門。降輦，候班齊，詣靈休殿參神，次詣五福、十神、太乙，次詣申佑殿、本命。北辰殿、通真殿、佑聖。順福殿、太后本命。延壽殿、南極。火德殿。禮畢，宣宰臣以下合赴坐官并簪花，對御賜宴。上服幞頭、紅上蓋、玉束帶，不簪花。教坊樂作，前三盞用盤盞，後二盞屈巵。御筵畢，百官、侍衛、吏卒等并賜簪花從駕。縷翠滴金，各競華麗，望之如錦繡。衙前樂都管已下三百人，自新椿橋西中道排立迎駕，念致語、口號如前。樂動《滿路花》，至殿門起《壽同天》曲破。舞畢，退。

姜白石有詩云：「六軍文武浩如雲，花簇頭冠樣樣新。惟有至尊渾不戴，盡將春色賜群臣。」「萬數簪花滿御街，聖人先自景靈回。不知後面花多少，但見紅雲冉冉來。」是日，皇后及内中車馬先還。宮中呼后爲「聖人」。

聖節

其日，候宰執奏事訖，追班。上坐垂拱殿，先引樞密院并管軍官上壽。東京分爲二日，今只并爲一日。禮畢，再坐紫宸殿，上公已下分立。候奏班齊，上公詣御茶床前，躬進御酒，跪，致詞云：「文武百僚臣某等稽首言，天基令節，聖節名，逐朝換。臣等不勝大慶，謹上千萬歲壽。」下殿，再拜。樞密宣答云：「得公等壽酒，與公等内外同慶。」又再拜。教坊樂作，接盞訖，跪，起，舞蹈如儀。閤門官喝：「不該赴坐官先退。」樞密喝：「群臣升殿。」閤門分引上公已下合赴坐官升殿。第一盞，宣視盞，送御酒，歌板色唱《祝堯齡》，賜百官酒，觱篥起《舞三臺》，後并準此。供進肉鹹豉【一四】。第二盞，賜御酒，歌板起《中腔》，供進雜爆。第三盞，歌板唱《踏歌》，供進肉鮓。候内官起茶床，樞密跪奏「禮畢」，群臣降階，舞蹈，拜，退。此上壽儀大略也。若錫宴節次，大率如《夢華》所載，茲不贅書。今偶得理宗朝禁中壽筵樂次，因列於此，庶可想見承平之盛觀也。

【一四】供進肉鹹豉　「肉」原作「内」，據四庫本改。

天基聖節排當樂次正月五日

樂奏夾鍾宫，觱篥起《萬壽永無疆引子》，王恩。

上壽：

第一盞，觱篥起《聖壽齊天樂慢》，周潤。

第二盞，笛起《帝壽昌慢》，潘俊。

第三盞，笙起《昇平樂慢》，侯璋。

第四盞，方響起《萬方寧慢》，余勝。

第五盞，觱篥起《永遇樂慢》，楊茂。

第六盞，笛起《壽南山慢》，盧寧。

第七盞，笙起《戀春光慢》，任榮祖。

第八盞，觱篥起《賞仙花慢》，王榮顯。

第九盞，方響起《碧牡丹慢》，彭先。

第十盞，笛起《上苑春慢》，胡寧。

第十一盞，笙起《慶壽樂慢》，侯璋。

第十二盞，觱篥起《柳初新慢》，劉昌。

第十三盞，諸部合《萬壽無疆薄媚》曲破。

初坐：

樂奏夷則宮，觱篥起《上林春引子》，王榮顯。

第一盞，觱篥起《萬歲梁州》曲破，齊汝賢。舞頭，豪俊邁。舞尾，范宗茂。

第二盞，觱篥起《聖壽永歌曲子》，陸恩顯。琵琶起《捧瑶卮慢》，王榮祖。

第三盞，唱《延壽長歌曲子》，李文慶。嵇琴起《花梢月慢》，李松。

第四盞，玉軸琵琶獨彈正黄宫《福壽永康寧》，俞達。拍，王良卿。觱篥起《慶壽新》，周潤。進彈子笛哨，潘俊。杖鼓，朱堯卿。拍，王良卿。

進念致語等，時和：「伏以華樞紀節，瑶墀先五日之春；玉歷發祥，聖世啓千齡之運。歡騰薄海，慶溢大廷。恭惟皇帝陛下，睿哲如堯，儉勤邁禹。躬行德化，躋民壽域之中；治洽泰和，措世春臺之上。皇后殿下，道符坤順，位儷乾剛。宫闈資陰教之修，海宇仰母儀之正。有德者必壽，八十個甲子環周；申命其用休，億萬載皇圖鞏固。臣等生逢華旦，叨預伶官。輒採聲詩，恭陳口號：『上聖天生自有真，千齡寶運紀休辰。貫樞瑞彩昭璇象，滿室紅光裊翠麟。黄閣清夷瑶莢曉，未央閑暇玉卮春。箕疇五福咸敷斂，皇極躬持錫庶民。』日遲鸞旆，喜聆舜樂之和；天近鵷墀，宜進齊諧之伎。上奉天顔。吴師賢已下上進小雜劇。」雜劇吴師賢已下做《君聖臣賢爨》，斷送《萬歲聲》。

第五盞，笙獨吹小石角《長生寶宴樂》，侯璋。拍，張亨。笛起《降聖樂慢》，盧寧。

雜劇周朝清已下做《三京下書》，斷送《遶池遊》。

第六盞，筝獨彈高雙調《聚仙歡》，陳儀。拍，謝用。方響起《堯階樂慢》，劉民和。聖花，金寶。

第七盞，玉方響獨打道調宫《聖壽永》，余勝。拍，王良卿。筝起《出墻花慢》，吴宣。雜手藝《祝壽進香仙人》，趙喜。

第八盞，《萬壽祝天基》，斷隊。

第九盞，簫起《縷金蟬慢》，傅昌寧。笙起《托嬌鶯慢》，任榮祖。

第十盞，諸部合《齊天樂》曲破。

再坐：

第一盞，觱篥起《慶芳春慢》，楊茂。笛起《延壽曲慢》，潘俊。

第二盞，筝起《月中仙慢》，侯端。嵇琴起《壽爐香慢》，李松。

第三盞，觱篥起《慶簫韶慢》，王榮祖。笙起《月明對花燈慢》，任榮祖。

第四盞，琵琶獨彈高雙調《會群仙》。方響起《玉京春慢》，余勝。雜劇何晏喜已下做《楊飯》，斷送《四時歡》。

第五盞，諸部合《老人星降黄龍》曲破。

第六盞，觱篥獨吹商角調《筵前保壽樂》。雜劇時和已下做《四偌少年遊》，斷送

《賀時豐》。
第七盞，鼓笛曲《拜舞六幺》。弄傀儡《踢架兒》，盧逢春。
第八盞，簫獨吹雙聲調《玉簫聲》。
第九盞，諸部合無射宫《碎錦梁州歌頭》大曲。雜手藝《永團圓》，趙喜。
第十盞，笛獨吹高平調《慶千秋》。
第十一盞，琵琶獨彈大吕調《壽齊天》。撮弄《壽果放生》，姚潤。
第十二盞，諸部合《萬壽興隆樂》法曲。
第十三盞，方響獨打高宫《惜春》。傀儡《舞鮑老》。
第十四盞，筝、琶、方響合纏令《神曲》。
第十五盞，諸部合夷則羽《六幺》。巧百戲，趙喜。
第十六盞，管下獨吹無射商《柳初新》。
第十七盞，鼓板。舞綰《壽星》，姚潤。
第十八盞，諸部合《梅花伊州》。
第十九盞，笙獨吹正平調《壽長春》。傀儡《群仙會》，盧逢春。
第二十盞，觱篥起《萬花新》曲破。

祇應人

都管：周朝清、陸恩顯。

雜劇色：吴師賢、趙恩、王太一、朱旺、猪兒頭。時和、金寶、俞慶、何晏喜、沈定、吴國賢、王壽、趙寧、胡寧、鄭喜、陸壽。

歌板色：李文慶。

拍板色：王良卿、張亨、謝用。

簫色：傅昌寧、朱明復、李允信。

箏色：陳儀、豪輔文、吴宣、豪俊賢、徐顯祖、張廣。

琵琶色：王榮祖、俞達、豪俊民、豪俊邁、段繼祖。

嵇琴色：李松、侯端、孫民顯。

笙色：侯璋、葉茂青、任榮祖、董茂、張瑾、潘實、姚拱、范椿、孫昌、莫正、周珍、馬椿、姚舜臣、陳保。

觱篥色：齊汝賢、周潤、楊茂、王恩、王榮顯、姜師賢、劉昌、楊彬、王福、杜明、喻祥、周忠恕、夏福、徐珏、周喜、聞澄、沈壽、丁預、鄭亨、周佐、楊瑾、沈康、鄭聰、莫壽、潘顯祖、時潤、胡佾、周信、李圭、李潤、史顯、金壽。

笛色：楊德茂、潘俊、盧寧、彭俊、賀昌、賀壽、胡師文、壽椿、姚實、張茂祖、崔興、朱珍、張茂才、金貴、潘顯祖、沈壽、周興、李大用、董大有、金明、趙喜、莫及、張春、葉茂、胡寧、任顯、張椿、孫寧、彭進、李榮、全寧、金彦恭、董喜、王佑、來亨、王喜、顧和、顧松、金顯、董寧、杜松、李椿、張椿、何福、管思齊、朱喜、花椿、李拱辰。

方響色：余勝、彭先、劉民和、黄桂、姜大亨、張榮。

杖鼓色：朱堯卿、馮喜、時忠、施榮、朱拱辰、周忠、李顯、姚實、葉茂、李榮祖。

大鼓色：王喜、鄧珍、王宣、顧榮。

舞旋色：范宗茂。

内中上教：張明、倪椿、潘恩、石琇、張琳。

弄傀儡：盧逢春等六人。

雜手藝：姚潤等九人。

女厮撲：張椿等十人。

築毬軍：陸寶等二十四人。

百戲：沈慶等六十四人。

百禽鳴：胡福等二人。

卷二

御教

壽皇留意武事，在位凡五大閲。乾道二年、四年、六年，淳熙四年、十年。或幸白石，或幸茅灘，或幸龍山。一時儀文士馬、戈甲旌旗之盛，雖各不同，今撮其要，以著於此。

先一日，諸軍人馬全裝執色，於教場東布列軍幕宿營。至日，殿前馬步諸軍先赴教場，下方營，并親隨軍排列將壇之後。質明，三衙管軍官并全裝從駕。上自祥曦殿戎服乘馬，太子、親王、宰執、近臣并戎服乘騎以從。護聖馬軍八百騎，分執槍旗弓矢軍器，前後奏隨軍番部大樂等。詳見後「御教儀衛次第」。駕入教場，升幄殿。殿帥執撾躬奏：「諸司人馬排立齊【一】。」舉黄旗，招諸軍向御殿敲梆子。一鼓唱喏，一鼓呼「萬歲」，再一鼓又呼「萬歲」，疊鼓呼「萬萬歲」，又一鼓唱喏。殿帥奏「取聖旨」，嗚角，發嚴。上御金裝甲胄，登將壇幄殿。嗚角，戒嚴。殿帥奏「取聖旨」，馬步軍整隊成屯，以備教戰。連三鼓，馬軍上馬，步軍起旗槍，分東西爲應敵之勢。舉白旗，教方陣；黄旗，變圓陣；皂旗，變曲陣；青旗，變直陣；緋旗，變鋭陣；緋心皂旗，作長蛇陣；緋心青旗，作伏虎陣。殿

校勘記

【一】諸司人馬排立齊　「立」字原缺，據宋刻本、秘笈本、四庫本補。

帥奏「取聖旨」，兩陣各遣勇將挑戰，變八圓陣。疊鼓，舉旗，左馬軍戰右步軍，右馬軍戰左步軍；再疊鼓，交旗，擊刺混戰；三疊金，分陣，大勢馬軍四面大戰；三疊金，分陣。殿帥奏「教陣訖，取旨」，人馬擺列，當頭鳴角簇隊，以候放教。諸軍呈大刀、車砲、煙槍諸色武藝。御前傳宣「撫諭將士」，射生官進獻獐鹿。上更戎服，賜宰臣以下對御酒五行。殿帥奏「取旨」，謝恩如前。唱喏訖，駕出教場。

是日，太上皇於都亭驛設簾幄以觀。駕至，邀上入幄，宣喚管軍官，賜大金碗酒於簾外。都人贊嘆以爲盛觀。時殿司旗幟以黄，馬司以緋，步司以白。以道路隘促，止用從駕軍一萬四千二百人，分爲二百四十八小隊。戈甲耀日，旌旗蔽天，連亘二十餘里，粲如錦繡。都人縱觀，以爲前所未有。凡支犒金銀錢帛以鉅萬計，悉出内庫，户部不與焉。

御教儀衛次第

文物儀衛并同「四孟駕出」，今止添入後項。

彈壓前隊侍立使臣都轄：執黄龍旗使臣【二】，執繡龍旗使臣，帶弓箭、汗胯、豹尾使臣四員，帶汗胯、員琦劍使臣十員。彈壓後隊侍立使臣都轄：黄羅戲珠龍旗，黄繡龍旗二，豹尾使臣四，員琦劍使臣十人。供進馬四匹，帶甲御馬，御前全裝甲馬【三】，管押使臣幕士，内中正供馬，獸醫押槽，黄繡龍傳宣旗二，小龍傳宣旗十，隨逐巡視官，馬院禁衛官，

【二】執黄龍旗使臣　「黄」字下原衍「團」字，據宋刻本、秘笈本、四庫本删。

【三】御前全裝甲馬　「全」原作「金」，據宋刻本、秘笈本、四庫本改。

引馬監官二員，供馬監官二員，聖駕供鞭通管二員，掇梢提轄二員，日烏獨脚旗，挾駕指揮使四十二人，銷金龍旗二，犀皮御座椅，鈐鎚刀子，左。匙箸刀子，右。青氈御笠，褐氈御笠，金鳳鉼，絲鞋篋子，御膳篋子，玉靶于闐刀，金洗漱，皂白御韉，馬腦于闐刀，水晶于闐刀，通犀于闐刀，角靶于闐刀，酒鱉子，大、小。白豹皮杖榼，梳刷馬盂袋，黑漆奩盤，白虎皮杖榼，銷金弓箭葫蘆，虎豹皮弓箭袋葫蘆，飲水角，拍板二，哨笛四，番鼓二十四人，彈壓樂器使臣，管押訓練官，杏黄龍旗二，鸒纛二，札子九，大鼓十，龍笛四，從駕官宰臣已下，并如常日。臨安府彈壓官屬。

燕射

淳熙元年九月，孝宗幸玉津園講燕射禮，皇太子、宰執、使相、侍從、正任皆從。輦至殿門外少駐，教坊進念致語、口號，作樂，出麗正門，由嘉會門至玉津園，賜宴，酒三行。上服頭巾、窄衣、束帶、絲鞋，臨軒，内侍御帶進弓箭。看箭人喝：「看御箭。」教坊樂作。射垜前排立，招箭班應喏。皇帝第一箭射中，皇太子已下各再拜稱賀。進御酒，并宣勸訖，皇太子及臣僚射弓。第四箭射中，上再射第五箭，又中的。傳旨不賀。舍人先引皇太子，當殿賜窄衣、金束帶，次引射中臣僚受賜如前。再進御酒。奏樂，用雜劇。次賜宰臣以下十兩銀碗各一隻。上賦七言詩，丞相曾懷已下屬和以進。上乘逍遥輦出玉津園，教坊進念口號。至祥曦殿降輦。招箭班者服紫衣、幞頭，叉手立於埰前。御箭之來，能以幞頭取勢轉導入的，亦絶伎也。

公主下降

南渡以來，公主無及嫁者，獨理宗朝周漢國公主。出降慈明太后姪孫楊鎮，禮文頗盛，今摭梗概於此。

先是，擇日遣天使宣召駙馬至東華門，引見便殿，賜玉帶、鞾、笏、鞍馬及紅羅百匹、銀器百兩、衣著百匹、聘財銀一萬兩。對御賜筵五盞，用教坊樂。候畢，謝恩訖，乘塗金御仙花鞍轡狨座馬，執絲鞭，張三檐傘，教坊樂部五十人前引還第，謂之「宣繫」。

進財物件并照《國朝會要》，太常寺關報有司辦造。

先一月，宣宰執常服繫鞋，詣後殿西廊，觀看公主房奩：真珠九翬四鳳冠，褕翟衣一副，真珠玉珮一副，金革帶一條，玉龍冠，綬玉環，北珠冠花篦環，七寶冠花篦環，真珠大衣、背子，真珠翠領四時衣服，疊珠嵌寶金器，塗金器，貼金器，出從貼金銀裝檐等，錦繡銷金帳幔、陳設、茵褥、地衣、步障等物。

其日，駙馬常服玉帶，乘馬至和寧門，易冕服。至東華門，用雁幣、玉馬等，行親迎禮。用熙寧故事。公主戴九翬四鳳冠，服褕翟繡袖【四】，升轎。

【四】服褕翟繡袖　「繡」原作「纏」，據宋刻本、秘笈本、四庫本改。

其前：天文官，本位從物、從人，燭籠二十，本位使臣，插釵童子八人，方扇四，圓扇四，引障花十，提燈二十，行障、坐障。

皇后親送，乘九龍轎子。皇太子乘馬，圍子左右兩重。其後太師判宗正寺榮王、榮王夫人及諸命婦。至第，賜御筵九盞。筵畢，皇后、太子先還，公主歸位，行同牢禮。用開寶禮。然後親行盥饋舅姑之禮。開寶通禮。謁見舅姑，用名紙一副，衣一襲，手帕一盒，妝盝，藻豆袋，銀器三百兩，衣著五百匹。餘親各有差。三朝，公主、駙馬并入內謝恩，宣賜禮物，賜宴禁中。外庭奉表稱賀。賜宰執、親王、侍從、内職、管軍、副都指揮使已上，金銀、錢幣【五】、會子有差【六】。駙馬家親屬，各等第推恩。

唱名

第一名，承事郎。

第二名、三名，并文林郎。

第一甲，賜進士及第。

第二甲，同進士及第。

第三甲、第四甲，賜進士出身。

第五甲，同進士出身。

【五】錢幣　「幣」原作「勝」，據四庫本改。

【六】會子有差　「會」原作「色」，據四庫本改。

武舉第一名，秉義郎。

特奏第一名，同進士出身。

上御集英殿，拆號唱進士名，各賜緑襴袍、白簡、黄襯衫。武舉人賜紫羅袍、鍍金帶、牙笏。賜狀元等三人酒食五盞。餘人各賜泡飯。前三名各進謝恩詩一首，皆重戴、緑袍、絲鞭、駿馬。快行各持敕黄於前，黄旛雜沓，多至數十百面，各書詩一句於上。呵殿如雲，皆平日交遊親舊相迓之人，或三學使令齋𢦤輩。若執事之人，則係帥漕司差到狀元局祗應。亦有術人、相士輩自衒，預定魁選，鼓舞於中。自東華門至期集所，豪家貴邸競列綵幕縱觀，其有少年未有室家者，亦往往於此擇婿焉。期集所例置局於禮部貢院前，三人主之，於内遴選所長以充職事，有糾彈、牋表、主管、題名、小録、掌儀、典客、掌計、掌器、掌膳、掌酒果、監門等。後旬日，朝謝。又數日，拜黄甲，叙同年。其儀：三名設褥於堂上，東西相向，四十已上立於東廊，四十已下立於西廊，皆再拜。拜已，擇榜中年長者一人，狀元拜之；復擇少者一人拜狀元。又數日，赴國子監謁謝先聖先師訖，賜聞喜宴於局中。侍從已上及館職皆與，知舉官押宴，遂立題名石刻。凡費悉出於官及諸閫饋遺云。

元正

朝廷元日、冬至行大朝會。儀則：百官冠冕朝服，備法駕，設黄麾仗三千三百五十人，視東京已減三之一。用太常雅樂、宫架、登歌。太子、上公、親王、宰執并赴紫宸殿立班進酒，上千萬歲壽。上公致辭，樞密宣答，及諸國使人及諸州入獻朝賀，然後奏樂、進酒、賜宴。此禮不能常行，每歲禁中止是以三茅鐘鳴，駕興，上服幞頭、玉帶、鞾、袍，先詣福寧殿龍墀及聖堂炷香。用臘沈腦子。次至天章閣祖宗神御殿行酌獻禮，次詣東朝奉賀，復回福寧殿，受皇后、太子、皇子、公主、貴妃至郡夫人、内官、大内已下賀。賀畢，駕始過大慶殿，御史臺、閤門分引文武百寮追班稱賀，大起居十六拜，致辭上壽，樞密宣答。禮畢，放仗。是日，後苑排辦御筵於清燕殿，用插食盤架。午後，修内司排辦晚筵於慶瑞殿。用煙火、進市食、賞燈，并如元夕。

立春

前一日，臨安府造進大春牛，設之福寧殿庭。及駕臨幸，内官皆用五色絲綵杖鞭牛，御藥院例取牛睛，以充眼藥。餘屬直閤婆號管人都行首。掌管。預造小春牛數十，飾綵旛、雪柳，分送殿閤、巨璫，各隨以金銀錢、綵段爲酬。是日，賜百官春旛勝，宰執、親王以金，餘以金裹銀及羅帛爲之，係文思院造進，各垂於幞頭之左入謝。後苑辦造春盤供進，及分賜貴邸、宰臣、巨璫，翠縷紅絲，金鷄玉燕，備極精巧，每盤直萬錢。學士院撰進春帖子，帝后、貴妃、夫人、諸閤，各有定式，絳羅金縷，華粲可觀。臨安府亦鞭春開宴，而邸第饋遺，則多效内庭焉。

元夕

禁中自去歲九月賞菊燈之後，迤邐試燈，謂之「預賞」。一入新正，燈火日盛，皆修内司諸璫分主之，競出新意，年異而歲不同。往往於復古、膺福、清燕、明華等殿張挂，及宣德門，梅堂、三間臺等處，臨時取旨，起立鼇山。燈之品極多，見後「燈品」。每以蘇燈爲最。圈片大者，徑三四尺，皆五色琉璃所成。山水、人物、花竹、翎毛，種種奇妙，儼然著色便面也。其後福州所進，則純用白玉。晃耀奪目，如清冰玉壺，爽徹心目。近歲新安所進益奇，雖圈骨悉皆琉璃所爲，號「無骨燈」。禁中嘗令作琉璃燈山，其高五丈，人物皆用機關活動，結大綵樓貯之。又於殿堂梁棟窗户間爲涌壁，作諸色故事，龍鳳噀水，蜿蜒如生，遂爲諸燈之冠。前後設玉栅簾，寶光花影，不可正視。仙韶内人迭奏新曲，聲聞人間。殿上鋪連五色琉璃閣，皆毬文、戲龍、百花。小窗間垂小水晶簾，流蘇寶帶，交映璀璨。中設御座，恍然如在廣寒清虚府中也。至二鼓，上乘小輦幸宣德門觀鼇山。擎輦者皆倒行，以便觀賞。金爐腦麝，如祥雲五色，熒煌炫轉，照耀天地。山燈凡數千百種，極其新巧，怪怪奇奇，無所不有。中以五色玉栅簇成「皇帝萬歲」四大字。其上伶官奏樂，稱念口號、致語。其下爲大露臺，百藝群工，競呈奇伎。内人及小黄門百餘，皆巾裹翠蛾，效街坊清樂傀儡，繚繞於燈月之下。既而取旨，宣喚市井舞隊及市食盤架。先是，京尹預擇華潔及善歌叫者謹伺於外，至是歌呼競入。既經進御，妃嬪、内人而下亦争買之，皆數倍得直，金珠磊落，有一夕而至富者。宫漏既深，始宣放煙火百餘架，於是樂聲四起，燭影縱横，而駕始還矣。大率效宣和盛際，愈加精妙。特無登樓賜宴之事，人間不能詳知耳。

都城自舊歲冬孟駕回，則已有乘肩小女、鼓吹舞綰者數十隊，以供貴邸豪家幕次之玩。而天街茶肆，漸已羅列燈毬等求售，謂之「燈市」。自此以後，每夕皆然。三橋等處，客邸最盛，舞者往來最多。每夕樓燈初上，則簫鼓已紛然自獻於下。酒邊一笑，所費殊不多，往往至四鼓乃還。自此日盛一日。姜白石有詩云：「燈已闌珊月色寒，舞兒往往夜深還。只應不盡婆娑意，更向街心弄影看。」又云：「南陌東城盡舞兒，畫金刺繡滿羅衣。也知愛惜春遊夜，舞落銀蟾不肯歸。」吴夢窗《玉樓春》云：「茸茸貍帽遮梅額，金蟬羅翦胡衫窄。乘肩争看小腰身，倦態强隨閑鼓笛。問稱家在城東陌，欲買千金應不惜。歸來困頓殢春眠，猶夢婆娑斜趁拍。」深得其意態也。

至節後，漸有大隊，如四國朝、傀儡、杵歌之類，日趨於盛，其多至數千百隊。天府每夕差官點視，各給錢酒油燭，多寡有差，且使之南至昇暘宫支酒燭，北至春風樓支錢。終夕天街鼓吹不絶，都民士女，羅綺如雲，蓋無夕不然也。至五夜，則京尹乘小提轎，諸舞隊次第簇擁前後，連亘十餘里。錦繡填委，簫鼓振作，耳目不暇給。吏魁以大囊貯楮券，凡遇小經紀人，必犒數千，謂之「買市」。至有黠者以小盤貯梨、藕數片，騰身迭出於稠人之中，支請官錢數次者，亦不禁也。李篔房詩云：「斜陽盡處蕩輕煙，輦路東風入管弦。五夜好春隨步暖，一年明月打頭圓。香塵掠粉翻羅帶，蜜炬籠綃鬥玉鈿。人影漸稀花露冷，踏歌聲度曉雲邊。」京尹幕次，例占市西坊繁鬧之地。賁燭秈盆，照耀如晝。其前列荷校囚數人，大書犯由云「某人，爲不合搶撲釵環，挨搪婦女」。繼而行遣一二，謂之「裝燈」。其實皆三獄罪囚，姑借此以警奸民。又分委府僚巡警風燭，及命都轄房、使臣等分任地方，以緝奸盜。三獄亦張燈，建净獄道場，多裝獄户故事及陳列獄具。邸第好事者，如清河張府、蔣御藥家，間設雅戲、煙火，花邊水際，燈燭燦然，遊人士女縱觀，則迎門酌酒而去。又有幽坊静巷好事之家，多設五色琉璃泡燈，更自雅潔，靚妝笑語，望之如神仙。白石詩云：「沙河雲合無行處，惆悵來遊路已迷。却入静坊燈火空，門門相似列蛾眉。」又云：「遊人歸後天街静，坊陌人家未閉門。簾裏垂燈照樽俎，坐中嬉笑覺春温。」或戲於小樓，以人爲大影戲，兒童諠呼，終夕不絶。此類不可遽數也。西湖諸寺，惟三竺張燈最盛，往往有宮禁所賜、貴璫所遺者。都人好奇，亦往觀焉。白石詩云：「珠珞琉璃到地垂，鳳頭銜帶玉交枝。君王不賞無人進，天竺堂深夜雨時。」

元夕節物，婦人皆戴珠翠、鬧蛾、玉梅、雪柳、菩提葉、燈毬、銷金合蟬、貉袖【七】、項帕，而衣多尚白，蓋月下所宜也。游手浮浪輩則以白紙爲大蟬，謂之「夜蛾」。又以棗肉

【七】貉袖　「貉」原作「貂」，據宋刻本、秘笈本改。

炭屑爲丸，繫以鐵絲燃之，名「火楊梅」。節食所尚，則乳糖圓子、䭔餡、科斗粉、豉湯、水晶膾、韭餅，及南北珍果，并皂兒糕、宜利少、澄沙糰子、滴酥鮑螺、酪麵、玉消膏、琥珀餳、輕餳、生熟灌藕、諸色龍纏蜜煎、蜜裏糖【八】、瓜蔞煎、七寶薑豉、十般糖之類，皆用鏤鍮裝花盤架車兒，簇插飛蛾，紅燈綵盝，歌叫喧闐。幕次往往使之吟叫，倍酬其直。白石亦有詩云：「貴客鈎簾看御街，市中珍品一時來。簾前花架無行路，不得金錢不肯回。」競以金盤鈿盒簇飣饋遺，謂之「市食合兒」。翠簾綃幕，絳燭籠紗，遍呈舞隊，密擁歌姬，脆管清吭，新聲交奏，戲具粉嬰，鬻歌售藝者紛然而集。至夜闌，則有持小燈照路拾遺者，謂之「掃街」。遺鈿墮珥，往往得之，亦東都遺風也。

舞隊

大小全棚傀儡：查查鬼、查大。李大口、一字口。賀豐年、長瓠斂、長頭。兔吉、兔毛大伯。吃遂、大憨兒、粗旦、麻婆子、快活三郎、黄金杏、瞎判官、快活三娘、沈承務、一臉膜、猫兒相公、洞公觜、細旦、河東子、黑遂、王鐵兒、交椅、夾棒、屏風、男女竹馬、男女杵歌、大小斫刀鮑老、交衮鮑老、子弟清音、女童清音、諸國獻寶、穿心國入貢、孫武子教女兵、六國朝、四國朝、遏雲社、緋緑社、胡女【九】、鳳阮嵇琴、撲胡蝶、回陽丹、火藥、瓦盆鼓、焦鎚架兒、喬三教、喬迎酒、喬親事、喬樂神、馬明王。喬捉蛇、喬學堂、喬宅眷、喬像生、喬師娘、獨自

【八】蜜裏糖　「裏」原作「果」，據宋刻本、秘笈本、四庫本改。

【九】胡女　「胡」字下原衍「安」字，據宋刻本、秘笈本、四庫本删。

喬、地仙、旱划船、教象、裝態、村田樂、鼓板、踏蹺【一〇】、撲旗、抱鑼裝鬼、獅豹蠻牌、十齋郎、耍和尚、劉衮、散錢行、貨郎、打嬌惜。

其品甚夥，不可悉數。首飾衣裝，相矜侈靡，珠翠錦綺，眩耀華麗。如傀儡、杵歌、竹馬之類，多至十餘隊。

十二、十三兩日，國忌禁樂，則有裝宅眷籠燈前引，珠翠盛飾，少年尾其後，訶殿而來，卒然遇之，不辨真僞。及爲喬經紀人，如賣蜂糖餅、小八塊、風子賣字本、虔婆賣旗兒之類，以資一笑者尤多也。

燈品

燈品至多，蘇福爲冠，新安晚出，精妙絶倫。所謂「無骨燈」者，其法用絹囊貯粟爲胎，因之燒綴，及成去粟，則混然玻璃毬也。景物奇巧，前無其比。又爲大屏，灌水轉機，百物活動。趙忠惠守吴日，嘗命製春雨堂五大間，左爲汴京御樓，右爲武林燈市，歌舞雜藝，纖悉曲盡，凡用千工。外此有魫燈，則刻鏤金珀、玳瑁以飾之。珠子燈則以五色珠爲網，下垂流蘇，或爲龍船、鳳輦、樓臺故事。羊皮燈則鏃鏤精巧，五色妝染，如影戲之法。羅帛燈之類尤多，或爲百花，或細眼間以紅白號「萬眼羅」者，此種最奇。外此有五色蠟紙、菩提葉，若沙戲影燈，馬騎人物，旋轉如飛。又有深閨巧娃，翦紙而成，尤爲精妙。

【一〇】踏蹺　「蹺」原作「橇」，據宋刻本、秘笈本、四庫本改。

又有以絹燈翦寫詩詞，時寓譏笑，及畫人物，藏頭、隱語及舊京諢語，戲弄行人。有貴邸嘗出新意，以細竹絲爲之，加以彩飾，疏明可愛。穆陵喜之，令製百盞。期限既迫，勢難卒成。而内苑諸璫恥於不自己出，思所以勝之，遂以黄草布翦鏤，加之點染，與竹無異，凡兩日，百盞已進御矣。

挑菜

二月一日，謂之「中和節」。唐人最重。今惟作假，及進單羅御服，百官服單羅公裳而已。二日，宫中排辦挑菜御宴。先是，内苑預備朱緑花斛，下以羅帛作小卷，書品目於上，繫以紅絲，上植生菜、薺花諸品。俟宴酬樂作，自中殿以次各以金篦挑之。后妃、皇子、貴主、婕妤及都知等，皆有賞無罰。以次每斛十號，五紅字爲賞，五黑字爲罰。上賞則成號真珠、玉杯、金器、北珠、篦環、珠翠、領抹，次亦鋌銀、酒器、冠鋜、翠花、段帛、龍涎、御扇、筆墨、官窑定器之類。罰則舞唱、吟詩、念佛、飲冷水、喫生薑之類。用此以資戲笑。王宫貴邸，亦多效之。

進茶

仲春上旬，福建漕司進第一綱蠟茶，名「北苑試新」，皆方寸小夸。進御止百夸，護以黄羅軟盝，藉以青箬，裹以黄羅夾複，臣封朱印，外用朱漆小匣，鍍金鎖，又以細竹絲織笈貯之，凡數重。此乃雀舌水芽所造，一夸之直四十萬，僅可供數甌之啜耳。或以一二賜外邸，則以生綫分解，轉遺好事，以爲奇玩。茶之初進御也，翰林司例有品嘗之費，皆漕司邸吏賂之。間不滿欲，則入鹽少許，茗花爲之散漫，而味亦漓矣。禁中大慶賀，則用大鍍金甓，以五色韻果簇飣龍鳳，謂之「繡茶」，不過悦目。亦有專其工者，外人罕知，因附見於此。

賞花

禁中賞花非一。先期，後苑及修内司分任排辦。凡諸苑亭榭花木，妝點一新。錦簾綃幕，飛梭繡毬，以至裀褥設放，器玩盆窠，珍禽異物，各務奇麗。又命小璫、内司列肆，關撲珠翠、冠朵、篦環、繡段、畫領、花扇、官窑定器、孩兒戲具、鬧竿、龍船等物，及有買賣果木、酒食、餅餌、蔬茹之類，莫不備具，悉效西湖景物。起自梅堂賞梅，芳春堂賞杏花，桃源觀桃，粲錦堂金林檎，照妝亭海棠，蘭亭修禊，至於鍾美堂賞大花爲極盛。堂前三面皆以花石爲臺三層，各植名品，標以象牌，覆以碧幕。臺後分植玉繡毬數百株，儼如鏤玉屏。堂内左右各列三層雕花彩檻，護以彩色牡丹畫衣，間列碾玉水晶金壺，及大食玻璃、官窑等瓶。各簪奇品，如姚、魏、御衣黄、照殿紅之類幾千朵。别以銀箔間貼大斛，分種數千百窠，分列四面。至於梁棟窗户間，亦以湘筒貯花，鱗次簇插，何翅萬朶。堂中設牡丹紅錦地裀。自中殿【一二】、妃嬪，以至内官，各賜翠葉牡丹、分枝鋪翠牡丹、御書畫扇、龍涎、金盒之類有差。下至伶官、樂部、應奉等人，亦沾恩賜，謂之「隨花賞」。或天顔悦懌，謝恩賜予，多至數次。至春暮，則稽古堂、會瀛堂賞瓊花，静侣亭紫笑，净香亭采蘭挑笋，則春事已在緑陰芳草間矣。大抵内宴賞，初坐、再坐、插食盤架者，謂之「排當」。否則，但謂之「進酒」。

【一二】自中殿　「中殿」原作「殿中」，據宋刻本、秘笈本、四庫本改。

卷三

西湖遊幸 都人遊賞

淳熙間，壽皇以天下養，每奉德壽、三殿遊幸湖山，御大龍舟。宰執、從官，以至大璫、應奉、諸司及京府彈壓等，各乘大舫，無慮數百。時承平日久，樂與民同，凡遊觀買賣，皆無所禁。畫楫輕舫，旁午如織。至於果蔬、羹酒、關撲、宜男、戲具、鬧竿、花籃、畫扇、彩旗、糖魚、粉餌、時花、泥嬰等，謂之「湖中土宜」。又有珠翠冠梳、銷金綵段、犀鈿、髹漆織藤、窑器、玩具等物，無不羅列。如先賢堂、三賢堂、四聖觀等處最盛。或有以輕橈趁逐求售者。歌妓舞鬟，嚴妝自衒，以待招呼者，謂之「水仙子」。至於吹彈、舞拍、雜劇、雜扮、撮弄、勝花、泥丸、鼓板、投壺、花彈、蹴踘、分茶、弄水、踏混木、撥盆、雜藝、散耍、謳唱、息器、教水族飛禽、水傀儡、鬻水道術、煙火、起輪、走綫、流星、水爆、風箏，不可指數，總謂之「趕趁人」。蓋耳目不暇給焉。御舟四垂珠簾錦幕，懸挂七寶珠翠、龍船、梭子、鬧竿、花籃等物。宮姬、韶部，儼如神仙，天香濃郁，花柳避妍。小舟時有宣喚賜予，如宋五嫂魚羹，嘗經御賞，人所共趨，遂成富媪。朱静佳六言詩云：「柳下白頭釣叟，不知生長何年。

前度君王遊幸，賣魚收得金錢。」往往修舊京金明池故事，以安太上之心，豈特事遊觀之美哉！湖上御園，南有聚景、真珠、南屏，北有集芳、延祥、玉壺，然亦多幸聚景焉。一日，御舟經斷橋，橋旁有小酒肆頗雅潔，中飾素屏，書《風入松》一詞於上。光堯駐目稱賞久之，宣問何人所作，乃太學生俞國寶醉筆也。其詞云：「一春長費買花錢。日日醉湖邊。玉驄慣識西泠路，驕嘶過、沽酒樓前。紅杏香中歌舞，緑楊影裏鞦韆。東風十里麗人天。花壓鬢雲偏畫船。載取春歸去，餘情在、湖水湖煙。明日再攜殘酒，來尋陌上花鈿。」上笑曰：「此詞甚好，但末句未免儒酸。」因爲改定，云：「『明日重扶殘醉』，則迥不同矣。」即日命解褐云。

西湖天下景，朝昏晴雨，四序總宜。杭人亦無時而不遊，而春遊特盛焉。承平時，頭船如大緑、間緑、十樣錦、百花寶、勝明玉之類，何翅百餘。其次則不計其數，皆華麗雅靚，誇奇競好。而都人凡締姻、賽社、會親、送葬、經會、獻神、仕宦、恩賞之經營，禁省臺府之囑托，貴璫要地，大賈豪民，買笑千金，呼盧百萬，以至癡兒騃子密約幽期，無不在焉。日糜金錢，靡有紀極。故杭諺有「銷金鍋兒」之號，此語不爲過也。

都城自過收燈，貴遊巨室皆争先出郊，謂之「探春」。至禁煙爲最盛。龍舟十餘，綵旗疊鼓交午曼衍，粲如織錦。内有曾經宣唤者，則錦衣花帽，以自别於衆。京尹爲立賞格，競渡争標，内璫貴客賞犒無算。都人士女，兩堤駢集，幾於無置足地。水面畫楫，櫛比如魚鱗，亦無行舟之路。歌歡簫鼓之聲，振動遠近，其盛可以想見。若遊之次第，則先南而後北，至午則盡入西泠橋裏湖，其外幾無一舸矣。弁陽老人有詞云：「看畫船、盡入西泠，閑却半湖春色。」蓋紀實也。既而小泊斷橋，千舫駢聚，歌管喧奏，粉黛羅列，最爲繁盛。橋上少年郎競縱紙鳶以相勾引，相牽翦截，以綫絶者爲負。此雖小技，亦有專門。爆仗、起輪、走綫之戲，多設於此。至花影暗而月華生，始漸散去。絳紗籠燭，車馬争門，日以爲常。張武子詩云：「帖帖平湖印晚天，踏歌遊女錦相牽。都城半掩人争路，猶有胡琴落後船。」最能狀此景。茂陵在御，略無遊幸之事，離宫别館，不復增修。黄洪詩云：「龍舟太半没西湖，此是先皇節儉圖。三十六年安静裏，櫂歌一曲在康衢。」理宗時亦嘗製一舟，悉用香楠木搶金爲之，亦極華侈，然終於不用。至景定間，周漢國公主得旨，偕駙馬都尉楊鎮汎湖。一時文物亦盛，髣髴承平之舊，傾城縱觀，都人爲之罷市。然是時，先朝龍舫久已沈没，獨有小舟號「小烏龍」者，以賜楊郡王之故尚在。其舟平底有柁，製度簡朴。或傳此舟每出，必有風雨。余嘗屢乘，初無此異也。

放春

蔣苑使有小圃，不滿二畝，而花木匼匝，亭榭奇巧。春時，悉以所有書畫、玩器、冠花、器弄之物羅列滿前，戲效關撲。有珠翠冠僅大如錢者，鬧竿、花籃之類，悉皆鏤絲金玉爲之，極其精妙。且立標竿、射垜，及鍬𨌲、梭門、鬭鷄、蹴踘諸戲事，以娱遊客。衣冠士女至者，招邀杯酒，往往過禁煙乃已。蓋效禁苑具體而微者也。

社會

二月八日爲桐川張王生辰，霍山行宫朝拜極盛。百戲競集，如緋绿社、雜劇。齊雲社、蹴毬。遏雲社、唱賺。同文社、耍詞。角觝社、相撲。清音社、清樂。錦標社、射弩。錦體社、花繡。英略社、使棒。雄辯社、小説。翠錦社、行院。繪革社、影戲。净髪社、梳剃。律華社、吟叫。雲機社，撮弄。而七寶、瀧馬二會爲最。玉山寶帶，尺璧寸珠，璀璨奪目。而天驥龍媒，絨韉寶轡，競賞神駿。好奇者至翦毛爲花草人物，厨行果局，窮極肴核之珍。有所謂「意思作」者，悉以通草、羅帛雕飾爲樓臺故事之類，飾以珠翠，極其精緻，一盤至直數萬。然皆浮靡無用之物，不過資一玩耳。奇禽則紅鸚、白雀，水族則銀蟹、金龜，高麗、華山之奇松，交廣、海嶠之異卉，不可縷數，莫非動心駭目之觀也。若三月三日殿司真武會、三月二十八日東嶽生辰，社會之盛，大率類此，不暇贅陳。

祭掃

清明前三日爲寒食節，都城人家皆插柳滿檐，雖小坊幽曲，亦青青可愛，大家則加棗餰於柳上，然多取之湖堤。有詩云：「莫把青青都折盡，明朝更有出城人。」朝廷遣臺臣、中使、宫人、車馬，朝饗諸陵原廟，薦獻用麥糕、稠餳。而人家上冢者，多用棗餰、薑豉。南北兩山之間，車馬紛然，而野祭者尤多。如大昭慶、九曲等處，婦人淚妝素衣，提攜兒女，酒壺肴罍，村店山家，分餕游息。至暮，則花柳土宜，隨車而歸。若玉津、富景御園，包家山之桃關，東青門之菜市，東西馬塍，尼庵道院，尋芳討勝，極意縱遊，隨處各有買賣趁等人。野果山花，别有幽趣。蓋輦下驕民無日不在春風鼓舞中，而游手末技爲尤盛也。

浴佛

四月八日爲佛誕日，諸寺院各有浴佛會。僧尼輩競以小盆貯銅像，浸以糖水，覆以花棚，鐃鈸交迎，遍往邸第富室，以小杓澆灌，以求施利。是日，西湖作放生會，舟楫甚盛，略如春時，小舟競賣龜魚螺蚌放生【一】。

迎新

户部點檢所十三酒庫例於四月初開煮，九月初開清。先至提領所呈樣品嘗，然後迎引至諸所隸官府而散。每庫各用匹布書庫名高品，以長竿懸之，謂之「布牌」。以木床鐵擎爲仙佛鬼神之類，駕空飛動，謂之「臺閣」。雜劇、百戲諸藝之外，又爲漁父習閑、竹

【一】小舟競賣龜魚螺蚌放生　「賣」原作「買」，據宋刻本、秘笈本、四庫本改。

馬出獵、八仙故事。及命妓家女，使裹頭花巾爲酒家保，及有花窠五熟盤架、放生籠養等，各庫争爲新好。庫妓之琤琤者，皆珠翠盛飾，銷金紅背，乘繡韉寶勒駿騎，各有皂衣黄號私身數對，訶導於前；羅扇衣笈浮浪閑客，隨逐於後。少年狎客往往簇飣持杯，争勸馬首，金錢綵段，霑及輿臺。都人習以爲常，不爲怪笑。所經之地，高樓邃閣，繡幕如雲，累足駢肩，真所謂「萬人海」也。

端午

先期，學士院供帖子如春日，禁中排當例用朔日，謂之「端一」。或傳舊京亦然。插食盤架設天師、艾虎、意思山子數十座，五色蒲絲、百草霜，以大合三層，飾以珠翠、葵榴、艾花。蜈蚣、蛇、蝎、蜥蜴等，謂之「毒蟲」。及作糖霜韻果、糖蜜巧粽，極其精巧。又以大金瓶數十，遍插葵榴、梔子花，環遶殿閣。及分賜后妃、諸閤、大璫、近侍翠葉、五色葵榴、金絲翠扇、真珠百索、釵符、經筒、香囊、軟香、龍涎、佩帶，及紫練、白葛、紅蕉之類。大臣貴邸均被細葛、香羅、蒲絲、艾朵、彩團、巧粽之賜，而外邸節物大率效尤焉。巧粽之品不一，至結爲樓臺舫輅，又以青羅作赤口白舌帖子，與艾人并懸門楣，以爲禳襘。道宫法院多送佩帶符篆，而市人門首各設大盆，雜植艾、蒲、葵花，上挂五色紙錢，排飣果粽。雖貧者亦然。湖中是日遊舫亦盛，蓋迤邐炎暑，宴遊漸稀故也。俗以是日爲馬本命，凡御厩、邸第上乘，悉用五綵爲鬃尾之飾，奇韉寶轡，充滿道途，亦可觀玩也。

禁中納凉

禁中避暑，多御復古、選德等殿，及翠寒堂納凉。長松修竹，濃翠蔽日。層巒奇岫，静窈縈深。寒瀑飛空，下注大池可十畝。池中紅白菡萏萬柄，蓋園丁以瓦盎别種，分列水底，時易新者，庶幾美觀。又置茉莉、素馨、建蘭、麝香藤、朱槿、玉桂、紅蕉、闍婆、薝葡等南花數百盆於廣庭，鼓以風輪，清芬滿殿。御笐兩旁各設金盆數十架，積雪如山。紗厨後先皆懸挂伽蘭木、真蠟龍涎等香珠百斛。蔗漿金碗、珍果玉壺，初不知人間有塵暑也。聞洪景盧學士嘗賜對於翠寒堂，三伏中體粟戰慄，不可久立。上問故，笑遣中貴人以北綾半臂賜之，則境界可想見矣。

都人避暑

六月六日，顯應觀崔府君誕辰。自東都時，廟食已盛。是日，都人士女駢集炷香，已而登舟汎湖，爲避暑之遊。時物則新荔枝、軍庭李、二果産閩。奉化項里之楊梅、聚景園之秀蓮、新藕、蜜筒、甜瓜、椒核、枇杷、紫菱、碧芡、林檎、金桃、蜜漬昌元梅、木瓜、豆兒水、荔枝膏、金橘、水糰、麻飲、芥辣、白醪、凉水、冰雪爽口之物。關撲香囊、畫扇、涎花、珠佩。

而茉莉爲最盛。初出之時，其價甚穹，婦人簇戴，多至七插，所直數十券，不過供一餉之娱耳。蓋入夏則遊船不復入裏湖，多占蒲深柳密寬凉之地，披襟釣水，月上始還。或好事者則敞大舫，設蘄簟，高枕取凉，櫛髮快浴，惟取適意。或留宿湖心，竟夕而歸。

乞巧

立秋日，都人戴楸葉，飲秋水、赤小豆。七夕節物，多尚果食、茜鷄。及泥孩兒號「摩睺羅」，有極精巧飾以金珠者，其直不貲。并以蠟印鳧雁、水禽之類，浮之水上。婦人女子至夜對月穿針，餖飣杯盤，飲酒爲樂，謂之「乞巧」。及以小蜘蛛貯盒内，以候結網之疏密，爲得巧之多少。小兒女多衣荷葉半臂，手持荷葉，效顰摩睺羅，大抵皆中原舊俗也。

七夕前，修内司例進摩睺羅十卓，每卓三十枚。大者至高三尺，或用象牙雕鏤，或用龍涎、佛手香製造，悉用鏤金珠翠。衣帽、金錢、釵鋜、佩環、真珠、頭鬚，及手中所執戲具，皆七寶爲之，各護以五色縷金紗厨。制閫、貴臣及京府等處，至有鑄金爲貢者。宫姬市娃，冠花衣領，皆以乞巧時物爲飾焉。

中元

七月十五日，道家謂之「中元節」，各有齋醮等會。僧寺則於此日作盂蘭盆齋。而人家亦以此日祀先，例用新米、新醬、冥衣、時果、綵段、麵棋，而茹素者幾十八九，屠門爲之罷市焉。

中秋

禁中是夕有賞月延桂排當，如倚桂閣、秋暉堂、碧岑，皆臨時取旨，夜深天樂直徹人間。御街如絨綫、蜜煎、香鋪，皆鋪設貨物，誇多競好，謂之「歇眼」。燈燭華燦，竟夕乃止。此夕浙江放「一點紅」羊皮小水燈數十萬盞，浮滿水面，爛如繁星，有足觀者。或謂此乃江神所喜，非徒事觀美也。

觀潮

浙江之潮，天下之偉觀也。自既望以至十八日爲最盛。方其遠出海門，僅如銀綫，既而漸近，則玉城雪嶺際天而來，大聲如雷霆，震撼激射，吞天沃日，勢極雄豪。楊誠齋詩云「海湧銀爲郭，江横玉繫腰」者是也。每歲京尹出浙江亭教閱水軍，艨艟數百，分列兩岸。既而盡奔騰分合五陣之勢，并有乘騎弄旗、標槍舞刀於水面者，如履平地。倏爾黄煙四起，人物略不相睹，水爆轟震，聲如崩山。煙消波静，則一舸無迹，僅有敵船爲火所焚，隨波而逝。吴兒善泅者數百，皆披髮文身，手持十幅大綵旗，争先鼓勇，溯迎而上，出没於鯨波萬仞中，騰身百變，而旗尾略不沾濕，以此誇能。而豪民貴宦，争賞銀綵。江干上下十餘里間，珠翠羅綺溢目，車馬塞途，飲食百物，皆倍穹常時。而僦賃看幕，雖席地不容間也。禁中例觀潮於天開圖畫，高臺下瞰，如在指掌。都民遥瞻黄傘、雉扇於九霄之上，真若簫臺、蓬島也。

重九

禁中例於八日作重九排當，於慶瑞殿分列萬菊，燦然眩眼，且點菊燈，略如元夕。内人樂部亦有隨花賞，如前賞花例。蓋賞燈之宴，權輿於此，自是日盛矣。或於清燕殿、綴金亭賞橙橘，遇郊祀歲則罷宴。

都人是月飲新酒，汎萸簪菊，且各以菊糕爲饋。以糖、肉、秫麵雜糅爲之，上縷肉絲鴨餅，綴以榴顆，標以綵旗。又作蠻王獅子於上，及糜栗爲屑，合以蜂蜜，印花脱餅，以爲果餌。又以蘇子微漬梅滷，雜和蔗霜、梨、橙、玉榴小顆，名曰「春蘭秋菊」。雨後新凉，則已有炒銀杏、梧桐子，吟叫於市矣。

開爐

是日，御前供進夾羅御服，臣僚服錦襖子夾公服，「授衣」之意也。自此御爐日設火，至明年二月朔止。皇后殿開爐節排當。是月，遣使朝陵，如寒食儀。都人亦出郊拜墓，用綿毬、楮衣之類。

冬至

朝廷大朝會慶賀排當，并如元正儀。而都人最重一陽賀冬。車馬皆華整鮮好，五鼓已填擁雜遝於九街。婦人、小兒服飾華炫，往來如雲。嶽祠、城隍諸廟，炷香者尤盛。三日之内，店肆皆罷市，垂簾飲博，謂之「做節」。享先則以餛飩，有「冬餛飩，年餺飥」之諺。貴家求奇，一器凡十餘色，謂之「百味餛飩」。

賞雪

禁中賞雪，多御明遠樓。禁中稱楠木樓。後苑進大小雪獅兒，并以金鈴、彩縷爲飾。且作雪花、雪燈、雪山之類，及滴酥爲花，及諸事件，并以金盆盛進，以供賞玩。并造雜煎品味，如春盤飣飣、羊羔兒酒以賜。并於内藏庫支撥官券數百萬，以犒諸軍，及令臨安府分給貧民，或皇后殿别自支犒。而貴家富室，亦各以錢米犒閭里之貧者。

歲除

禁中以臘月二十四日爲小節夜，三十日爲大節夜。呈女童驅儺，裝六丁、六甲、六神之類，大率如《夢華》所載。後苑修内司各進消夜果兒，以大合簇飣，凡百餘種。如蜜煎珍果，下至花餳萁豆，以至玉杯寶器、珠翠花朵、犀象博戲之具，銷金斗葉、諸色戲弄之物，無不備具，皆極小巧。又於其上作玉輅，高至三四尺，悉以金玉等爲飾，護以貼金龍鳳羅罩，以奇侈求勝。一合之費，不啻中人十家之産，止以資天顔一笑耳。后妃、諸閤又各進歲軸兒及珠翠、百事吉、利市袋兒、小樣金銀器皿，并隨年金錢一百二十文，旋亦分賜親王、貴邸、宰臣、巨璫。至於爆仗，有爲果子、人物等類不一。而殿司所進屏風，外畫鍾馗捕鬼之類，而内藏藥綫，一爇，連百餘不絶。簫鼓迎春，鷄人警唱，而玉漏漸移，金門已啓矣。

歲晚節物

臘日，賜宰執、親王、三衙、從官、内侍、省官，并外閫、前宰執等臘藥。係和劑局造進，及御藥院特旨製造銀合，各一百兩，以至五十兩、三十兩，各有差。伏日賜暑藥亦同。

都下自十月以來，朝天門内外競售錦裝新歷、諸般大小門神、桃符、鍾馗、狻猊、虎頭，及金綵縷花、春帖、旛勝之類，爲市甚盛。八日，則寺院及人家用胡桃、松子、乳蕈、柿栗之類作粥，謂之「臘八粥」。醫家亦多合藥劑，侑以虎頭丹、八神、屠蘇，貯以絳囊，饋遺大家，謂之「臘藥」。至於饋歲盤合、酒擔羊腔，充斥道路。二十四日，謂之「交年」，祀竈，用花餳、米餌及燒替代。及作糖豆粥，謂之「口數」。市井迎儺以鑼鼓，遍至人家，乞求利市。至除夕，則比屋以五色紙錢、酒果，以迎送六神於門。至夜，蕡燭糝盆，紅映霄漢，爆竹鼓吹之聲，喧闐徹夜，謂之「聒廳」。小兒女終夕博戲不寐，謂之「守歲」。又明燈床下，謂之「照虚耗」。及貼天行貼兒、財門於楣。祀先之禮，則或昏或曉，各有不同。如飲屠蘇、百事吉、膠牙餳、燒术、賣懵等事，率多東都之遺風焉。守歲之詞雖多，極難其選，獨楊守齋《一枝春》最爲近世所稱，并書於此，云：「爆竹驚春，競喧闐、夜起千門簫鼓。流蘇帳暖，翠鼎緩騰香霧。停杯未舉，奈剛要、送年新句。應自賞、歌字清圓，未誇上林鶯語。　從他歲窮日暮。縱閑愁、怎減阮郎風度。屠蘇辦了，迤邐柳忺梅妒。宫壺未曉，早驕馬、繡車盈路。還又把、月夕花朝，自今細數。」

卷四

故都宮殿

門：麗正、南門。和寧、北門。東華、東門。西華、西門。苑東、苑西、北宮、南宮、南水門、東水門、會通、上閤、宣德、隔門、斜門、關門、玉華閤、含和、貽謨。二門係天章閣。

殿：垂拱、常朝、四參。文德、六參、宣布。大慶、明堂、朝賀。紫宸、生壽。集英。策士。以上謂之「正朝」，亦有隨事更名者。

後殿：延和、宿齋、避殿。崇政、即祥曦。福寧、寢殿。復古、高宗建。選德、孝宗建。御屏有監司、郡守姓名。緝熙、理宗建。熙明、即修政，度宗建。明華、清燕、膺福、慶瑞、即順慶，理宗建。射殿、需雲、大燕。符寶、貯恭膺天命之寶。嘉明、度宗以繹己堂改。明堂、即文德，合祭改。坤寧、皇后。穠華、皇后。慈明、楊太后。累朝母后皆旋更名。慈元、謝太后。仁明、全太后。進食、即勤政。欽先、神御。孝思、神御。清華。

堂：翠寒、高宗以日本羅木建。古松數十株。澄碧觀堂、芳春、凌寒、鍾美、牡丹。燦錦、海棠。燕喜、靜華、清賞、稽古、御書院。清遠、清徹、澄碧、水堂。蕊淵、環秀、山堂。文囿、御書院。書林、御書院。華館、衍秀、披香、德勤、雲錦、荷堂。李陽冰書扁。清霽、萼緑華、梅堂。李陽冰書額。度宗易名瓊姿。碧琳、凝光、澄輝、繡香、呈芳、會景、青花石柱，香楠袱額，瑪瑙石砌。正始、后殿。謝后改壽寧殿。怡然、惠順位。信美。婉容位。

齋：損齋、高宗建。彝齋、謹習齋、燕申齋。

樓：博雅、書樓。觀德、萬景、清暑、清美、明遠、倚香。

閣：龍圖、太祖、太宗。天章、真宗。并祀祖宗神御。寶文、仁宗。顯謨、神宗。徽猷、哲宗。敷文、徽宗。焕章、高宗。華文、孝宗。寶謨、光宗。寶章、寧宗。顯文、理宗。雲章、祖宗御書。清華、凌虚、清漏、倚桂、來鳳、觀音、芙蓉、萬春。太后殿。

臺：欽天、奉天。宴春、秋芳、天開圖畫、舒嘯、踰臺。

軒：晚清。

閣：清華、睿思、怡真、容膝、受釐、緑綺。

觀：雲濤。

亭：清凉、清趣、清顥、清暉、清迴、清隱、清寒、清激、放水。清玩、清興、静香、静華、春妍、春華、春陽、春信、梅。融春、尋春、映春、餘春、留春、皆春、寒碧、寒香、香瓊、香玉、梅。香界、碧岑、灧碧、魚池。瓊英、瓊秀、明秀、濯秀、衍秀、深秀、假山。錦煙、錦浪、桃花。繡錦、萬錦、麗錦、叢錦、照妝、海棠。浣綺、綴金、橙、橘。綴瓊、梨花。穠香、暗香、晚節香、菊。巖香、桂。雲岫、山亭。映波、含暉、達觀、秀野、凌寒、梅、竹。涵虚、平津、真賞、芳遠、垂綸、近池。魚樂、池上。噴雪、放水。流芳、芳嶼、山子。玉質、此君、竹。聚芳、延芳、蘭亭、激湍、崇峻、惠和、浮醴、泛羽、并流杯亭。凌穹、山頂。迎熏、會英、正己、射亭。丹暉、凝光、雪徑、梅。參月、共樂、迎祥、瑩妝、植杖、村莊。可樂、文杏、壺中天、别是一家春。度宗新創。或謂此非佳讖也。未幾果驗。

園：小桃源、觀桃。杏塢、梅岡、瑶圃、村莊、桐木園。

庵：寂然、怡真。

坡：瑪瑙、洗馬。

橋：萬歲、清平、春波、玉虹。

泉：穗泉。

御舟：蘭橈、荃橈、旱船。

教場：南教場、北教場。

禁中及德壽宫皆有大龍池、萬歲山，擬西湖冷泉、飛來峰。若亭榭之盛，御舟之華，則非外間可擬。春時競渡及買賣諸色小舟，并如西湖，駕幸宣唤，錫賚鉅萬。大意不欲數蹕勞民，故以此爲奉親之娱耳。

御園：聚景園。清波門外。孝宗致養之地。堂扁皆孝宗御書。淳熙中，屢經臨幸。嘉泰間，寧宗奉成肅太后臨幸。其後并皆荒蕪不修。高疎寮詩曰：「翠華不向苑中來，可是年年惜露臺。水際春風寒漠漠，官梅却作野梅開。」會芳殿、瀛春堂、鏡遠堂、芳華堂、花光亭、八角。瑶津、翠光、桂景、灔碧、涼觀、瓊芳、彩霞、寒碧、柳浪橋、學士橋。玉津園。嘉會門外。紹興間，北使燕射於此。淳熙中，孝宗兩幸。紹熙中，光宗臨幸。富景園。新門外。孝宗奉太后臨幸不一。俗呼東花園。屏山園。錢湖門外。以對南屏山故名。理宗朝改名翠芳園。餘見「西湖門」。玉壺園。錢唐門外。本劉鄜王園，有明秀堂。餘見「西湖門」。瓊華園。小隱園。集芳園。葛嶺。元係張婉儀園，後歸太后。殿内有古梅、老松甚多。理宗賜賈平章。舊有清勝堂、望江亭、雪香亭等。餘見「西湖門」。延祥園。西依孤山，爲林和靖故居。花寒水潔，氣象幽古。三朝臨幸。餘見「西湖門」。瀛嶼、在孤山之椒。舊名涼堂。四壁蕭照畫山水。理宗易今名。今爲西太一宫黄庭殿。挹翠堂、舊名黑漆堂。理宗御書。香遠、舊秀蓮亭。香月、倚裹湖。舊名水堂。理宗御書。清新、舊六椽堂。白蓮堂、六一泉堂、檜亭、梅亭、上船亭、東西車馬門、西村水閣、御舟港、林逋墓、陳朝檜、有御書詩。金沙井、瑪瑙坡、六一泉。

高疎寮詩云：「水明一色抱神州，雨壓輕塵不敢浮。山北山南人喚酒，春前春後客凭眸。射熊館暗花扶扆，下鵠池深柳拂舟。白髮邦人能道舊，君王曾奉上皇遊。」

德壽宫：孝宗奉親之所。聚遠樓、高宗雅愛湖山之勝，恐數蹕煩民，乃於宫内鑿大池，引水注之，以象西湖冷泉，疊石爲山，作飛來峰。因取坡詩「賴有高樓能聚遠，一時收拾與閑人」名之。周益公進端午帖子云：「聚遠樓高面面風，冷泉亭下水溶溶。人間炎熱何由到，真是瑶臺第一重。」孝宗御製冷泉堂詩以進，高宗和韻，真盛事也。香遠堂、荷。清深堂、竹。松菊三徑、菊、芙蓉、竹。梅坡、月榭、清妍、荼蘼。清新、桂。芙容岡。已上并東地分。射廳、載忻堂、御宴之所。臨賦、荷池。粲錦、金林檎。至樂、池上。清曠、桂。半綻紅、郁李。瀉碧。金魚池。已上并南地分。冷泉堂、古梅。文杏館、静樂、牡丹。浣溪。海棠。已上并西地分。絳華、羅木堂。旱船、俯翠。茅亭。已上并北地分。重華宮、孝宗内禪所居。即德壽宮。慈福宮、憲聖書。成二太后所居。即重華宮。壽慈宮。即慈福宮。改重壽殿。

東宮：資善堂、鳳山樓、榮觀堂、玉淵堂、清賞堂【一】、新益堂、繹己堂、射圃。

乾淳教坊樂部

雜劇色

德壽宮：劉景長、使臣。王喜、保義郎頭，名都管使臣，又名公謹，號玩隱老人。茆山重、節牙頭。蓋門貴、蓋門慶、末。侯諒、侯大頭，次末。張順、曹辛、宋興、燕子頭。李泉現。引，兼舞三臺。

衙前：龔士美、使臣都管。劉恩深、都管。陳嘉祥、節級。吴興祐、德壽宮引，兼舞三臺。吴斌、金彦昇、管幹教頭。王青、孫子貴、引。潘浪賢、引，兼末。部頭。王賜恩、引。胡慶全、蠟燭頭。周泰、次。郭名顯、引。宋定、次，德壽宮蚌蛤頭。劉信、副，部頭。成貴、副。陳煙息、副，大口。王侯喜、副。孫子昌、副末，節級。焦金色、楊名高、末。宋昌榮。副，歡喜頭。

前教坊：伊朝新、王道昌。

【一】清賞堂　「堂」原作「齋」，據宋刻本、秘笈本、四庫本改。

前鈞容直：仵穀豐、五味粥。李外喜。

和顧：劉慶、次，劉衮。梁師孟、朱和、次貼，衙前鱔魚頭。甯貴、甯钁。蔣寧、次貼，衙前利市頭。司進、絲瓜兒。郝成、次，衙前小鍬。高門興、高門顯、羔兒頭。高明、燈搭兒。劉貴、段世昌、段子貴。司政、仙鶴兒。張舜朝、趙民歡、龔安節、嚴父訓、宋朝清、宋昌榮、二名，守衙前。周旺、丈八頭。下疇、宋吉、伊俊、汪泰、王原全、次貼，衙前。王景、鄭喬、王來宣、張顯、守闕祗應，黑俏。焦喜。焦梅頭。

歌板色

德壽宮：李行高。笛兼。

衙前：王信。拍兼。

拍板色

衙前笛色王均，觱篥色鄭彥、周賢良，兼拍板。

德壽宮：劉益、使臣。謝春澤。

衙前：吴興祖、節級。趙永、部頭。花成、時世俊。守闕節級。

前鈞容直：崔喜。

琵琶色

衙前豪師古兼琵琶。

德壽宮：胡永年、武功大夫。謝聖澤。

衙前：焦進、部頭。趙昌祖、段從善。

和顧：吴良輔、豪士英、曹彦國。

簫色

衙前：曾延慶、部頭。劉珣、周濟。部頭。

和顧：朱世良、兼箏。王謹、劉宗旺、周亨、陳籥。

嵇琴色

德壽宫：曹友聞。承節郎、守闕都管。

衙前：楊春和、人員守闕都管。魏國忠、節級，兼舞。孫良佐、石俊、馮師賢。

和顧：劉運成、趙進、杖鼓兼。惠和、馮師賢、王處仁。

箏色

德壽宫：朱邦直。忠訓郎。

衙前：張行福、部頭。豪士良、高俊。

前教坊：聶庭俊。

前鈞容直：李吉。

笙色

德壽宫：湯士成、孫顯祖。

衙前：宋世寧、節級。豪師古、兼琵琶。傅詔、管幹人。鄧孝仁、趙福。兼德壽宫。

前鈞容直：吴勝。

前教坊：劉永顯。

和顧：張世榮、康彦和、王興祖。

觱篥色

德壽宮：田正德、教坊大使。鞠思忠、孫慶祖、劉舜俞、陳永良。

衙前：李祥、守闕節級。仇彦、節級。王恩、節級。李和、部頭。時世榮、部頭。王正德、王道和、慢守恭、李遇、金宗信、兼德壽宮。鄭彦、兼拍板。張勻、劉道、朱貴、管幹人。曹彦興、吴良佐、孟誠、陳祐、丘彦、管幹人。鄧孝元、王永、周賢良、兼拍板。陳師授、兼德壽宮。陳永良。兼德壽宮。

前教坊：戚興道、李彦美、郭席珍。

前鈞容直：王宣、唐政。

和顧：于慶、兼舞。馮宣、王椿、倪潤、李祥、守闕節級。陳繼祖、季倫、張彦明、陳良疇、馮異、商翼、時世顯、王文信、王延慶、謝潤、張榮、第三名守闕衙前。時顯祖、費仍裕、任再興、李樂正、蔡邦彦、鄭彬、時允恭、金潤、王壽、王思齊、于成、孫良輔、崔顯、盧茂春、王師忠、宋康寧、張端、顧宣、王仲禮、郭達宗、劉順。守闕衙前。

笛色

德壽宫：元守正、忠翊郎。孫福、使臣。孫繼祖、張行謹。

衙前都管：孫福、使臣。朱榛、人員守闕都管。張守忠、節級。楊勝、節級。王喜、節級。張師孟、部頭。岳興、部頭。李智友、段從禮、朱順、陳俊、雷興祖、王仕寧、時竇、部頭，兼德壽宫。孫進、郭彦、楊選、兼德壽宫。金儀、趙俊、守闕節級。趙順、楊元慶、時定、趙興祖、陰顯祖、丘遇、徐識、孫顯、王筠、兼德壽宫拍板。張榮、郭亨、元舜道。

前教坊：金宗訓、俞德、謝祖良、曾延廣、李進。

前鈞容直：王喜、俞德、冀恩。

和顧：張億、茆慶、張師顔、劉國臣、趙昌、張廣、元舜臣、沈琮、杖鼓。胡良臣、王師仲、徐亨、張義、林顯、鄭青、陳士恭、巫彦、朱世榮、朱紹祖、翟義、張孝恭、汪定、費興、李昇、馮士恭、陳竇、楊善、尹師授、張介、賀宣、朱榮、朱元、守闕衙前。軒定、鼓板。張成、鼓板。閻興、鼓板。王和、鼓板。陳焕、張世亨、許珍、張淵、孫顯宗、崔成。守闕衙前。

方響色

德壽宫：齊宣、田世榮。

衙前：葛元德、部頭。于喜、齊宗亮。管幹人。

前鈞容直：高福。

和顧：馬重榮、尹朝、于通、劉才高。

杖鼓色

德壽宮：張名高、孟清。

衙前：高宣、節級。時思俊、守闕節級，部頭，兼板。程盛、齊喜、孟文叔、守闕節級。時和、鄧友端、徐宗旺、吴興福、兼德壽宮。鄧世榮、張興禄、管幹人。葉喜。

前教坊：鞠端。

前鈞容直：閻興、邢智。

和顧：張士成、張潤、張義、張世昌、張世顯、孫榮、段錦新、蔡顯忠、齊宗景、郭興祖、時康寧、高潤、張臯、傅良佐、李晉臣、思芸、范琦、段錦。

大鼓色

德壽宮：張佑、李吉。

衙前：董福、部頭。李進、周均、小唱。張佑。兼德壽宮。

和顧：趙慶、鼓兒。劉成、孫成、鼓兒，習學大鼓。王富、勾般，習學大鼓。尹師聰、鼓兒。張守道、唱道情。張昇、鼓兒。宋棠、掌儀下書寫文字。喻祥、小唱。錢永。守闕衙前。

舞旋嵇琴魏國忠，琵琶豪士英，并兼舞三臺。

德壽宮：劉良佐。武德郎。

衙前：杜士康。

和顧：于慶。

雜劇三甲

劉景長一甲八人：戲頭李泉現，引戲吴興祐，次浄茆山重、侯諒、周泰，副末王喜，裝旦孫子貴。

蓋門慶進香一甲五人：戲頭孫子貴，引戲吴興祐，次浄侯諒，副末王喜。

内中祇應一甲五人：戲頭孫子貴，引戲潘浪賢，次浄劉衮，副末劉信。

潘浪賢一甲五人：戲頭孫子貴，引戲郭名顯，次浄周泰，副末成貴。

築毬三十二人

左軍一十六人：毬頭張俊，蹺毬王憐，正挾朱選，頭挾施澤，左竿網丁詮，右竿網張林，散立胡椿等。

右軍一十六人：毬頭李正，蹺毬朱珍，正挾朱選，副挾張寧，左竿網徐賓，右竿網王用，散立陳俊等。

雜班：雙頭侯諒，散耍劉衮、劉信。

小樂器：嵇琴曹友聞，簫管孫福，篥劉運成，拍侯諒。

鼓板

衙前一火：鼓兒尹師聰，拍張順，笛楊勝、張師孟。

和顧二火：笛張成、老僧。閻俊、望伯。張喜，鼓兒張昇，笛王和，小四。鼓兒孫成，換僧。拍張榮。狗兒。

馬後樂

拍板：吴興祖。

觱篥：田正德、孫慶祖、陳師授。

笛：孫福、時寶、元守正。

提鼓：孫子貴。

札子：孟清、時世俊、高宣、吴興福、張興禄。

内中上教博士

王喜、劉景長、曹友聞、朱邦直、孫福、胡永年。各支月銀一十兩。

雜劇：王喜、侯諒、吴興福、吴興祐、劉景長、張順。

拍板：田正德、謝春澤。

琵琶：胡永年。

舞：劉良佐。

嵇琴：曹友聞、楊春和。
箏：朱邦直。
方響：齊宣。
笙：湯士成。
篥：劉運成。
觱篥：孫慶祖。
笛：孫福、時寶。

掌儀範等合干人

掌儀範：朱邦直、曹友聞、元守正、孫福、朱榛。守闕。
銜前都管：劉恩深、孫福、王公謹。守闕。
管幹教頭：朱貴、張興禄、丘彦、傅詔、齊宗亮。
逐色部頭：劉信、趙永、焦進、周濟、楊春和、宋世寧、李和、時世榮、時寶、岳興、葛元德、高宣、董福、時世俊、杜士康、潘浪賢。

校勘記

卷五

湖山勝概

南山路

自豐樂樓南，至暗門、錢湖門外，入赤山煙霞石屋止。南高峰、方家峪、大小麥嶺并附於此。

豐樂樓　舊爲衆樂亭，又改聳翠樓。政和中，改今名。淳祐間，趙京尹與籌重建，宏麗爲湖山冠。又甃月池，立秋千、梭門，植花木，構數亭，春時遊人繁盛。舊爲酒肆，後以學館致争，但爲朝紳同年會拜鄉會之地。林暉、施北山皆有賦。趙忠定《柳梢青》云：「水月光中，煙霞影裏，湧出樓臺。空外笙簫，雲間笑語，人在蓬萊。天香暗逐風回，正十里、荷花盛開。買個小舟，山南遊遍，山北歸來。」吴夢窗嘗大書所賦《鶯啼序》於壁，一時爲人傳誦。

湖堂　舊在聳翠樓側。又有集賢亭，今并不存。

吕洞賓祠　舊傳洞賓嘗至此。

靈芝崇福寺　錢王故苑。以芝生其間，捨以爲寺，故名靈芝。高宗、孝宗凡四臨幸。有浮碧軒、依光堂，亦爲新進士會拜題名之所。朱静佳詩云：「黄金匝地小橋通，四面清平納遠空。雲氣長扶天子座，日光浮動梵王宫。殘碑幾字莓苔雨，清磬一聲楊柳風。沙鳥不知行樂事，背人飛過夕陽東。」

顯應觀　祀磁州神崔府君。六月六日生日，其朝遊人甚盛。咸淳間，改昭應。今歸靈芝寺。舊有蕭照山水及蘇漢臣畫壁，今不復存矣。

楊郡王府上船亭

聚景園　詳見「御園門」。

靈應堂　俗呼包道堂。

寶蓮院

紫霄宫廨院

寶成院　舊名釋迦。

興福院

永隆院

慧光尼庵　張循王府。

省馬院船步　内有正覺、超化二院。

長橋

妙净院

寶德寺　楊和王重建。充三衙建聖節道場。

希夷道堂　劉蓑衣建於南屏園左，今移於此。

真珠園　有真珠泉、高寒堂、杏堂、水心亭、御港。曾經臨幸，今歸張循王府。

南園　中興後所創，光宗朝賜平原郡王韓侂胄，陸放翁爲記。後復歸御前，改名慶樂。賜嗣榮王與芮，又改勝景。有許閑堂、和容射廳、寒碧臺、藏春門、凌風閣、西湖洞天、歸耕莊、清芬堂、歲寒堂，夾芳、豁望、矜春、鮮霞、忘機、照香、堆錦、遠塵、幽翠、紅香、多稼、晚節香等亭。秀石爲山【一】，内作十樣錦亭，并射圃、流杯等處。弁陽翁詩云：「清芬堂下千株桂，猶是韓家舊賜園。白髮老翁和淚説，百年中見兩平原。」又云：「舊事淒涼尚可尋，斷碑空臥草深深。凌風閣下槎牙樹，當日人疑是水沈。」

雷峰顯嚴院　郡人雷氏所居，故名雷峰。錢王妃建寺築塔，名皇妃塔。或云地産黄皮，遂訛爲黄皮塔。山頂有通玄亭、望湖樓。

普寧寺　又名白蓮。有鐵塔一、石塔二。

雲濤觀

净相院　舊名瑞相。有無盡意閣、娱客軒、一段奇軒，幽深可喜。今皆不存。

【一】秀石爲山　「山」原作「上」，據秘笈本、四庫本改。

上清宫　葛仙煉丹舊址。道士胡瑩微祖築庵，鄭丞相清之曾此讀書。淳祐中重建，賜今額。理宗御書「清净道場」。

甘園　内侍甘昪園。又名湖曲。曾經臨幸。至今有御愛松、望湖亭、小蓬萊、西湖一曲。後歸趙觀文，又歸謝節使。弁陽翁詩云：「小小蓬萊在水中，乾淳舊賞有遺蹤。園林幾换東風主，留得庭前御愛松。」

御船坊　理宗御舟在焉。

净慈報恩光孝禪寺　孝宗嘗臨幸。山曰南屏，有慧日峰，舊名慧日永明。太宗賜「壽寧院」額，孝宗御書「慧日閣」。有千佛閣、五百羅漢堂。理宗御書「華嚴法界」「正遍知閣」等額。梁貞明大鐵鍋存焉。畫壁作五十三參等。寺後庵宇甚幽，大抵規模與靈隱相若，故二寺號南北山之最。東坡詩云：「卧聞禪老入南山，净掃清風五百間。」其宏壯自昔已然，今益侈大矣。

山南照慶院

惠照寺　後爲齋宫。今歸净慈。

南屏御園　正對南屏山。又名翠芳。

南屏興教寺　舊名善慶。有齊雲亭、清曠樓、米元章書「琴臺」，及唐人磨崖八分《家人》卦、《中庸》《樂記》篇。後人於石傍刊「右司馬温公書」六字，其實非公書也。

廣法院　齊王功德院。有清曠亭。

法因院　景獻太子殯所。有古鐵塔、錢王井。

寶林院　莊文太子殯所。舊名總持。有可賦軒。

赤山殯宫　舊瑞龍寺。後爲安穆、成恭、慈懿、恭淑四后殯所。今爲熾盛光寺。

修吉寺　舊瑞龍寺移於此。有西湖奇艷。

正濟寺　又名普門。

法雨寺　舊名水心，又改雲龍。有趙清獻、楊無爲題名等。

安福尼寺

極樂尼寺

高麗寺　舊名惠因寺。湖山間惟此寺無敕額。元豐間，高麗王子僧統義天入貢，學賢首教於此。因施金建華嚴閣。有易庵、期懺堂。皇姑成國公主殯所。

惠因橋　秦少游《龍井紀游》所謂「濯足於惠因澗」，即此是焉。

玉岑山

廣果寺

開化尼寺

六通慈德院　舊名惠德塔。

法興院

保福院

長耳相院　舊名法相。

定光庵　有定光泉。

永慶院

延長真如院

延壽山

净梵院　舊名瑞峰。

崇教院

石屋洞　大仁院有石庵、天成石羅漢。其洞後又一石洞，名蝙蝠洞。

水樂洞　院名西關净化，即滿覺院山。孝宗時賜李隶。慈明殿賜楊郡王，後歸賈平章。山石奇秀，中一洞嵌空有聲，以此得名。有聲在堂、界堂、愛此留照、獨喜玉淵、漱石宜晚、上下四方之宇諸亭及金蓮池。

滿覺院　舊名圓興。今在水樂洞嶺傍。

石佛接待庵

煙霞洞　清修院有象鼻石、佛手巖、石羅漢、東坡留題等。

歸雲庵　寧宗時，水庵清禪師坐禪石窟中，聞南峰鐘鳴，遂大悟。今改永興庵。

關真人道院

小龍井　井側有龍王祠。

南高峰塔　榮國寺。有白龍王祠及五顯祠。險峻甚於北峰，中有墜石。相傳云，昔有道者鎮魔於此。又有潁川泉。

方家峪

自方家峪至冷水峪、慈雲嶺泥路，嘉會門外至大慈山、龍山。

遇真道院

悟真道院

崇真道院

廣教院　號小南屏。

褒親崇壽寺　在鳳凰山。劉貴妃功德。有鳳凰泉、瑞應泉、松雲亭、觀音洞、筆架池、偃松、交枝檜。三門有陳公儲畫龍，甚奇。弁陽翁詩云：「鶴羽鸞綃事已空，奉華遺寺對高松。宮斜鳳去無人見，且看門前粉壁龍。」奉華，劉妃閤名。

西蓮瑞相院　黄貴妃功德。

地藏尼寺
慈光尼寺　張府功德。
廣慈院　舊名廣福。
寶藏院　有烏龍井、錢武肅廟碑。改額「表忠觀」。立碑，碑擡府學。今錢氏五王廟在焉。
寧清廣福院　陳淑妃香火。院雖小，而幽邃可喜。
福全尼寺
廣嚴院　舊名妙嚴。有徐正節墓。
廣恩院
净教院　蔡貴妃殯所。
安福禪院　内侍陳都知香火。名小陳寺。
水月寺　路口有靈固石【二】。
崇教院　舊名薦福。有珍珠泉。
慈雲嶺
華津洞　趙冀王府園。水石甚奇勝，有仙人臺基。
西林法惠院　舊名興慶。錢王建有雪齋。秦少游記、東坡詩。

【二】路口有靈固石　「固」原作「因」，據宋刻本、秘笈本、四庫本改。

冷水峪

梯子嶺

净明院　郊壇齋宫。有易安齋、梅巖、高孝兩朝御和詩。滿山皆棕櫚。舊有江月庵、笻舄亭【三】。

龍華寶乘院　本錢王瑞萼園捨建。有傅大士塔，并拍板、門槌猶存。有温公祠堂題名。

天華寺　鏡清禪師道場。舊名千春龍册。有頤軒、妙奇樓、化生池。

感業寺　舊名天龍。有木觀音像。

勝相院　舊名龍興千佛。有五丈觀音像、二并閣、釋迦丈六金身像。

大通院　舊名顯明。

天真院　舊名登雲臺。有靈化洞。

龍華山　有石如龍，與兩石龍寺接。

下石龍净勝院

上石龍永壽院　舊名資賢。石崖刻仁宗《佛牙贊》。

郊臺　錢王郊臺亦近焉。

道林院　舊名普濟。

【三】笻舄亭　「笻舄亭」原作「笻⿱竹鉤亭子」，據宋刻本、秘笈本改。

大慈寺

般若院

寶惠院　舊名普濟。

錢王墳　文穆、忠獻二王葬此。

長慶崇福院　皇叔祖太師和王功德。

窑池　一名烏菱池。

聖果寺　在包家山。

真覺院　舊名奉慶。有東坡《瑞香花》詩。

包家山桃花關　桃花甚盛。舊有「蒸霞」二字。春日遊人甚多。

法雲寺　舊名資崇。

大慈山　舊有「廣福」金書院額。

虎跑泉　舊傳性空禪師居此，無泉，二虎跑地而出。東坡詩云：「虎移泉眼趁行脚，龍作浪花供撫掌。」

乾溪寨

小楊寺

香嚴寺

小麥嶺

飲馬橋前後巷至龍井止，九溪十八澗。

道人山　有石洞。

飲馬橋　地名放馬場。

旌德顯慶教寺　咸淳甲戌冬，改旌德襲慶。慈明太后香火。方丈有軒，曰雲扉。後山有泉石甚奇，曰林泉。有清壑、凝紫、静雲等諸亭。

南山禪關　又名龍井路。今又改南天竺。

仰妃墓　吴越錢王妃。

梅坡園　楊郡王園。又名總秀。

靈隱觀　寧宗朝張知宫創，御書「冲隱庵」。淳祐中，道士范善遷重建，賜名今額。今庵在觀右，而觀改「仁壽院」矣。

太清宫　寧宗時朱靈寶守固建。楊太后書《道德經》石幢。有歲寒軒，養性、凝神二堂。後爲賈貴妃功德。今改觀音院。

松庵　楊郡王府。

崇報顯慶院　舊名棲真。章粢質夫功德。後爲永王祈王殯所。

章司徒墓　名得象，樞使粢之祖。棲真院碑可考。

翁五峰墓　名孟寅，字賓暘。

徐典樂墓　名申，字幹臣，號青山翁。

强金紫墓　名至，字幾聖。今石羊虎猶存。其子文憲公淵明墓，在西溪嶺欽賢鄉，諸子亦多祔此。

陳拾遺墓　唐人。歲久莫考名字。在積慶山下。

冰壑書堂　金樞密淵，號冰壑，嘗作書堂於此，因葬焉。積慶、永清二山在後，平鼎山在左，湖山在前，凡錢塘城邑、江湖之勝，皆近在几席間，乃南北二峰中之最高一山也。有君子、天一二泉。理宗御書「積慶山怡顔藏書農圃」以賜。又賜功德寺名曰積慶教忠，後不及建而止。

贊寧塔　天聖間葬此。

靈石山

薛開府墓　名居正，謚貞顯。

崇因報德院　有靈石泉，又名歲寒泉，甚清。高宗嘗臨幸。院與積慶山後永清院皆薛開府功德。此院已廢，獨靈石塔猶存。

净林廣福院　開府楊慶祖墳庵，土人呼爲上楊庵。有松關、南泉、芳桂亭。姜白石與銛朴翁等三人來遊，詩云：「四人松下共盤桓，筆硯花壺石上安。今昔興懷同此味，老仙留字在孱顔。」後爲演福寺，遂廢。

無垢寺　舊名無著，乃無著禪師道場。舊在石人嶺。慶元中，韓平原以寺爲生墳，遂移寺於此。嘉定十一年重修。有鵶鷄巖、仙人臺、清音軒。偃松下有茯苓，因名泉爲茯苓泉。後爲演福寺，遂廢。

崇恩演福教寺　寶祐丁巳重建。咸淳中，改禪寺。德祐後，復爲教寺。賈貴妃殯所，周漢國端孝公主祔焉。舊山門有妙莊嚴域，及生清浄心亭、諸天閣、真如亭、羅漢閣、靈石堂。

鷄籠山

金鐘峰

褚家坎　漢末褚盛族舊有居此者。

白蓮院　相傳晉肇法師講經於此。

風篁嶺

小水樂　福邸園。

二老亭　後改德威。舊在風篁嶺頭。東坡、辯才往來於此，皆有詩。今移於龍井祠下。

龍井　吴赤烏中，葛稚川嘗煉丹於此。在風篁嶺上。巖壑林樾幽古，石竇一泓，清澈翠寒，甘美可愛，雖久旱不涸。石上流水處，其色如丹。遊者視久，水輒溢，人去即滅。其深不可測，相傳與江海通，有龍居之，每禱雨必應。或見小蟹、班魚、蜥蜴之類。井旁有惠濟龍王祠。

陳寺丞墓　名剛中。紹興中，以言事與張狀元九成連坐，謫知虔州安遠縣而卒，後葬風篁嶺沙盆塢。

胡侯墓　名則，知杭州。廟在墓前。

劉庵　孝宗朝劉婉容攢所。今歸龍井寺。

龍井延恩衍慶寺　辯才故地。舊名報國看經院，後改壽聖。東坡書額猶存。又改廣福。元祐以來，諸賢留題甚多，及東坡《竹石》、廉宣仲《枯木》。寺前有過溪橋，又名歸隱橋，又名二老橋。寺有方圓庵、寂照閣、清獻趙公閑堂、訥齋、潮音堂、滌心沼、鏡清堂、冲泉、薩埵石、辯才清獻東坡三賢祠、辯才塔、諸天閣。山有獅子峰。

葉苔磯墓　元素，字唐卿，詩人。

五雲山　中有真際院，嶺上有天井，大旱不竭。

九溪十八澗

大麥嶺

法空寺　舊名資慶。

南資聖院　濮王墳。
花家山
净安院　内侍董宋臣香火。
盧園　内侍盧允昇園。景物奇秀，西湖十景所謂「花港觀魚」，即此處也。
崇真宮　昔爲女冠，今爲永净尼寺。
茆家步
獨角門
净嚴廣報院　内侍董永仲功德。
隆興庵　楊寺廨院。
黄泥嶺
水陸庵　楊寺廨院。後名慶安院。
妙心寺
水竹塢

西湖三堤路

蘇公堤自南新路直至北新路口，小新堤自麯院至馬蝗橋。
蘇公堤　元祐中，東坡守杭日所築。起南迄北，横截湖面，夾道雜植花柳，中爲六橋九亭。坡詩云：「六橋横截天漢上，北山始與南屏通。忽驚二十五萬丈，老葑席卷蒼煙空。」後守林希榜之曰蘇公堤。章子厚詩云：「天面長虹一鑑痕，直通南北兩山春。」

第一橋　港通赤山教場【四】，名映波。

旌德觀　元係定香寺舊址。寶慶間，京尹袁韶改建爲觀。有西湖道院，虚舟、雲錦二亭。今復爲定香教寺。

先賢堂　名仰高。祠許由以下共四十人，刻石作贊，具載事迹。中以寶慶初巴陵之事，謂潘閬有從秦王之嫌，遂去之，及節孝婦孫夫人以下五人，今止三十有九人焉。中有振衣、古香、清風堂。山亭流芳，花竹縈紆，小山曲徑。今歸旌德，堂宇皆廢。

第二橋　通赤山麥嶺路。名鎖瀾。

湖山堂　旁有水閣，尤宏麗。

三賢堂　祠白樂天、林和靖、蘇東坡。後有三堂，曰水西雲北、月香水影、晴光雨色。後有小亭曰虚舟，曰雲梯。

第三橋　通花家山。港名望山。

第四橋　通茆家步港，名壓堤。北新路第三橋。

施水庵　名圓通。有石臺籠燈，以照夜船。

雪江書堂　胡賢良侊所居。

【四】港通赤山教場　「教場」下原衍「南來」二字，據宋刻本、秘笈本、四庫本删。

新水仙王廟　龍王祠。與葛嶺者爲二。

崇真道院　賈平章建。後有閣，今改爲僧寺。

松窗　張濡别墅。

第五橋　通麴院港，名東浦，北新路第二橋。

第六橋　通耿家步港，名跨虹。北新路第一橋。

小新堤　淳祐中，趙京尹與籌自北新路第二橋至麴院築堤，以通靈竺之路，中作四面堂三亭，夾岸花柳比蘇堤，或名趙公堤。

履泰將軍廟　有天澤井、葛仙翁所植虬松。將軍錢塘人，姓孫名顯忠，仕吴越。時嘉熙中，趙與權尹京禱雨有驗，奏聞，因敕封天澤侯。

楊園　楊和王府。

永寧崇福院　又名小隱寺，元係内侍陳源適安園。近世所歌《菊花新》曲破之事，正係此處。獻重華宫，爲小隱園。孝宗撥賜張貴妃。寺前有澗，曰雙峰，又曰金沙。

裴園　裴禧園。誠齋詩云：「岸岸園亭傍水濱，裴園飛入水心横。傍人莫問遊何處，只揀荷花開處行。」

喬園　喬幼聞園。

史園　史屏石微孫。

資國院　舊名報國。有東坡書「隱秀齋」，趙令時德麟跋語。

淳固先生墓　斌，姓宋，號庸齋，師晦庵先生。

馬蝗橋

孤山路

西陵橋　又名西林橋，又名西泠橋，又名西村。

孤山　舊有柏堂、竹閣、四照閣、巢居閣、林處士廬。今皆不存。

四聖延祥觀　有韋太后沈香四聖像、小蓬萊閣、瀛嶼堂、金沙井、六一泉。餘見「御園類」。

西太一宫　舊四聖觀園，理宗朝建。今黄庭殿，乃昔凉堂也。兩壁蕭照畫尚存。亭館名并見「御園類」。弁陽翁詩云：「蕊宫廣殿號黄庭，突兀浮雲最上層。五福貴神留不住，水堂空照九枝燈。」有和靖墓、瑪瑙坡、陳朝柏。

四面堂

處士橋　以和靖得名。

涵碧橋

高菊磵墓　名九萬。葬孤山後談家山。

斷橋　又名段家橋。萬柳如雲，望如裙帶。白樂天詩云：「誰開湖寺西南路，草緑裙腰一帶斜。」

北山路

自豐樂樓北，沿湖至錢塘門外，入九曲路，至德勝橋南印道堂、小溜水橋、黄山橋、掃帚塢、鮑家田、青芝塢、玉泉、駝巘、棲霞嶺、東山衕、霍山、昭慶教場、水磨頭、葛嶺、九里松、靈隱寺、石人嶺、西溪路止。三天竺附。

柳洲龍王廟　名會靈。所謂「柳洲五龍王」也。

惠明院　舊名資福，今呼柳洲寺。其地舊爲通元庵。

上船亭

養魚莊　楊郡王府。

環碧園　楊郡王府堂，扁皆御書。

迎光樓　張循王府。

劉氏園　内侍劉公正所居。

一清堂　後改玉蓮。競渡争標於此。

菩提院　舊名惠嚴，與昭慶寺相連。有靈感大悲像閣、緑野、白蓮堂、碧軒、四觀軒、南漪、迎熏、澄心、涵碧、玉壺、氍毹。今廢。

玉壺御園

楊和王府水閣

賈府上船亭

錢塘門上船亭

秀邸新園

謝府園　有一碧萬頃堂。

隱秀園　劉鄜王府。

先得樓　即古望湖樓。坡詩有「望湖樓下水連天」是也。

擇勝園　秀邸。有御書「擇勝」「愛閑」二堂。

九曲城下

法濟院　舊名觀音院，有明、爽二軒。

五聖廟　有蘇漢臣畫壁存焉。

妙因院　元係慈光庵。

寶嚴院

真覺尼院　元係隱静庵。

錢氏院　華亭錢府。

新嶽廟

東湖道院

關王廟　舊滿路種桃，號「半道紅」。

古北關

楊府廨宇　楊郡王府，今捨爲寺。

玉虚觀

崇果院　德勝橋南。舊名羅漢。

印道堂

趙郭園

羅漢院

史府　今爲慧日寺。

水丘園

西隱精舍

豐樂院

鐵佛寺

梅岡御園

張氏園

王氏園

小溜水橋

精進院　齋宮。舊名精修。

延慶院

澄寂院　桃花衢。

黄山橋

掃帚塢

萬花小隱　謝府園。

常清宫　沂王功德。

聚秀園　楊府。

鮑家田

秀野園　謝府。

南禪資福尼寺

極樂尼寺

思故塔

屠墟聖昭廟　廣惠侯。

資壽院　元係大聖庵。

明覺院　舊名報先。有虚心軒。

永庵　閹府。

萬安院　舊名清化永安。

羅寺

慈聖院　舊名慈雲。潘、李二貴妃殯所。有聖水池，大旱不涸。

妙智院　舊名報國觀音院。

玉泉浄空院　泉色清澈，蓄大金魚。有龍王祠。

西觀音山

青芝塢

愍忠資福普向院　楊和王建，專充殿前諸軍功德，及爲諸軍瘞所。

上關寺　内侍關少師功德。名崇先顯慶。

竹所

杜北山墓　汝能，字叔謙，太后諸孫，居麴院，能詩有聲。

天清宫　女冠。

靈峰院　裴氏功德。

裴墳　有雙節亭。

駞巘嶺

靈耀觀

西峰净嚴院　感義郡王功德。

大明院

圓明崇福禪院　巖阿有井，泉極清洌。内侍霍汝弼功德。

棲霞嶺

神仙宫　有偃松如龍，名御愛松。

乾濕水洞　有一寺在側。

净元觀

妙明院

東山衕

永安院　元係吴秦王府香火庵。有清芬亭。

不空院　舊名傳經。

護國仁王禪院　後有龍洞，龍王祠在焉。

西靖宫　女冠。

寧國院

廣照院

霍山

長慶院　舊名華嚴庵。主張王香火。

張王廣惠廟

永慶院

光相塔院　山水甚奇。

涌泉　高宗嘗取瀹茗。

清心院　舊名涌泉。

瑶池園　吕氏。

金輪梵天院　舊名金輪寺。後即巾子峰。

寶勝院　舊名應天。

金牛護法院

洞明庵

天龍庵　道者無門所居。

雲洞園　楊和王府。有萬景天全、方壺、雲洞、瀟碧、天機雲錦、紫翠間、濯纓、五色雲、玉玲瓏、金粟洞、天砌臺等處。花木皆蟠結香片，極其華潔。盛時凡用園丁四十餘人，監園使臣二名。

大昭慶寺　與前菩提寺相連。舊名菩提寺，有戒壇。

策選鋒教場

古柳林

錢塘縣尉司　舊有平湖軒、英游閣。又有片石，周益公字之曰「奇俊」，蓋相傳爲王子高舊居故也。

葛嶺路

水磨頭

石函橋　有水閘，泄湖水入下湖。

放生亭

德生堂　理宗御書。

泳飛亭　理宗御書。

總宜園　本張太尉【五】，後歸趙平遠淇。今爲西太一宮。

大吳園

小吳園

【五】本張太尉　「本」原作「水」，據秘笈本、四庫本改。

水月園　紹興中，賜楊和王。孝宗撥賜嗣秀王。水月瀛、燕堂、玉林堂，皆御書。

葛嶺　葛仙常往來於此，故得名，亦名葛塢。

兜率院

十三間樓相嚴院　舊名十三間樓石佛院。東坡守杭日，每治事於此。有冠勝軒、雨亦奇軒。

大石佛院　舊傳爲秦始皇纜船石。俗名西石頭。宣和中，僧思凈就石鎸成大佛半身。或云下通海眼。

保叔塔崇壽院　咸平中，僧永保修，故得名。有應天塔、極樂庵、落星石、石獅峰（又名巾子峰）及石屏風在焉。碑刻舊有《屏風院記》《封山記》《瑞峰堂》。

寶稷山

敷惠廟

多寶院　舊名寶積。有緑陰堂。

嘉澤廟　祠水仙王。有薦菊泉及亭。

孫花翁墓　惟信，字季蕃，隱居湖山，棄官自放。能詩，詞尤工。趙節齋葬之，劉後村爲誌，杜清獻爲文以祭之。

普安院

挹秀園　楊駙馬。

秀野園　劉鄜王。有四并堂。

上智果院　有參寥泉，東坡題。梁廣王殯所。

治平寺　有錦塢、煙雲閣。

江湖偉觀　即觀臺舊址，盡得江湖之勝。

壽星院　有寒碧軒、此君軒、觀臺、杯泉、平秀軒、明遠堂、東坡祠及詩刻。

寶雲庵　舊名千光王寺。邳王殯所。有寶雲庵、清軒、月窟、澄心閣、南隱堂、妙思堂、雲巢。今不復存。又有靈泉井、寶雲庵、初陽臺，亦廢。

瑪瑙寶勝院　昔在孤山，後改爲四聖觀，遂遷於此。有中庸子陶器墓，乃法惠法師智圓自號也。有高僧閣、僕夫泉、夜講堂。

養樂園　賈平章。有光祿閣、春雨觀、瀟然養樂堂、嘉生堂、生意生物之府。

玉清宫　有葛仙煉丹井。

半春園　史衛王府。

小隱園　史府。

集芳御園　後賜賈平章。内有假山、石洞，通出湖濱，名曰後樂園。有蟠翠、雪香、翠巖、倚秀、挹露、玉蕊、清勝，已上皆高宗御題，亦集芳舊物也。西湖一曲、奇勛，理宗御書。

秋壑、遂初、容堂，度宗御書。又有初陽精舍、警室、熙然臺、無邊風月、見天地心、琳琅步歸舟等不一。

香月鄰　廖瑩中園，後歸賈相。

嘉德永壽教寺　毛娘娘功德。有翔泳堂、芝巖堂。

喜鵲寺　即禪宗院。以烏窠禪師得名。魏婉儀殯所。白樂天有《紫楊花》詩。

寶嚴院　舊名垂雲。有垂雲亭、借竹軒、無量福海。

趙紫芝墓　名師秀。在寶嚴院後。

定業院　烏窠禪師道場。有君子泉、石甑山、環峰堂、襲夢軒。

虎頭巖　介於寶嚴、定業之間。

施梅川墓　名岳，字仲山，吴人。能詞，精於律吕。楊守齋爲寺，後樹梅作亭以葬，薛梯飈爲誌，李質房書，周草窗題蓋。

仁壽尼庵

招賢寺

上官良史墓　在招賢寺後。良史，字季長，號淇園。

報恩院　舊名報先，即孤山六一泉寺。後以其地爲延祥觀，遂遷於此。德國公主殯所。

廣化院　舊名永福，自孤山遷於此。舊有白公竹閣、柏堂、水鑑堂、涵暉亭、凌雲閣、金沙井、辟支佛骨塔、慧琳塔、白公祠堂。黄宜山詩云：「移自孤山占此山，荒凉老屋萬琅玕。櫻桃楊柳空花夢，千古清風滿閣寒。」

快活園　趙氏。

水竹院落　賈平章園。御書閣曰「文明之閣」。有秋水觀、第一春、思剡亭、道院。

顯明院　舊名興福保清。儀王仲湜殯所。有鑑空閣、緑净堂存焉。

北新路口

棲霞嶺口

古劍關　棲霞嶺下。

岳王墓　岳武穆王飛所葬，其子雲亦祔焉。葉静逸詩云：「萬古知心只老天，英雄堪恨復堪憐。如公少緩須臾死，此虜安能八十年。漠漠凝塵空偃月，堂堂遺像在凌煙。早知埋骨西湖路，學取鴟夷理釣船。」林弓寮詩云：「天意只如此，將軍足可傷。忠無身報主，冤有骨封王。苔雨樓墻暗，花風廟路香。沈思百年事，揮淚灑斜陽。」王修竹詩云：「埋骨西湖土一丘，殘陽荒草幾經秋。中原望斷因公死，北客猶能説舊愁。」

褒忠演福院　元係智果觀音院，後充岳鄂王香火。岳雲所用鐵鎗猶存。

冲虚宫　舊名寧壽庵。

耿家步

東山衕口

福壽院　旌德寺子院。有寧宗御書「桂堂」二字。

廖葯洲園　有花香、竹色、心太平、相在、世綵、蘇愛、君子、習説等亭。

小石板巷口

九里松一字門　唐刺史袁仁敬守杭日，植松於左右，各三行。門扁吴説書，高宗嘗欲易之，自以不及，但金飾其字。

驄嶓嶺口

石板巷口

麴院巷口

行春橋

小行春橋

忠勇廟　統制張玘祠。

左軍教場

馬三寶墓　在教場内。傳云向曾欲去之，有黑蜂數百自墓中出，不可，向遂止。至元十五年六月，内有軍厮名狗兒者，因樵採墾土，得一鐵券，上有字云「雁門馬氏葬於横衝橋」云云。後又有十字云「至元十五六，狗兒壞我屋」。蓋古人知數者耳。始知横春橋本名横衝橋云。

三藏塔院

明真宫　女冠。今改爲三藏寺。

資德院　慕容貴妃香火。

萬壽院　南山白雲宗建。

唐家衕

後澗溪

紫芝道院　道士陳崇真。

瑞岡塢

燕脂嶺　以土色得名。

普福教寺　芝雲堂。

崇壽院

崇親資福院　張淑妃香火。

天中萬壽圓覺教寺　舊爲了義法師塔。院有歸雲堂、三昧正受閣，并高宗御書。累朝臨幸，有御座、御榻、理宗御書「清凉覺地」。

石獅子路

香林園

斑衣園　韓府。

金沙澗　靈竺之水，自此東入於湖。

顯慈集慶教寺　閻貴妃香火。寺扁、殿、閣，皆理宗御書。有月桂亭，甚佳。金碧爲湖山諸寺之冠。

靈隱、天竺寺門　俗呼二寺門。袁居中書，白樂天詩「一山門作兩山門，兩寺元從一寺分」，正此也。

合澗橋　靈、竺二山之水會合於此。

龍脊橋

武林山　又名靈隱山，又曰靈苑山，又曰仙居山。有五峰，曰飛來，曰白猿，曰稽留，曰月桂，曰蓮華。山前有澗，即武林泉也。

呼猿洞

龍泓洞　有蔣之奇篆字。前後諸賢題字極多。二洞在飛來峰。

女兒山　一名玉女巖。

青靈巖

理公巖　乃靈隱開山慧理法師。在靈鷲寺後。

冷泉　有亭在泉上。「冷泉」二字乃白樂天書，「亭」字乃東坡續書。詩扁充棟，不能悉録。林丹山詩云：「一泓清可沁詩脾，冷暖年來只自知。流出西湖載歌舞，回頭不似在山時。」

温泉、醴泉　二泉在冷泉之上。

葛塢

朱墅

候仙亭【六】

壑雷亭

觀風亭　又有虚白、見山、袁君、紫薇、翠微、石橋、月桂等亭，及丹竈、隱居、許邁思真三堂，連巖棧、伏龍湫等，今皆廢。

景德靈隱禪寺　相傳「靈隱禪寺」乃葛仙書，或云宋之問書。景德中，續加「景德」二字。有百尺彌勒閣、蓮峰堂，方丈曰直指堂，千佛殿、延賓水閣、望海閣，理宗御書「覺皇寶殿」「妙莊嚴域」。又有巢雲亭、見山堂、白雲庵、松源庵、東庵等，在山後，尤幽寂可喜。

北高峰塔　在靈隱寺山後絶頂，比南高峰尤高。上有五顯祠，遠近炷香，四時不絶。

【六】候仙亭　「亭」原作「山」，據秘笈本、四庫本改。

法安院　舊名廣嚴。唐韜光禪師築庵於院後，有清獻、東坡題名。

保寧院　舊名保安無量壽。

資聖院　舊名大明。開山咸澤禪師。

韜光庵　韜光禪師道場。與樂天同時。周伯弜有詩，前後諸賢留題甚多。舊有僧嘗於此降仙，請至釋子蘭以下十人，凡七士、三釋，皆唐人能詩者。各書一詩，語極奇絕，曲盡其景。今詩尚存壁間。

永福寺　隆國黃夫人功德。咸淳九年建。在靈隱西石笋山下。

石笋普圓院　天福二年，黃氏重修。舊名資嚴。山有石如笋，高數十丈，故名石笋寺。有超然臺，金沙、白沙二泉，鄰公庵。杭守祖無擇愛此山之勝，結庵於此，取公所封名之。方丈左右金漆板扉，皆趙清獻，諸賢蘇、秦、黃、陳留題，及文與可竹數枝。如張總得父子、吴傅朋等，題字甚多。歲久暗淡，猶隱隱可見。寺極清古幽邃，爲湖山諸刹之冠。後隆國黃夫人以超然臺爲葬地，遂移此院於山之西，而古意不復存矣。

天聖靈鷲院　僧德賢建。

鐵舌庵

隆親永福院　温國成夫人香火。今廢。

時思薦福寺　吴益王墳寺。舊以下竺爲墳寺，後以古刹，遂別建於此。高宗嘗臨幸。

吴太后手書《金剛經》【七】，有楊太后跋及高宗御書《心經》，并刻石藏下竺靈山塔下。益王神道碑，蔣燦書，字甚佳。墓前二石馬，琢刻如生，舊傳夜輒馳驟，其鞦轡光瑩如玉，至今苔蘚不侵。寺有宜對亭、通雲亭、雙珠亭、萬玉軒、雨華堂。湖山至此，極幽邃矣。

黄妃墓　錢王妃。

卓筆峰

明惠尼院　舊名定惠。錢王孫妃香火。

石人嶺

海峰庵

無著禪師塔　舊有無垢院，韓平原以爲壽地，遷院於靈石山側。後楊郡王復取爲壽地，遂啓其塔，乃陶龕，容色如生，髮垂至肩，指爪皆遶身，舍利無數，留三日不壞，竟荼毘之。僧肇淮海有詩云：「一定空山五百年，不須惆悵啓頽甎。路旁多少麒麟冢，過眼無人贈紙錢。」今地爲永福所有。

西溪路

畢宫師墓　畢再遇之父子皆葬於此。

三天竺

自靈鷲至上竺郎當嶺止。

【七】吴太后手書金剛經　「后」原作「皇」，據宋刻本、秘笈本、四庫本改。

陳明大王廟　漢靈帝熹平餘杭令陳渾，後唐明宗長興中，封太平靈衛王。

靈鷲興聖寺　惠理法師卓錫之地。吴越王建有靈山海會閣，理宗御書。理公巖、滴翠軒、九品觀、東坡祠、東坡題名。

隋觀法師塔　下竺，開山祖師真觀。

下天竺靈山教寺　在隋，號南天竺。五代時，號五百羅漢院。祥符初，號靈山寺。天禧，復名天竺寺。紹興，改賜天竺時思薦福，爲吴秦王香火。慶元，復今額。有御書閣（藏仁宗及中興五朝御書）、曲水亭、前塔、跳珠泉、枕流亭、適安亭、清暉亭、九品觀堂、石面靈桃、石蓮華、水波石、悟侍者塔并祠、草堂西嶺、卧龍石、石門澗、神尼舍利塔、日觀庵、方丈（曰佛國）、法堂（二字乃雲房鍾離權書，甚奇古）、金光明、三昧堂、神御殿、瑞光塔、普賢殿、無量壽閣、回軒亭、七葉堂、客兒亭、大悲泉、重榮檜、葛仙丹井、白少傅烹茶井、石梁翻經臺、望海閣、香林亭、香林洞、無根藤、鬬鶏巖、夜講臺、登嘯亭、靈山後塔、慈雲懺主榻、七寶普賢閣、旃檀觀音瑞像（有記）。大抵靈竺之勝，周回數十里，巖壑尤美，實聚於下天竺寺。自飛來峰轉至寺後，諸巖洞皆嵌空玲瓏，瑩滑清潤，如虬龍瑞鳳，如層華吐萼，如皺縠疊浪，穿幽透深，不可名貌。林木皆自巖骨拔起，不土而生。傳言兹巖韞玉，故腴潤若此。石間波紋水迹，亦不知何時有之。其間唐宋遊人題名，不可殫紀。覽者顧景興懷云。

吴越孝獻世子墓　文穆王子。

楓木塢

永清寺　薛開府居正香火。

中天竺天寧萬壽永祚禪寺　隋開皇千歲寶掌和尚開山建寺。吴越時，名崇壽院。政和中，改賜今名。有摩利支天像、華嚴閣、如意泉。

彌陁興福教院　皇子兖、邠二王殯所。

顯親多福院　舊名光福。

大明寺　元係興國庵。

上天竺靈感觀音院　天福中建，名天竺看經院。咸平初賜今名。淳祐中賜廣大靈感觀音教寺。舊寺額，蔡襄書，後理宗易以御書。外山門乃蔡京書。紹興、乾道、淳熙，皆嘗臨幸。有十六觀堂、應真閣、超諸有海（理宗御書）。有雲漢之閣（藏累朝所賜御書）、兩峰堂、白雲堂、中印堂、清華軒、延桂閣、秋芳閣、伴雲閣。前後賜珠冠、玉爐、珍玩甚多。每水旱，朝廷必禱焉。外古迹有肅儀亭、梅峰庵、崇老橋、金佛橋、復庵、流虹澗、夢泉、植杖亭、謝履亭、凝翠泉、觀音泉、雲液池、孫公亭、無竭泉。

雙檜峰

白雲峰

乳竇峰
楊梅嶺
郎當嶺

卷六

諸市

藥市、炭橋。花市、官巷。珠子市、融和坊南官巷。米市、北關外黑橋頭。肉市、大瓦修義坊。菜市、新門東青門霸子頭。鮮魚行、候潮門外。魚行、北關外水冰橋。南猪行、候潮門外。北猪行、打猪巷。布市、便門外横河頭。蟹行、新門外南土門。花團、官巷口錢塘門内。青果團、候潮門内泥路。柑子團、後市街。鯗團、便門外渾水閘。書房。橘園亭。

瓦子勾欄

城内隸修内司，城外隸殿前司。

南瓦、清泠橋熙春樓。中瓦、三元樓。大瓦、三橋街，亦名上瓦。北瓦、衆安橋，亦名下瓦。蒲橋瓦、亦名東瓦。便門瓦、便門外。候潮門瓦、候潮門外。小堰門瓦、小堰門前。新門瓦、亦名四通館瓦。薦橋門瓦、薦橋門前。菜市門瓦、菜市門外。錢湖門瓦、省馬院前。赤山瓦、後軍寨前。行春橋瓦、北郭瓦、又名大通店。米市橋瓦、舊瓦、石板頭。嘉會門瓦、嘉會門外。北關門瓦、又名新瓦。艮山門瓦、艮山門外。羊坊橋瓦、王家橋瓦、龍山瓦。

如北瓦、羊棚樓等，謂之「遊棚」。外又有勾欄甚多，北瓦内勾欄十三座最盛。或有路岐不入勾欄，只在要鬧寬闊之處做場者【二】，謂之「打野呵」，此又藝之次者。

酒樓

和樂樓、昇暘宫南庫。和豐樓、武林園南上庫。中和樓、銀甕子中庫。春風樓、北庫。太和樓、東庫。西樓、金文西庫。太平樓、豐樂樓、南外庫、北外庫、西溪庫。

已上并官庫，屬户部點檢所。每庫設官妓數十人，各有金銀酒器千兩，以供飲客之用。每庫有祗直者數人，名曰「下番」。飲客登樓，則以名牌點唤侑樽，謂之「點花牌」。元夕，諸妓皆并番互移他庫夜賣，各戴杏花冠兒，危坐花架。然名娼皆深藏邃閤，未易招呼。凡肴核杯盤，亦各隨意攜至庫中，初無庖人。官中趁課，初不藉此，聊以粉飾太平耳。往往皆學舍士夫所據，外人未易登也。

熙春樓、三元樓、五間樓、賞心樓、嚴厨、花月樓、銀馬杓、康沈店、翁厨、任厨、陳厨、周厨、巧張、日新樓、沈厨、鄭厨、只賣好食，雖海鮮、頭羹皆有之。蚱蜢眼、只賣好酒。張花。

已上皆市樓之表表者。每樓各分小閣十餘，酒器悉用銀，以競華侈。每處各有私名妓數十輩，皆時妝袨服，巧笑争妍。夏月茉莉盈頭，香滿綺陌，凭檻招邀，謂之「賣客」。又有小鬟不呼自至，歌吟强聒，以求支分，謂之「擦坐」。又有吹簫、彈阮、息氣、鑼板、歌

【二】只在要鬧寬闊之處做場者　「要」原作「耍」，據宋刻本、秘笈本改。

唱、散耍等人，謂之「趕趁」。及有老嫗以小爐炷香爲供者，謂之「香婆」。有以法製青皮、杏仁、半夏、縮砂、豆蔻、小蠟茶、香藥、韻薑、砌香、橄欖、薄荷，至酒閣分俵得錢，謂之「撒𠻘」。又有賣玉面狸、鹿肉、糟決明、糟蟹、糟羊蹄、酒蛤蜊、柔魚、鰕茸、鱂乾者，謂之「家風」。又有賣酒浸江蝺、章舉、蠣肉、龜脚、鎖管、蜜丁、脆螺、鱟醬、法鰕、子魚、鯗魚諸海味者，謂之「醒酒口味」。凡下酒羹湯，任意索喚，雖十客各欲一味，亦自不妨。過賣、鐺頭，記憶數十百品，不勞再四，傳喝如流，便即製造供應，不許少有違悮。酒未至，則先設看菜數楪，及舉杯，則又換細菜。如此屢易，愈出愈奇，極意奉承。或少忤客意，及食次少遲，則主人隨逐去之。歌管歡笑之聲，每夕達旦，往往與朝天車馬相接，雖風雨暑雪不少減也。

歌館

平康諸坊，如上下抱劍營、漆器牆、沙皮巷、清河坊、融和坊、新街、太平坊、巾子巷、獅子巷、後市街、薦橋，皆群花所聚之地。外此諸處茶肆，清樂茶坊、八仙茶坊、珠子茶坊、潘家茶坊、連三茶坊、連二茶坊及金波橋等，兩河以至瓦市，各有等差，莫不靚妝迎門，争妍賣笑，朝歌暮絃，揺蕩心目。凡初登門，則有提瓶獻茗者，雖杯茶亦犒數千，謂之「點花茶」。登樓甫飲一杯，則先與數貫，謂之「支酒」。然後呼喚提賣，隨意置宴。趕趁、祗應、撲賣者，亦皆紛至，浮費頗多。或欲更招他妓，則雖對街，亦呼肩輿而至，謂之「過街轎」。前輩如賽觀音、孟家蟬、吴憐兒等甚多，皆以色藝冠一時，家甚華侈。近世目擊者，惟唐安安最號富盛，凡酒器、沙鑼、冰盆、火箱、妝合之類，悉以金銀爲之。帳幔茵褥，多用錦綺。器玩珍奇，它物稱是。下此雖力不逮者，亦競鮮華，蓋自酒器、首飾、被臥、衣服之屬，各有賃者。故凡佳客之至，則供具爲之一新，非習於遊者不察也。

賃物

花簷、酒檐、首飾、衣服、被臥、轎子、布囊、酒器、幃設、動用、盤合、喪具。

凡吉凶之事，自有所謂「茶酒厨子」，專任飲食、請客、宴席之事。凡合用之物，一切賃至，不勞餘力。雖廣席盛設，亦可咄嗟辦也。

作坊

熟藥圓散、生藥飲片、麩麪、糰子、饅頭、爊炕鵝鴨、爊炕猪羊、糖蜜棗兒、諸般糖、金橘團、灌肺、饊子、萁豆、印馬、蚊煙。

都民驕惰，凡買賣之物，多於作坊行販已成之物【二】，轉求什一之利。或有貧而愿者，凡貨物盤架之類，一切取辦於作坊，至晚始以所直償之。雖無分文之儲，亦可餬口，此

【二】多於作坊行販已成之物　「於」原作「與」，據宋刻本、秘笈本、四庫本改。

亦風俗之美也。

驕民

都民素驕，非惟風俗所致，蓋生長輦下，勢使之然。若住屋，則動蠲公私房賃，或終歲不償一鐶。諸務税息亦多蠲放，有連年不收一孔者，皆朝廷自行抱認。諸項窠名，恩賞則有黄榜錢，雪降則有雪寒錢，久雨久晴則又有賑恤錢米，大家富室則又隨時有所資給，大官拜命則有所謂搶節錢，病者則有施藥局，童幼不能自育者則有慈幼局，貧而無依者則有養濟院，死而無殮者則有漏澤園。民生何其幸歟！

游手

浩穰之區，人物盛夥，游手奸黠，實繁有徒。有所謂美人局、以娼優爲姬妾，誘引少年爲事。櫃坊賭局、以博戲、關撲、結黨手法騙錢。水功德局，以求官、覓舉、恩澤、遷轉、訟事、交易等爲名，假借聲勢，脱漏財物。不一而足。又有賣買物貨，以僞易真，至以紙爲衣，銅鉛爲金銀，土木爲香藥，變換如神，謂之「白日賊」。若闤闠之地，則有翦脱衣囊、環珮者，謂之「覓貼兒」。其他穿窬胠篋，各有稱首。以至頑徒如「攔街虎」「九條龍」之徒，尤爲市井之害。故尹京政先彈壓，必得精悍鉤距、長於才術者乃可。都轄一房，有都轄使臣，總轄供申院長，以至廂巡地分頭項火下，凡數千人，專以緝捕爲職。其間雄駔有聲者，往往皆出群盜。而內司又有海巡八厢以察之。

市食

鵪鶉餶飿兒、肝臟餃子、香藥灌肺、灌腸、猪胰胡餅、羊脂韭餅、窩絲薑豉、劃子、科斗細粉、玲瓏雙條、七色燒餅、雜煠、金鋌裹蒸、市羅角兒、寬焦薄脆、糕糜、旋炙犯兒、八糙鵝鴨【三】、炙鷄鴨、爊肝、罐裏爊、爊鰻鱔、爊團魚、煎白腸、水晶膾、煎鴨子、臟駞兒、焦蒸餅、海蟄鮓、薑蝦米、辣虀粉、糖葉子、豆糰、麻糰、螺頭、膘皮、辣菜餅、炒螃蟹、肉葱虀、羊血、鹿肉犯子。

果子

皂兒膏、宜利少、瓜蔞煎、鮑螺、裹蜜、糖絲綫、澤州餳、蜜麻酥、炒團、澄沙團子、十般糖、甘露餅、玉屑糕、爊木瓜、糖脆梅、破核兒、查條、橘紅膏、荔枝膏、蜜薑豉、韻薑糖、花花糖、二色灌香藕、糖豌豆、芽豆、栗黃、烏李、酪麪、蓼花、蜜彈彈、望口消、桃穰酥、重劑、蜜棗兒、天花餅、烏梅糖、玉柱糖、乳糖獅兒、薄荷蜜、琥珀蜜、餳角兒、諸色糖蜜煎。

菜蔬

薑油多、薤花茄兒、辣瓜兒、倭菜、藕鮓、冬瓜鮓、筍鮓、茭白鮓、皮醬、糟瓊枝、蓴菜筍、

【三】八糙鵝鴨　「糙」原作「䊕」，據宋刻本、秘笈本、四庫本改。

糟黄芽、糟瓜虀、淡鹽虀、鮓菜、醋薑、脂麻辣菜、拌生菜、諸般糟淹、鹽芥。

粥

七寶素粥、五味粥、粟米粥、糖豆粥、糖粥、糕粥、饊子粥、菉豆粥、肉盦飯。

犯鮓

筭條、界方條、綫條、魚肉影戲、胡羊犯、削脯、槌脯、鬆脯、兔犯、獐犯鹿脯、糟猪頭、乾鹹豉、皂角鋌、臘肉、炙骨頭、旋炙荷包、荔枝皮、鵝鮓、荷包旋鮓、三和鮓、切鮓、骨鮓、桃花鮓、雪團鮓、玉板鮓、鱘鰉鮓、春子鮓、黄雀鮓、銀魚鮓、蝛鮓。

凉水

甘豆湯、椰子酒、豆兒水、鹿梨漿、滷梅水、薑蜜水、木瓜汁、茶水、沈香水、荔枝膏水、苦水、金橘團、雪泡縮脾飲【四】、梅花酒、香薷飲、五苓大順散、紫蘇飲。

糕

糖糕、蜜糕、栗糕、粟糕、麥糕、豆糕、花糕、糍糕、雪糕、小甑糕、蒸糖糕、生糖糕、蜂糖糕、綫糕、閒炊糕、乾糕、乳糕、社糕、重陽糕。

蒸作從食

子母繭、春繭、大包子、荷葉餅、芙蓉餅、壽帶龜、子母龜、歡喜、撚尖、翦花、小蒸作、駱駝蹄、太學饅頭、羊肉饅頭、細餡、糖餡、豆沙餡、蜜辣餡、生餡、飯餡、酸餡、筍肉餡、麩蕈

【四】雪泡縮脾飲　「脾」原作「皮」，據宋刻本、秘笈本、四庫本改。

餡、棗栗餡、薄皮、蟹黄、灌漿、卧爐、鵝項、棗餬、仙桃、乳餅、菜餅、秤錘蒸餅、睡蒸餅、千層、鷄頭籃兒、鵝彈、月餅、餣子、炙焦、肉油酥、燒餅、火棒、小蜜食、金花餅、市羅、蜜劑、餅餤、春餅、胡餅、韭餅、諸色餃子、諸色包子、諸色角兒、諸色果食、諸色從食。

諸色酒名

薔薇露、流香、并御庫。宣賜碧香、思堂春、三省激賞庫。鳳泉、殿司。玉練槌、祠祭。有美堂、中和堂、雪醅、真珠泉、皇都春、出賣。常酒、出賣。和酒、出賣并京醞。皇華堂、浙西倉。爰咨堂、浙東倉。瓊花露、揚州。六客堂、湖州。齊雲清露、雙瑞、并蘇州。愛山堂、得江、并東總。留都春、静治堂、并江閫。十洲春、玉醅、并海閫。海岳春、西總。籌思堂、江東漕。清若空、秀州。蓬萊春、越州。第一江山、北府兵厨、錦波春、浮玉春、并鎮江。秦淮春、銀光、并建康。清心堂、豐和春、蒙泉、并温州。蕭灑泉、嚴州。金斗泉、常州。思政堂、龜峰、并衢州。錯認水、婺州。縠溪春、蘭溪。慶遠堂、秀邸。清白堂、楊府。藍橋風月、吴府。紫金泉、楊郡王府。慶華堂、楊駙馬府。元勳堂、張府。眉壽堂、萬象皆春、并榮邸。濟美堂、勝茶。并謝府。

點檢所酒息日課以數十萬計，而諸司邸第及諸州供送之酒不與焉。蓋人物浩繁，飲之者衆故也。

小經紀他處所無者

班朝録、供朝報、選官圖、諸色科名、開先牌、寫牌額、裁板尺、諸色指揮、織經帶、棋子棋盤、蒲牌骰子、交床試籃、賣字本、掌記册兒、諸般簿子、諸色經文、刀册兒、紙畫兒、扇牌兒、印色盝、翦字、纏令、耍令、琴阮弦、開笛、艶笙、鞔鼓、口簧、位牌、諸般盝兒、屋頭挂屏、翦鏃花様、簷前樂、見成皮鞋、提燈鋋燈、頭鬚編掠、香橼絡兒、香橼坐子、拄杖、粘竿、風幡、釣鉤、釣竿、食罩、弔挂、拂子、蒲坐、椅褥、藥焙、烘籃、風袋、煙帚、糊刷、鞋楦、桶鉢、搭羅兒、薑擦子、帽兒、鞋帶、修皮鞋、穿交椅、穿罣罳、鞋結底、穿珠、領抹、釵朵、牙梳、洗翠、修冠子、小梳兒、染梳兒、接補梳兒、香袋兒、面花兒、絹孩兒、符袋兒、畫眉七香丸、膠紙、穩步膏、手皴藥、涼藥、香藥、膏藥、髮垛兒、頭髮、磨鏡、弩兒、弩弦、彈弓、箭翎、射帖、壺籌、鵓鴿鈴、風箏、藥綫、象棋、鞬子、斗葉、香爐灰、紕刷兒、篦子剔、翦截段尺、出洗衣服、簇頭消息、提茶瓶、鼓爐釘鉸、釘看窗、札熨斗、供香餅、使緐、打炭墼、補鍋子、泥竈、整漏、箍桶、襻膊兒、竹猫兒、消息子、老鼠藥、蚊煙、鬧蛾兒、涼筒兒、紐扣子、接絛、修扇子、錢索、麻索、紅索兒、席草、鷄籠、修竹作、使法油、油紙、油單、氈坐子、修砧頭、磨刀、磨翦子、棒槌、舂米、劈柴、擂槌、俗諺云：「杭州人一日喫三十丈木頭。」以三十萬家爲率，大約每十家日喫擂槌一分。合而計之，則三十丈矣。淘井、猫窩、猫魚、賣猫兒、改猫犬、鷄食、魚食、蟲蟻食、諸般蟲蟻、魚兒活、蛇蚪兒、促織兒、小螃蟹、金麻、馬蝆兒、螂蟟、蟲蟻籠、促織盆、麻花子、荷葉、燈草、發燭、肥皂團、茶花子、買瓶掇、舊鋪襯、圪伯紙、竹釘、淘灰土、淘河、剔撥叉、黄牛糞灰、挑疥蟲、賣煙火、鏇影戲。

若夫兒戲之物，名件甚多，尤不可悉數，如相銀杏、猜糖、吹叫兒、打嬌惜、千千車、輪盤兒。每一事率數十人，各專藉以爲衣食之地，皆他處之所無也。

諸色伎藝人

御前應制：姜梅山、特立，觀察使。周葵窗、端臣。曹松山、邃。陳藏一、郁。徐良、陳愛山、程奎、耿待聘。

御前畫院：馬和之、蘇漢臣、李安中、陳善、林春、吴炳、夏圭、李迪、馬遠、馬璘、蕭照。

棋待詔：鄭日新、越童。吴俊臣、安吉吴。施茂、施猢猻。朱鎮、童先、杜黄、象。徐彬、象。林茂、象。禮重、象。尚端、象。沈姑姑、象女流。金四官人、象。上官大夫、象。王安哥、象。李黑子。象。

書會：李霜涯、作賺絶倫。李大官人、譚詞。葉庚、周竹窗、平江周二郎、猢猻。賈廿二郎。

演史：喬萬卷、許貢士、張解元、周八官人、檀溪子、陳進士、陳一飛、陳三官人、林宣教、徐宣教、李郎中、武書生、劉進士、鞏八官人、徐繼先、穆書生、戴書生、王貢士、陸進士、丘幾山、張小娘子、宋小娘子、陳小娘子。

説經諢經：長嘯和尚、彭道、名法和。陸妙慧、女流。余信庵、周太辯、和尚。陸妙静、女流。達理、和尚。嘯庵、隱秀、混俗、許安然、有緣、和尚。借庵、保庵、戴悦庵、息庵、戴忻庵。

小説：蔡和、李公佐、張小四郎、朱脩、德壽宫。孫奇、德壽宫。任辯、御前。施珪、御前。葉茂、御前。方瑞、御前。劉和、御前。王辯、鐵衣親兵。盛顯、王琦、陳良輔、王班直、洪。翟四郎、升。粥張二、許濟、張黑剔、俞住庵、色頭陳彬、秦州張顯、酒李一郎、喬宜、王四郎、明。王十郎、國林。王六郎、師古。胡十五郎、彬。故衣毛三、倉張三、棗兒徐榮、徐保義、汪保義、張拍、張訓、沈佺、沈喝、湖水周、爊肝朱、掇絛張茂、王三教、徐茂、象牙孩兒。王主管、翁彦、嵇元、陳可庵、林茂、夏達、明東、王壽、白思義、史惠英。女流。

影戲：賈震、賈雄、尚保義、三賈、賈偉、賈儀、賈佑。三伏、伏大、伏二、伏三。沈顯、陳松、馬俊、馬進、王三郎、昇。朱祐、蔡諮、張七、周端、郭真、李二娘、隊戲。王潤卿、女流。黑媽媽。

唱賺：濮三郎、扇李二郎、郭四郎、孫端、葉端、牛端、華琳、黄文質、盛二郎、顧和、蠟燭。馬升、熊春、梅四、汪六、沈二、王六、許曾三、邵六、偉。小王三、媳婦徐、沈七、謝一珪。

小唱：蕭婆婆、韓太師府。賀壽、陳尾犯、畫魚周、陸恩顯、都管。笙張、周頤齋、執禮。仵都事【五】、丁八。

【五】仵都事　「仵」原作「忤」，據秘笈本、四庫本改。

丁未年撥入勾欄弟子嘌唱賺色：施二娘、時春春、時佳佳、何總憐、童二、嚴偏頭、向大鼻、葛四、徐勝勝、耿四、牛安安、余元元、錢寅奴、朱伴伴。大虎頭。

鼓板：段防禦、掐生。張眼光、張開、張驢兒、謂之三張。陳宜娘、笛。陳喜生、拍。周雙頂、潘小雙、莫及、笛。陳喜、拍。來七、笛。董大有、金四、札子皮。朱闕生。

雜劇：趙太、慢星子、女流。王侯喜、宋邦寧、唐都管、世榮。三何、晏喜、晏清、晏然。鋤頭段、唧伶頭、諸國朝、宋清朝、王太、鐵笠。郝成、小鍬。宋吉、宋國珍、趙恩、王太、吴師賢、朱太、猪兒頭。王見喜、鐵太、馮舜朝、王珍美、吴國賢、鄭太、惠恩澤、時和、顔喜、蕭金蓮、一窟王、時豐稔、時國昌、金寳、趙祥、吴國昌、王吉、王雙蓮、女流。沈小喬、杜太、蔣俊。

雜扮：紐元子。鐵刷湯、江魚頭、兔兒頭、菖蒲頭、眼裏喬、胡蜀葵、迎春繭、卓郎婦、笑靨兒、科頭粉、韻梅頭、小菖蒲、金魚兒、銀魚兒、胡小俏、周喬、鄭小俏、魚得水、旦。王道泰、王壽香、旦。厲太、顧小喬、陳橘皮、小橘皮、菜市喬、自來俏。旦。

彈唱因緣：童道、費道、蔣居安、陳端、李道、沈道、顧善友、甘道、俞道、徐康孫、張道。

唱京詞：蔣郎婦、孟客、吴郎婦、馬客。

諸宮調：傳奇。高郎婦、黄淑卿、王雙蓮、袁太道。

唱耍令：大禍胎、小禍胎、李俊、香陳淵、大小王、熊二、路淑卿、陳昌、葉道、道情。王保、王定、陸槐、郭忠、牛昌、郭雙蓮、陳新、徐喜、吴昌、趙防禦。雙目無，御前。

唱撥不斷：張翰子、黃三。

説諢話：蠻張四郎。

商謎：胡六郎、魏大林、張振、周月巖、江西人。蠻明和尚、東吴秀才、陳贇、張月齋、捷機和尚、魏智海、小胡六、馬定齋、王心齋。

覆射：女郎中。

學鄉談：方齋郎。

舞綰百戲：張遇喜、劉仁貴、宋十將、常十將、錯安頭、歡喜頭、柴小昇哥、林賽哥、張名貴、花念一郎、花中寶。

神鬼：謝興哥、花春、王鐵一郎、王鐵三郎。

撮弄雜藝：林遇仙、趙十一郎、趙家喜、渾身手、張賽哥、王小仙、姚遇仙、趙念五郎、趙世昌、趙世祥、耍大頭、踢弄。金寶、施半仙、金逢仙、小關西、陸壽、包顯、女姑姑、施小仙。

泥丸：王小仙、施半仙、章小仙、袁丞局。

頭錢：包顯、包喜、包和、黃林。

踢弄：吴金脚、耍大頭、吴鷂子。

傀儡：懸絲、杖頭、藥發、肉傀儡、水傀儡。陳中喜、陳中貴、盧金線、鄭榮喜、張金線、張小僕射、杖頭。劉小僕射、水傀儡。張逢喜、肉傀儡。劉貴、張逢貴。肉傀儡。

頂橦踏索：李賽强、一塊金、李真貴、閒生强。

清樂：黃顯貴、没眼動樂。

角牴：王僥大、張關索、撞倒山、劉子路、盧大郎、鐵板沓、賽先生、金重旺、賽板沓、曹鐵凛、賽僥大、賽關索、周黑大、張僥大、劉春哥、曹鐵拳、王急快、嚴關索、韓銅柱、韓鐵僧、王賽哥、一拔條、温州子、韓歸僧、黑八郎、鄭排、昌化子、小住哥、周僧兒、廣大頭、金壽哥、嚴鐵條、武當山、蓋來住、董急快、董僥大、周板沓、鄭三住、周重旺、小關索、小黑大、阮捨哥、傅賣鮮、鄭白大。

喬相撲：元魚頭、鶴兒頭、鴛鴦頭、一條黑、一條白、斗門喬、白玉貴、何白魚、夜明珠。

女颭：韓春春、繡勒帛、錦勒帛、賽貌多、僥六娘、後輩僥、女急快。

使棒：朱來兒、喬使棒高三官人。

打硬：孫七郎、酒李一郎。說話。

舉重：天武張、擊石毬。花馬兒、掇石墩。郭介、端親、王尹生、陸壽。

打彈：俞麻線、二人。楊寶、姚四、白腸吴四、蠻王、林四九娘。女流。

蹴毬：黃如意、范老兒、小孫、張明、蔡潤。

射弩兒：周長、造弩。康沈、造箭。沓大、林四九娘、女流。黃一秀。

散耍：楊寶、陸行、莊秀才、沈喜、姚菊。

裝秀才：花花帽孫秀、陳齋郎。

吟叫：姜阿得、鍾勝、吴百四、潘善壽、蘇阿黑、余慶。

合笙：雙秀才。

沙書：余道、姚遇仙、李三郎。改畫。

教走獸：馮喜人、李三。教熊。

教飛禽蟲蟻：趙十一郎、趙十七郎、猢猻王。

弄水：啞八、謝棒殺、畫牛兒、僧兒。

放風筝：周三、吕偏頭。

煙火：陳太保、夏島子。

説藥：楊郎中、徐郎中、喬七官人。

捕蛇：戴官人。

七聖法：杜七聖。

消息：陸眼子、高道。

卷七

乾淳奉親【一】

此書叢脞無足言，然間有典章一二可觀，故好事者或取之，然遺闕故不少也。近見陳源家所藏《德壽宮起居注》及吴居父、甘昇所編《逢辰》等録，雖皆瑣釀散漫，參考旁證，自可互相發揮。又皆乾淳奉親之事，其一時承顔養志之娱、燕閑文物之盛，使觀之者錫類之心油然而生。其於世教民彝，豈小補哉！因輯爲一卷，以爲此書之重。然余所得而聞者，不過此數事耳。若二十八年之久，余雖不得盡知而盡紀之，然即其所知，其所不知，蓋亦可以想見矣。因益所未備，通爲十卷，雜然書之。既不能有所次第，亦不暇文其言詞，貴乎紀實，且使世俗易知云爾。

乾道三年三月初十日，南内遣閤長至德壽宮奏知：「連日天氣甚好，欲一二日間恭邀車駕幸聚景園看花，取自聖意，選定一日。」太上云：「傳語官家，備見聖孝，但頻頻出去，不惟費用，又且勞動多少人。本宮後園亦有幾株好花，不若來日請官家過來閑看。」遂遣提舉官同到南内奏過，遵依訖。次日進早膳後，車駕與皇后、太子過宫。起居二殿

校勘記

【一】乾淳奉親　此四字原缺，據目録補。

訖，先至燦錦亭進茶，宣召吴郡王、曾兩府已下六員侍宴，同至後苑看花。兩廊并是小内侍及幕士，效學西湖，鋪放珠翠、花朵、玩具、匹帛，及花籃、鬧竿、市食等，許從内人關撲。次至毬場，看小内侍拋綵毬、蹴秋千。又至射廳看百戲，依例宣賜。回至清妍亭看荼蘼，就登御舟，繞堤閑遊。亦有小舟數十隻，供應雜藝，嘌唱、鼓板、蔬果，與湖中一般。太上倚闌閑看，適有雙燕掠水飛過，得旨令曾覿賦之。遂進《阮郎歸》云：「柳陰庭院占風光。呢喃春晝長。碧波新漲小池塘。雙雙蹴水忙。　萍散漫，絮飛揚。輕盈體態狂。爲憐流水落花香。銜將歸畫梁。」既登舟，知閤張掄進《柳梢青》云：「柳色初濃，餘寒似水，纖雨如塵。一陣東風，縠紋微皺，碧沼鱗鱗。　仙娥花月精神。奏鳳管、鸞弦鬭新。萬歲聲中，九霞杯内，長醉芳春。」曾覿和進云：「桃靨紅勻，梨腮粉薄，鴛徑無塵。鳳閣凌虚，龍池澄碧，芳意鱗鱗。　清時酒聖花神。看内苑、風光又新。一部仙韶，九重鸞仗，天上長春。」各有宣賜。次至静樂堂看牡丹，進酒三盞，太后邀太皇、官家同到劉婉容位奉華堂聽摘阮。奏曲罷，婉容進茶訖，遂奏太后云：「本位近教得二女童，名瓊華、綠華，并能琴阮、下棋、寫字、畫竹、背誦古文，欲得就納與官家則劇。」遂令各呈伎藝，并進自製阮譜三十曲。太后遂宣賜婉容宣和殿玉軸沈香槽三峽流泉正阮一面、白玉九芝道冠、北珠緣領道氅、銀絹三百匹兩、會子三萬貫。是日，三殿并醉，酉牌還内。自此官裏知太上聖意不欲頻出勞人，遂奏知太上，命修内司日下於北内後苑建造冷泉堂，疊巧石爲飛來峰，開展大池，引注湖水，景物并如西湖。其西又建大樓，取蘇軾詩句名之曰「聚遠」，并是今上御名恭書。又御製堂記，太上賦詩，今上恭和，刻石堂上。是歲，翰苑進《端午帖子》云：「聚遠樓前面面風，冷泉堂下水溶溶。人間炎熱何由到，真是瑶臺第一重。」又曰：「飛來峰下水泉清，臺沼經營不日成。境趣自超塵世外，何須方士覓蓬瀛。」皆紀實也。

淳熙三年五月二十一日，天申聖節。先十日，駕詣德壽宫進香，并進奉銀五萬兩、絹五千匹、錢五萬貫、度牒一百道，用緑油匣二百個，上貼簽云「臣某御名謹進」。令幕士安頓寢殿前，候閤長到宫，移入殿上，并鋪放七寶金銀器皿等。十二日，皇后到宫進香。排日皇太子、皇太子妃，并大内職典等進香。至日卯時，車駕率皇后、太子、太子妃、文武百僚，并詣宫上壽。車駕至小次降輦，太上遣本宫提舉傳旨減拜行禮。上回奏云：「上感聖恩，容臣依禮上壽。」太上再命減十拜。俟太上升殿，皇帝起居拜舞如儀，并率皇太子、百官奉上御酒。樂作，衛士山呼。駕興，入幄次小歇。樂人再排立殿上，降簾，太上再坐。太后率皇后、太子妃上壽，六宫次第起居，禮畢，退。上侍太上過寢殿，進早膳。太上令宣唤吴郡王等官前來伴話。上侍太上同往射廳看百戲，依例宣賜。再入幄次小歇，上遣閤長奏知太上：「午時二刻，恭請赴坐。」至期，車駕并赴德壽殿排當。自皇帝已下，并簪花侍宴。至第三盞，太上遣内侍請官家免花帽兒束帶，并卸上蓋衣。官裏回奏：「上感聖恩。」并免皇后頭冠，皇太子穿執。并謝恩訖，太上泛賜皇太子壘金嵌寶盤盞、紫羅、紫紗，南北内互賜承應人目子錢，主管禁衛官率禁衛等人於殿門外謝恩。又入幄次小歇，約二刻，再請太上往至樂堂再坐，教坊大使申正德進新製《萬歲興龍曲》樂破對舞，各賜銀絹有差。又移宴清華看蟠松，宫嬪五十人皆仙妝，奏清樂，進酒，并衙前呈新藝。約至五盞，太上賜官裏御書《急就章》并《金剛經》，官家却進御書真草《千字文》。太上看了甚喜，云：「大哥近日筆力甚進。」上起謝，同皇太子步至蟠松下看御書詩。再入坐，太上宣索翡翠鸚鵡杯，官裏與皇后親捧杯進酒。太上曰：「此是宣和間外國進到，可以屑金，就以爲賜。」上謝恩。時太上、官家并已七八分醉，遂再服上蓋，率皇后、太子謝恩，宣平輦近裏升輦。太上宣諭知省云：「官家已醉，可一路小心照管。」知省等領聖旨還内。來早，上遣知省至宫恭問二聖起居，并奏欲親到宫謝恩。太上就令提舉往問興居，并免到宫行禮。

八月二十一日，壽聖皇太后生辰。先十日，車駕過宫，先至太上處起居，方至本殿進香。次皇后、皇太子、太子妃、莊文太子妃張娘娘已下，并進香起居。上至太上内書院進泛索，遂奏安止。還内。十二日，婉容到宫，至西便門廊下，先至太上處奏起居，次入本殿進香，值雨，免下階起居，大内進香。十三日，知省及大官到宫進香，閤長就管押進奉銀絹、度牒等，并七寶銀金器皿，比天申節減半。并珠子十號，并於後殿鋪放。十六日，本殿提舉率本宫官屬進香，并設放壽星及神僊意思書畫等物，隔簾奏喏，免起居，退。次日，皇太后宅親屬到宫進香，并本宫人吏、後苑官屬、作苑使臣等，并節次進香。二十一日卯時，皇后先到宫，候駕到，至太上前殿起居，次至本宫殿。官家第一班，皇后第二班，太子并太子妃第三班，共上壽訖，太后宅親屬上壽，并同天申節儀。太上邀官裏至清心堂進泛索，值雨，不呈百戲，依例支賜。午初二刻，奏辦就【二】，本殿大堂面北坐，官家花帽兒上蓋，皇后三釵頭冠，并賜簪花。至五盞，并免大衣服，官裏便背兒赴坐。第七盞，小劉婉容進自製《十色菊》《千秋歲》曲破，内人瓊瓊、柔柔對舞。上於閤子庫取賜五兩數珠子一號、細色北段各十匹。太后又賜七寶花十枝、珠翠芙蓉緣領一副。又移坐靈芝殿有木犀處進酒，次到至樂堂再坐，至更後還内。

十月二十二日，今上皇帝會慶聖節。至日，車駕過宫，太上升殿起居訖，簪花拜舞，進壽酒訖，太上回賜壽酒。次至太后殿行禮，詳見第一卷。從太上至後苑梅坡看早梅，又至浣溪亭看小春海棠。午初至載忻堂排當，官家换素帽兒，太后賜官裏女樂二十人，上再拜謝恩。并教坊都管王喜等進新製《會慶萬年薄媚》曲破，對舞，并賜銀絹。太上以白玉桃杯賜上御酒云：「學取老爹年紀，早早還京。」上飲酒，再拜謝恩。三盞後，官家换背兒，免拜；皇后换團冠背兒；太子免繫裹，再坐。本宫御侍六人，并升郡夫人，就賜誥謝恩，并照例支散目子錢。太上又賜官裏玉酒器十件、壘珠嵌寶器皿一千兩、克絲作金龍裝花軟套閤子一副。侍宴官吴郡王已下，各賜金盤盞、匹段，并薔薇露酒、香茶等。是日官裏

【二】奏辦就　「辦」原作「辨」，據四庫本改。

大醉，申後宣逍遥子入便門，升輦還内。

淳熙五年二月初一日，上過德壽宫起居，太上留坐冷泉堂進泛索訖，至石橋亭子上看古梅。太上曰：「苔梅有二種：一種宜興張公洞者，苔蘚甚厚，花極香；一種出越上，苔如緑絲，長尺餘。今歲二種同時著花，不可不少留一觀。」上謝曰：「恭領聖旨。」上皇因言：「多日不見史浩。」命内侍宣召。既至，起居訖，賜坐，并台居廣、鄭藻。初筵，教坊奏樂呈伎，酒三行，太上宣索市食，如李婆婆雜菜羹、賀四酪麪、臟三猪胰、胡餅、戈家甜食等數種。太上笑謂史浩曰：「此皆京師舊人。」各厚賜之。史起謝。又移宴静樂堂，盡遣樂工，全用内人動樂，且用盤架，品味百餘種，酒行無算。又宣索黄玉紫心葵花大盞，太上親自宣勸，史捧觴爲兩宫壽。時君臣皆已霑醉，小内侍密語史相公云：「少酌。」上聞之曰：「滿酌不妨，當爲老先生一醉。」太上極喜，賜史少保玉帶一條、冰片腦子一金合、紫泥羅二十四、御書四軸。史相謝恩而退。

淳熙六年三月十五日，車駕過宫，恭請太上、太后幸聚景園。次日，皇后先到宫起居，入幕次换頭面，候車駕至，供泛索訖，從太上、太后至聚景園。太上、太后至會芳殿降輦，上及皇后至翠光降輦，并入幄次小歇。上邀兩殿至瑶津少坐，進泛索。太上、太后并乘步輦，官裹乘馬，遍遊園中。再至瑶津西軒，入御筵。至第三盞，都管使臣劉景長供進新製《泛蘭舟》曲破，吴興祐舞，各賜銀絹。上親捧玉酒船上壽酒，酒滿玉船，船中人物，多能舉動如活。太上喜見顔色，散兩宫内官酒食，并承應人目子錢。遂至錦壁賞大花，三面漫坡，牡丹約千餘叢，各有牙牌金字，上張大樣碧油絹幕。又别翦好色樣一千朵，安頓花架，并是水晶玻璃、天青汝窑金瓶。就中間沈香卓兒一隻，安頓白玉碾花商尊，約高二尺，徑二尺三寸，獨插照殿紅十五枝。進酒三杯，一應隨駕官人内官【三】，并賜兩面翠葉滴金牡丹一枝、翠葉牡丹沈香柄金綵御書扇各一把。是日，知閤張掄進《壺中天慢》云：「洞天深處賞嬌紅，輕玉高張雲幕。國艷天香相競秀，瓊苑風光如昨。露洗妖妍，風傳馥郁，雲雨巫山約。春濃如酒，五雲臺榭樓閣。　聖代道洽功成，一塵不動，四境無鳴柝。屢有豐年天助順，基業增隆山嶽。兩世明君，千秋萬歲，永享昇平樂。東皇呈瑞，更無一片花落。」賜金杯盤、法錦等物。此詞或謂是康伯可所賦，張掄以爲己作。又進酒兩盞，至清輝少歇。至翠光，登御舟，入裏湖，出斷橋，又至珍珠園。太上命盡買湖中龜魚放生，并宣唤在湖賣買等人。内侍用小綵旗招引，各有支賜。時有賣魚羹人宋五嫂，對御自稱東京人氏，隨駕到此。太上特宣上船起居，念其年老，賜金錢十文、銀錢一百文、絹十匹，仍令後苑供應泛索。時從駕官丞相趙雄、樞密使王淮、參政錢良臣，并在顯應觀西齋堂侍班，各賜酒食、翠花扇子。至申時，御舟稍泊花光亭【四】，至會芳少歇。時太上已醉，官裏親扶上船，并乘轎兒還内。都人傾城盡出觀瞻，贊嘆聖孝。

九月十五日，明堂大禮。十三日，值雨，未時奏請宿齋。北内送天花蘑菇、蜜煎山藥、

【三】一應隨駕官人内官　「一」字原缺，據四庫本補。

【四】御舟稍泊花光亭　「稍」原作「捎」，據《西湖遊覽志餘》等文獻改。

棗兒、乳糖、巧炊、火燒、角兒等。十四日早，車駕詣景靈宮，回太廟宿齋。雨終日不止。午後，太上遣提舉至太廟傳語官家：「連日祀事不易，所有十六日詣宮飲福，以陰雨泥濘勞頓，可免到宮行禮。天氣陰寒，請官家善進御膳，頻添御服。」聖旨遣閤長回奏：「上感聖恩，至日若登樓肆赦時，依舊詣宮行禮。若值雨不登門時，續當奏聞。」至晚，雨不止，宣諭大禮使趙雄：「來早更不乘輅，止用逍遥輦詣文德殿致齋，一應儀仗排立，并行放免，從駕官并常服以從。」并遣御藥奏聞北内：「來日爲值雨，更不乘輅，謹遵聖旨，更不過宮行飲福禮。」太上令傳語官家：「既不乘輅，此間也不出去看也。」大禮使趙雄雖已得旨，猶不許放散。上聞之曰：「來早若不晴時，有何面目？」雄聞之曰：「縱使不晴，得罪，不過罷相耳。」堅執不肯放散。至黄昏後，雨止月明，上大喜，遣内侍李思恭宣諭大禮使仍舊乘輅。再遣御藥奏聞北内，以天晴仍舊乘輅。候登門肆赦訖，詣宮行飲福禮。十五日，晴色甚佳，車駕自太廟乘輅還内，日映御袍，天顔甚喜，都民皆贊嘆聖德。至巳時，太上直閤子官往齋殿，傳語官家：「且喜晴明，可見誠心感格。」賜御用匹段、玉鞦轡、七寶篦刀子事件、素食、果子等【五】。仍諭：「連日勞頓，免行飲福禮。」今上就遣知省回奏：「上感聖恩，天氣轉晴，皆太上皇帝聖心感格。容肆赦訖，詣宮行禮，并謝聖恩。」十六日，登門肆赦畢，車駕詣宮，小次降輦，提舉傳太上皇聖旨：「特減八拜，仍免至壽聖處飲福。」行禮畢，略至絳華堂，進泛索。知閤張掄進《臨江仙》詞云：「聞道彤

【五】果子等　「子」原作「衣」，據四庫本改。

庭森寶仗，霜風逐雨驅雲。六龍扶輦下青冥。香隨鸞扇遠，日映赭袍明。　簾捲天街人頂戴，滿城喜氣氤氳。等閑散作八荒春。欲知天意好，昨夜月華新。」

淳熙七年十二月二十八日，南内遣御藥并後苑官管押進奉兩宮守歲合食、則劇、金銀錢、消夜、歲軸、果兒、錦歷、鍾馗、爆仗、羔兒法酒、春牛、花朵等就，奏知太上皇帝：「元日欲先詣宫朝賀，然後還内，引見大金人使。」太上不許，傳語官家：「至日可先引見人使訖，却行到宫。」

淳熙八年正月元日，上坐紫宸殿，引見人使訖，即率皇后、皇太子、太子妃，至德壽宫行朝賀禮，詳見第一卷。并進呈畫本人使面貌、姓名及館伴問答。是歲，太上聖壽七十有五。舊歲欲再行慶壽禮，太上不許。至是，乃密進黄金酒器二千兩。上侍太上於欏木堂香閣内説話，宣押棋待詔并小説人孫奇等十四人，下棋兩局，各賜銀絹，供泛索訖，官家恭請太上、太后來日就南内排當。初二日，進早膳訖，遣皇太子到宫恭請兩殿，并只用轎兒，禁衛簇擁入内。官家親至殿門恭迎，親扶太上降輦，至損齋進茶，次至清燕殿閑看書畫玩器。約午時初，後苑恭進酥酒，十色熬煮。午正二刻，就凌虚排當。三盞，至萼緑華堂看梅。上進銀三萬兩、會子十萬貫。太上云：「宫中無用錢處，不須得。」上再三奏請，止受三分之一。未初，雪大下，正是臘前，太上甚喜。官家云：「今年正欠此雪，可謂及時。」太上云：「雪却甚好，但恐長安有貧者。」上奏云：「已令有司比去年倍數支散矣。」太上亦命提舉官於本宫支撥官會，照朝廷數目發下臨安府，支散貧民一次。又移至明遠樓，張燈進酒。節使吴琚進喜雪《水龍吟》詞云：「紫皇高宴蕭臺，雙成戲擊瓊包碎。何人爲把，銀河水翦，甲兵都洗。玉樣乾坤，八荒同色，了無塵翳。喜冰消太液，暖融鳷鵲，端門曉、班初退。聖主憂民深意。轉鴻鈞、滿天和氣。太平有象，三宫二聖，萬年千歲。雙玉杯深，五雲樓迥，不妨頻醉。細看來、不是飛花片片，是豐年瑞。」上大喜，賜鍍金酒器二百兩、細色段匹、復古殿香、羔兒酒等。太后命本宫歌板色歌此曲進酒，太上盡醉。至更後，宣轎兒入便門，上親扶太上上輦還宫。

淳熙九年八月十五日，駕過德壽宫起居。太上留坐至樂堂進早膳畢，命小内侍進綵竿垂釣。上皇曰：「今日中秋，天氣甚清，夜間必有好月色，可少留看月了去。」上恭領聖旨，索車兒同過射廳射弓，觀御馬院使臣打毬，進市食，看水傀儡。晚宴香遠堂，堂東有萬歲橋，長六丈餘，并用吴璘進到玉石甃成，四畔雕鏤闌檻，瑩徹可愛。橋中心作四面亭，用新羅白羅木蓋造，極爲雅潔。大池十餘畝，皆是千葉白蓮。凡御榻、御屏、酒器、香奩、器用，并用水晶。南岸列女童五十人奏清樂，北岸芙蓉岡一帶，并是教坊工，近二百人。待月初上，簫韶齊舉，縹緲相應，如在霄漢。既入座，樂少止。太上召小劉貴妃獨吹白玉笙《霓裳中序》。上自起執玉杯，奉兩殿酒，并以壘金嵌寶注碗杯盤等賜貴妃。侍宴官開府曾覿恭上《壺中天慢》一首云：「素飆颺碧，看天衢穩送，一輪明月。翠水瀛壺人不到，比似世間秋别。玉手瑶笙，一時同色，小按霓裳疊。天津橋上，有人偷記新闋。當日誰幻銀橋，阿瞞兒戲。一笑成癡絶。肯信群仙高宴處，移下水晶宫闕。雲海塵清，山河影滿，桂冷吹香雪。何勞玉斧，金甌千古無缺。」上皇曰：「從來月詞不曾用金甌事，可謂新奇。」賜金束帶、紫番羅、水晶注碗一副。上亦賜寶盞、古香。至一更五點還内。是夜，隔江西興亦聞天樂之聲。

淳熙十年八月十八日，上詣德壽宫，恭請兩殿往浙江亭觀潮。進早膳訖，御輦檐兒及内人車馬并出候潮門。先命修内司於浙江亭兩旁抓縛席屋五十間，至是并用綵纈幕帟。得旨，從駕百官，各賜酒食，并免侍班，從便觀看。先是澉浦金山都統司水軍五千人抵江下，至是又命殿司新刺防江水軍、臨安府水軍并行閲試軍船，擺布西興、龍山兩岸，近千隻。管軍官於江面分布五陣，乘騎弄旗，標槍舞刀，如履平地，點放五色煙炮滿江，及煙收炮息則諸船盡藏，不見一隻。奉聖旨：「自管軍官已下，并行支犒一次。」自龍山已下，貴邸豪民綵幕凡二十餘里，車馬駢闐，幾無行路。西興一帶亦皆抓縛幕次，綵繡照江，有如鋪錦。市井弄水人有如僧兒、留住等凡百餘人，皆手持十幅綵旗，踏浪争雄，直至海門迎潮。又有踏混木、水傀儡、水百戲、撮弄等，各呈伎藝，并有支賜。太上喜見顔色曰：「錢塘形勝，東南所無。」上起奏曰：「錢塘江潮，亦天下所無有也。」太上宣諭侍宴官，令各賦《酹江月》一曲，至晚進呈，太上以吴琚爲第一，其詞云：「玉虹遥挂，望青山隱隱，一眉如抹。忽覺天風吹海立，好似春霆初發。白馬凌空，瓊鼇駕水，日夜朝天闕。飛龍舞鳳，鬱葱環拱吴越。此景天下應無，東南形勝，偉觀真奇絶。好似吴兒飛綵幟，蹴起一江秋雪。黄屋天臨，水犀雲擁，看擊中流楫。晚來波静，海門飛上明月。」兩宫并有宣賜，至月上還内。

淳熙十一年六月初一日，車駕過宫。太上命提舉傳旨：「盛暑，請官家免拜。」至内殿起居，太上令小内侍扶掖，免拜謝恩。太后處亦免拜。太上邀官裏便背兒至冷泉堂，進早膳訖，太上宣諭云：「今歲比常年熱甚。」上起答云：「伏中正要如此。」太上云：「今日且留在此納凉，到晚去。或三省有緊切文字，不妨就幄次進呈。」上領聖旨，遂同至飛來峰看放水簾。時荷花盛開，太上指池心云：「此種五花同幹，近伯圭自湖州進來，前此未見也。」堂前假山、修竹、古松，不見日色，并無暑氣。後苑小厮兒三十人，打息氣，唱道情。太上云：「此是張掄所撰鼓子詞。」後苑進沆瀣漿、雪浸白酒。上起奏曰：「此物恐不宜多喫。」太上曰：「不妨，反覺爽快。」上曰：「畢竟傷脾。」太上首肯，因閑説：「宣和間，公公每遇三伏，多在碧玉壺及風泉館、萬荷莊等處納凉。此處凉甚，每次侍宴，雖極暑中，亦著衲襖兒也。」命小内侍宣張婉容至清心堂撫琴，并令棋童下棋，及令内侍投壺，賭賽利物則劇。官家進水晶提壺連索兒，可盛白酒二斗，白玉雙蓮杯盤、碾玉香脱兒一套六個，大金盆一面，盛七寶水戲，并宣押趙喜等教舞水族。又進太皇后白玉香珀扇柄兒四把、龍涎香數珠佩帶五十副、真珠、香囊等物。直至酉初還内。

卷八

車駕幸學

先期三日，儀鸞司及内侍省官至國子監相視，八厢亦至學中搜檢。次日，諸齋生員盡行搬出學外安泊，各齋門并用黄封，學官預擬御課題，咸淳丁卯出《辟雍揚緝熙賦》。用黄羅裝背大册，面僉云「太學某齋生臣姓某供」，以大黄羅袱護之，置於各齋之前，以備駕至點索。崇化堂後，即聖駕歇泊之所，皆設御屏、黄羅幃，設供御物等。凡敕入宫門號，止於國子監外門；敕入殿門號，止於國子監内門；敕入禁衛號，止於崇化堂天井，謂之「隔門」。除司業、祭酒外，其餘學官、前廊、長諭，并帶黄號，於隔門外席地坐，賜酒食三品，以俟迎駕。駕至純禮坊，隨駕樂部參軍色念致語，雜劇色念口號，起引子，導駕至大成殿櫺星門。禮部太常寺官、國子監三學官及三學前廊、長諭，率諸生迎駕起居。上乘輦入門，至大成殿門降輦，有旨免鳴鞭，以昭至敬。閤門、太常禮直官前導入御幄，太常卿跪奏稱：「太常卿臣某言，請皇帝行酌獻之禮。」上出御幄，升殿，詣文宣王位前，三上香，跪，受爵，三祭酒，奠爵，兩拜，在位皆兩拜，降階，歸幄。太常卿奏「禮畢」，陪位官并退。上乘輦，鳴鞭，入崇化堂降輦，入幄更衣。上所至皆設御幄。禮官、國子監官、三學官、三學生并於堂下分東西立，次引執經官、講書官於堂下東壁面西立，宰臣、執政已下北向立。閤門奏「班齊」，上服帽、紅上蓋、玉束帶、絲鞋，出崇化堂坐。宰臣已下宣名，奏聖躬萬福。御藥傳旨，宣升堂，各兩拜贊，賜坐，分東西階升堂，席後立。次引執經官、講書官，奏萬福，官該宣名者即宣名。兩拜。次引國子監三學官并三學生，奏萬福，兩拜，分引升兩廊，席後立。內官進書案聽宣，以經授執經官，進於案上。講筵內承受對展經册，入內官進牙界方。舍人贊，賜坐，宰相已下及兩廊學官、生員應喏訖，各就坐聽講。講書官進讀經義，執經官執牙篦執讀。入內官收撤經書，再以講義授講官。講書官指講訖，入內官撤書。堂上兩廊官并起分行，宰臣已下降階，講書官當御前躬身致詞，北向立，兩拜。御藥降階，宣答云：「有制，謁款將聖，肅尊視學之儀；講繹中庸，爰命敷經之彦。茂明彝訓，允當朕心。」再兩拜。御藥傳旨宣坐，賜茶訖，舍人贊躬身不拜，各就坐。分引升堂，席後立，兩拜，各就坐。翰林司供御茶訖，宰臣已下并兩廊官贊喫茶訖，宰臣已下降階，北向立。御藥傳旨不拜，引兩廊官北向，各再拜訖，出。皇帝起，易服幞頭、上蓋、玉帶、絲鞋，乘輦鳴鞭出學。百官諸生迎駕如前，隨駕樂部參軍色迎駕念致語，雜劇色念口號，曲子起《壽同天引子》，導駕還宮。在學前廊并該恩出官諸生，各有免解恩例，餘并推恩有差。

人使到闕

北使到闕，先遣伴使賜御筵於赤岸之班荆館，中使傳宣撫問，賜龍茶一斤、銀合三十兩。次日，至北郭税亭茶酒，上馬，入餘杭門，至都亭驛，中使傳宣賜龍茶、銀合如前，又賜被褥、銀沙鑼等。明日，臨安府書送酒食，閤門官説朝見儀，投朝見榜子。又明日，入見於紫宸殿。見畢，赴客省茶酒，遂賜宴於垂拱殿。酒五行，從官已上與坐。是日，賜茶酒名果，又賜使、副衣各七事，幞頭、牙笏、二十兩金帶一條，并金魚袋靴一雙、馬一匹、鞍轡一副，共折銀五十兩，銀沙鑼五十兩，色綾絹一百五十匹，餘并賜衣帶銀帛有差。明日，賜牲餼，折博生羅十匹、綾十匹、絹布各二匹。朝見之二日，與伴使偕往天竺寺燒香，賜沈香三十兩，并齋筵、乳糖、酒果。次至冷泉亭呼猿洞遊賞。次日，又賜内中酒果、風藥、花餳，赴守歲夜筵，用傀儡。元正，朝賀禮畢，遣大臣就驛賜御筵，中使傳宣勸酒九行。三日，客省簽賜酒食，禁中賜酒果，遂赴浙江亭觀潮，酒七行。四日，赴玉津園燕射，命善射者假官伴之，賜弓矢。酒行，樂作，伴射與大使射弓，館伴與副使射弩，酒五行。五日，大燕集英殿，尚書、郎官、監察御史已上并與學士院撰致語。六日，裝班朝辭退，賜襲衣、金帶三十兩、銀沙鑼五十兩、紅錦二色、綾二匹、小綾十色、絹三十匹、雜色絹一百匹，餘各有差。臨安府書送贈儀。復遣執政就驛賜燕，晚赴解换夜筵，伴使始與親勸酬，且以衣物爲侑，謂之

「私覿」。次日，賜龍鳳茶、金銀合，乘馬出北關，登舟。又次日，遣近臣賜御筵。自到闕至朝辭，密賜大使銀一千四百兩，副使八百八十兩，衣各三襲，金帶各三條；都管、上節各銀四十兩，衣二襲；中下節各銀三十兩，衣一襲，塗金帶副之。

宮中誕育儀例略

宮中凡閤分有娠，將及七月，本位醫官申內東門司及本位提舉官奏聞，門司特奏，再令醫官指定降誕月分訖，門司奏排辦產閤，及照先朝舊例，三分減一，於內藏庫取賜銀絹等物如後：

羅二百匹，絹四千六百七十四匹，釘設產閤、三朝、一臘、二臘、三臘、滿月、百晬、頭晬。金二十四兩八錢七分四釐，裹木篦、斡杈、針眼、鈴鋌、鍍盆。銀四千四百四十兩，銀錢三貫足，大銀盆一面，醽醁沈香酒五十三石二斗八升，裝畫扇子一座，裝畫油盆八面，簇花生色袋身單一副，催生海馬皮二張，檀香匣盛硾銅剃刀二把、金鍍銀鎖鑰全，彩畫油栲栳、簸箕各一，彩畫油磚八口，彩畫油瓶二，新羅漆馬銜鐵一副，裝畫胎衣瓶，鐵秤錘五個，鐵鉤五十條，眠羊、臥鹿二合各十五事，金銀果子五百個，影金貼羅散花兒二千五百，錦沿席一，綠席氈蒲合褥子各二，碼碯纈絹一匹，大氈四領，乾蓐草一束，雜用盆十五個，暖水釜五個，綠油柳木槌十個，生菜一合，生艾一斤，生母薑二斤，黑豆一斗，栲栳全。無灰酒二瓶，米醋二瓶，紐地黄汁布二條，濾藥布二條，金漆箱兒全。香墨十鋌，鈿漆影金匣。鷄子五十個，金漆箱兒。小石子五十顆，竹作籠。竹柴五十把，紅布袋二，盛馬桶末用。帶泥藕十挺，生芋子一合，彩畫。銀杏一合五十斤，内裝畫一千個。嘉慶子五十斤，内裝畫七百個。菱米五十斤，内裝畫七百個。荔枝五十斤，胡桃二千個，裝畫。圓眼五十斤，裝畫。蓮肉五十斤，棗兒五十斤，柿心五十斤，栗子五十斤，果子十合，喫食十合。蒸羊一口、生羊翦花八節、羊六色子、棗大包子、棗浮圖兒、豌豆棗塔兒、炊餅、糕糖餅、髓餅。

仍令太醫局差産科大小方脉醫官宿直，供畫産圖方位、飲食禁忌、合用藥材、催生物件，合本位踏逐老娘、伴人、乳婦、抱女、洗澤人等，申學士院撰述凈胎髮祝壽文。排辦産閤了畢，犒賜修内司，會通門官、本司人吏、庫子醫官、儀鸞司等人，銀絹、官會有差。候降誕日，本位官即便申内東門司轉奏降誕、三日、一臘、兩臘四節次，拆産閤、三臘、滿月、二次、百晬、頭晬，已上十次，支賜銀絹，仍添本位聽宣内人請給十分。已上并係常例，此外特恩臨時取旨，不在此限。外廷儀禮，不在此内。

册皇后儀

先一日，宣押翰林學士鎖院，草册后制詞，賜學士潤筆金二百兩。次日，百官聽宣布，皇后三辭免，不允。差官奏告天地、宗廟、社稷、諸陵。太史局擇日，先期命有司陳設。至日早，文武百僚集於大慶殿門外，節次贊引執事官入，立班定。皇帝自内服幞頭、紅袍、玉帶、靴，入幄，更服通天冠、絳紗袍。禮部侍郎奏中嚴、外辦。禮儀使俛伏跪稱：「禮儀使臣某言，請皇帝發册。」餘與德壽宮上册寶禮儀并同。侍中詣御坐前，躬承旨訖，降東階立，稱「有制」，皆再拜。太傅、太保躬身。侍中宣制曰：「册妃某氏，立爲皇后。命公等持節展禮。」太傅、太保再拜。參政帥掌節者脱節衣，詣太傅位。掌節者以節授參政，參政奉節西向，以節授太傅。太傅受訖，以節授掌節者。次中書令以册授太傅，太傅受訖，置於案。次侍中轉寶授太保，并如前儀。復位，并再拜。持節者前導册、寶進行，太傅押册，太保押寶，《正安樂》作。由中道出文德殿東偏門。樂止。掌節者加節衣，至穆清殿外幄次，初册、寶出門。禮儀使至御座前跪奏：「禮儀使臣某言，禮畢。」内侍承旨索扇，扇合，簾降，鳴鞭，協律郎舉麾鼓柷。《乾安樂》作。皇帝降坐，入東房，戛敔。樂止。侍中版奏解嚴。是日，穆清殿設樂架、黄麾仗。皇后常服，乘金龍肩輿，至穆清殿後西閤，内命婦等應陪列者奉從至閤内。侍中版奏中嚴、外辦，應行事執事官各就門外位立定，持節者立於左，内命婦各就位。皇后首飾、褘衣。内侍引司言，司言引尚宫，尚宫引皇后出閤。協律郎舉麾，《坤安樂》作。由西房至殿上，南向立定。樂止。禮直官引太傅、太保就内給事前，西向跪，稱：「册使太傅某、副使太保某，奉制授皇后前備物典册。」俛伏，興，退，復位。内給事詣皇后前，跪奏如前。次太傅以册授内侍，内侍受册，舉册官奠册，舉册，舉案，俱詣内謁者監位，以册授内謁者監，受册奠訖。次太保轉寶授内謁者監，如前儀。掌節者脱節衣，以節授掌節，内侍前導册、寶進行，入殿門，内謁者監、都大主管後從，以次入殿庭，《宜安樂》作。至位。樂止。尚宫引皇后自東階至殿下中褥位北向，《承安樂》作。至位。樂止。舉册、寶官并案進於皇后之右，少前，西向跪，奠訖。内侍稱「有制」，后再拜。讀册官跪宣册文，后又再拜。次内謁者監奉册授皇后，皇后受訖，以授司言。次奉寶授皇后，皇后受訖。樂止。皇后再拜，退。内侍以謝皇太后牋授皇后，皇后置於案，再拜，内侍奉表以出投進。次謝皇帝表，如前。内侍奏禮畢。次尚宫引皇后升堂，《和安樂》作。司寶奉寶至於坐前。樂止。司賓引内命婦次就位。班首初行，《惠安樂》作。至位。樂止。命婦皆再拜。司贊引班首升階，《惠安樂》作，樂止。進當皇后北向致詞稱贊，降自西階，《惠安樂》作。至位。樂止。内外命婦皆再拜。司言稱令旨，命婦皆再拜。宣令旨訖，又皆再拜。司賓以次引命婦還宫，《惠安樂》作。出門。樂止。次内侍引外命婦出，《咸安樂》作。至階上，樂止。北向致詞，《咸安樂》作。降階。樂止。外命婦皆再拜，又宣答如前。内侍奏禮畢，皇后降坐，《徽安樂》作。皇后歸閤，《泰安樂》作。至閤。樂止。受賀畢，皇后更常服，升坐。命外命婦如宫中儀會畢，再拜，以次出。

皇后歸謁家廟 用咸淳全后例

太史局預擇日，降旨，命禮寺參酌禮典所屬排辦。至日，皇后出宫，至祥曦殿。上升龍檐，出和寧門，至皇后家廟。本府幹辦使臣等并穿秉，兵士并衫帽，於大門外香案前排立，俟儀衛至，各兩拜。本府親屬於門内，婦人於廳下側立，俟龍檐升廳。至堂門，降檐，入幄次少歇。次本府親屬并立幄前興居，退，詣家廟，以俟陪立。次本閤官奏請，皇后服團冠、背兒，乘小車，入詣家廟，內侍傳呼樂官，樂作。西階降車。樂止。皇后升堂，西向位，樂作。兩拜，陪位官各兩拜。讀祝文，兩拜，陪位各兩拜如上儀。樂作、樂止如上。皇后還位，再拜，陪位官各兩拜。皇后降東側階，升車。樂止。又詣後堂，炷香如前儀。次赴賜筵，皇后坐於堂中，南向，堂前施簾。親屬并常服，詣廳下，南向，謝恩。俟皇后升堂，詣簾前兩拜，婦人於簾内兩拜，親屬并繫鞋立定以俟，就坐，供進酒食如家人禮。至第五盞，各於席前立俟，皇后降坐，少歇。再坐，并如前儀。又至第九盞，酒畢，并靴、笏，各兩拜。賜筵，賜物。次於廳前排立謝恩，各兩拜。俟皇后出幄，乘龍檐，親屬北向兩拜，退。皇后還內，詣御前謝恩。進納御前，及送諸閤分夫人、御侍韶部、職事内人，及諸位次内人、本殿内人，并細色匹帛、盤盞、細果、海鮮、時新喫食，及支給内侍省大官已下及本殿官吏銀絹有差。次日，内降指揮，皇后封贈三代，親屬并行推恩。

早泛索

皇后：下飯七件、菜蔬五件、茶果十合、小楪兒五件。

親屬：各早食十味。

賜筵

皇后：繡高飣十、時果十楪、脯腊十楪、細京果十楪、細蜜煎十楪、看菜十楪。

親屬：京果四十壘、脯腊三百楪、時果乾果共五百楪。

初坐

皇后：下酒喫食九盞、上細看食十件、果子意思十件。

歇坐

下酒喫食十盞、果子十件、時果十件。

宣賜折食錢

大官四員、閤長已下十三員、皇后閤内人、押班等二十五人、本殿隨從官、儀鸞司官、御酒庫官、御輦院官、御厨官、翰林司官、祗候庫官、講殿幕士、樂官。

賜筵樂次

家廟酌獻三盞，諸部合《長生樂引子》。

賜筵初坐：《蕙蘭芳引子》。

第一盞，觱篥起《玉漏遲慢》，笛起《側犯》，笛起《真珠髻》，觱篥起《柳穿鶯》，合《喜慶》曲破，對舞。

第二盞，觱篥起《聖壽永》歌曲子，琵琶起《傾杯樂》。

第三盞，琵琶起《憶吹簫》，觱篥起《獻仙音》。

第四盞，琵琶獨彈《壽千春》，笛起《芳草渡》，念致語、口號，勾雜劇色時和等做《堯舜禹湯》，斷送《萬歲聲》，合意思，副末念。雨露恩濃金穴貴，風光遠勝馬侯家。

第五盞，觱篥起《賣花聲》，笛起《魚水同歡》。

歇坐：

第一盞，觱篥合小唱《簾外花》。

第二盞，琵琶獨彈《壽無疆》。

第三盞，箏、琶、方響合《雙雙燕》神曲。

第四盞，唱賺。

第五盞，鼓板，觱篥合小唱《舞楊花》。

再坐：

第六盞，笙起《壽南山》，方響起《安平樂》。

第七盞，箏彈《會群仙》，笙起《吴音子》，勾雜劇吴國寶等做《年年好》，斷送《四時歡》，合意思，副末念。香生花富貴，緑嫩草精神。

第八盞，笛起《花犯》，觱篥起《金盞倒垂蓮》。

第九盞，諸部合《喜新春慢》曲犯。

宮樂官五十八人，各帽子、紫衫、腰帶。

都管一人，幞頭、公服、腰帶、繫鞵、執杖子。

樂官犒設

内藏庫支賜銀、皇后殿外庫支賜錢酒、本府支犒錢酒。

皇后散付本府親屬、宅眷、幹辦使臣已下

金合、金瓶、金盤盞、金環、金鋌、金釵、金錢、共金五百兩。銀盤盞、共二千兩。細色段匹、翠領、翠花、翠冠、翠扇、翠篦環、銀錢、畫扇、龍涎香、刺繡領、畫領、生色羅。

皇子行冠禮儀略

太史擇日，降旨，令太常寺參酌舊禮，有司具辦儀物。至日質明，百僚立班，皇帝即御座，禮直官、通事舍人、太常博士引掌冠、贊冠者入就位。掌冠以太常卿，贊冠以閤門官。初入門，《祗安樂》作。至位。樂止。典儀贊「再拜」，在位皆再拜，跪。左輔詣御坐前承制，降自東階，詣掌冠者前稱「有制」，典儀贊「再拜」，在位皆再拜訖，左輔宣制曰：「皇子冠，命

卿等行禮。」掌冠、贊冠者再拜，左輔復位。王府官入詣皇子東房，禮直官、通事舍人、太常博士引皇子，内侍二人夾侍，王府官後從。自後并准此。皇子初行，《恭安樂》作。即席，南向坐。樂止。禮直官等引掌冠贊冠詣罍洗，樂作。搢笏、盥手、帨手訖，執笏升。樂止。執折上巾者升，掌冠者降一等受之。右執項左執前進皇子席前，北向跪，冠，《修安樂》作。掌冠者興，席南北面立；贊者進席前，北面跪，正冠，興，立於掌冠者後；皇子興【一】，内侍跪進服，服訖，樂止。掌冠者揖，皇子復坐。贊冠者跪，取爵，内侍以酒注於爵。掌冠受爵，跪進皇子席前，北向立，祝曰：「酒醴和旨，籩豆靜嘉。受爾元服，兄弟具來。永言保之，降福孔皆。」皇子搢笏，跪受爵，《翼安樂》作。飲訖，奠爵，執笏。太官令奉饌，設於皇子席前，皇子搢笏，食訖，樂止。執笏，太官令撤饌。禮直官等復引掌冠、贊冠降詣罍洗，樂作。搢笏、盥手、執笏升。樂止。贊冠者進席前，北向跪，脱折上巾，置於匴，興。内侍跪受服，興，置於席。執七梁冠者升，掌冠者降二等受之。右執項左執前進皇太子席前，北向跪，冠，《進安樂》作。掌冠者興，席南北面立；贊者進席前，北面跪，簪，結紘，興，立於掌冠者之後；皇子興【二】，内侍跪進服，服訖，樂止。贊冠者揖，皇子復坐。贊冠者跪，取爵，内侍以酒注爵。掌冠者跪受，進爵皇子席前，北向立，祝曰：「賓贊既戒，肴核惟旅。申加厥服，禮儀有序。允觀爾誠，受天之祐。」皇子搢笏，跪受爵，《輔安樂》作。飲訖，奠爵，執笏，太官令進饌、徹饌，并如前。贊冠者進席前，北向跪，脱七梁冠，置於匴，興。内侍跪受

【一】皇子興　「興」原作「與」，據四庫本改。

【二】皇子興　「興」原作「與」，據四庫本改。

服，興，置於席。執九旒冕者升，掌冠者降三等受之。右執項左執前進皇子席前，北向跪，冠，《廣安樂》作。掌冠者興；贊冠者進席前，北面跪，簪，結紘，興，立；皇子興，內侍進服，服訖，樂止。皇子復坐。贊冠者再進酒如前，祝曰：「旨酒既清，嘉薦令芳。三加爾服，眉壽無疆。永承天休，俾熾而昌。」皇子跪，受爵。《咸安樂》作。太官令奉饌如前。皇子降自東階，詣朵殿東房，易朝服，降立於橫街南王府官階下，西向。皇子初行，樂作。至位。樂止。禮直官等引掌冠者詣皇子位，少進，字之曰：「歲日云吉，威儀孔時。昭告厥字，君子攸宜。順爾成德，永言保之。奉敕字某。」皇子再拜，舞蹈，再拜，奏「聖躬萬福」，又再拜。左輔詣御坐前承旨，降階，詣皇子前宣曰：「有敕。」皇子再拜，左輔宣敕，戒曰：「好禮樂善，服儒講藝。蕃我王室，友于兄弟。不溢不驕，惟以守之。」宣訖，皇子再拜。餘如皇太子儀。次日，文武百僚詣東上閤門拜表稱賀。

卷九

高宗幸張府節次略

紹興二十一年十月，高宗幸清河郡王第，供進御筵節次如後。

安民靖難功臣、太傅、静江寧武靖海軍節度使、醴泉觀使、清河郡王臣張俊進奉：

繡花高飣一行八果壘：香圓、真柑、石榴、棖子、鵝梨、乳梨、榠樝、花木瓜。

樂仙乾果子叉袋兒一行：荔枝、圓眼、香蓮、榧子、榛子、松子、銀杏、梨肉、棗圈、蓮子肉、林檎旋、大蒸棗。

縷金香藥一行：腦子花兒、甘草花兒、硃砂圓子、木香丁香、水龍腦、史君子、縮砂花兒、官桂花兒、白术人參、橄欖花兒。

雕花蜜煎一行：雕花梅毬兒、紅消花、雕花笋、蜜冬瓜魚兒、雕花紅團花、木瓜大段兒、雕花金橘、青梅荷葉兒、雕花薑、蜜笋花兒、雕花棖子、木瓜方花兒。

砌香鹹酸一行：香藥木瓜、椒梅、香藥藤花、砌香櫻桃、紫蘇柰香、砌香萱草拂兒【一】、砌香葡萄、甘草花兒、薑絲梅、梅肉餅兒、水紅薑、雜絲梅餅兒。

【一】砌香萱草拂兒 「萱草拂兒」原作「萱花柳兒」，據四庫本改。

脯腊一行：肉綫條子、皂角鋌子、雲夢豝兒、鰕腊、肉腊、妳房、旋鮓、金山鹹豉、酒醋肉、肉瓜虀。

垂手八盤子：揀蜂兒、番蒲萄、香蓮事件念珠、巴欖子、大金橘、新椰子象牙板、小橄欖、榆柑子。

再坐

切時果一行：春藕、鵝梨餅子、甘蔗、乳梨月兒、紅柿子、切棖子、切綠橘、生藕鋌子。

時新果子一行：金橘、葴楊梅、新羅葛、切蜜蕈、切脆棖、榆柑子、新椰子、切宜母子、藕鋌兒、甘蔗柰香、新柑子、梨五花子。

雕花蜜煎一行。同前。

砌香鹹酸一行。同前。

瓏纏果子一行：荔枝甘露餅、荔枝蓼花、荔枝好郎君、瓏纏桃條、酥胡桃、纏棗圈、纏梨肉、香蓮事件、香藥葡萄、纏松子、糖霜玉蜂兒、白纏桃條。

脯腊一行。同前。

下酒十五盞：

第一盞：花炊鵪子、荔枝白腰子。

第二盞：妳房簽、三脆羹。

第三盞：羊舌簽、萌芽肚胘。
第四盞：肫掌簽、鵪子羹。
第五盞：肚胘膾、鴛鴦煠肚。
第六盞：沙魚膾、炒沙魚襯湯。
第七盞：鱔魚炒鱟、鵝肫掌湯虀。
第八盞：螃蟹釀棖、妳房玉蕊羹。
第九盞：鮮蝦蹄子膾、南炒鱔。
第十盞：洗手蟹、鯚魚假蛤蜊。
第十一盞：五珍膾、螃蟹清羹。
第十二盞：鵪子水晶膾、猪肚假江䲁。
第十三盞：蝦棖膾、蝦魚湯虀。
第十四盞：水母膾、二色繭兒羹。
第十五盞：蛤蜊生、血粉羹。
插食：炒白腰子、炙肚胘、炙鵪子脯、潤鷄、潤兔、炙炊餅、炙炊餅臠骨【二】。
勸酒果子庫十番：砌香果子、雕花蜜煎、時新果子、獨裝巴欖子、鹹酸蜜煎、裝大金橘小橄欖、獨裝新椰子、四時果四色、對裝揀松番葡萄、對裝春藕陳公梨。

【二】炙炊餅臠骨　「炙炊餅」三字疑衍。

厨勸酒十味：江鰩煠肚、江鰩生、蝤蛑簽、薑醋生螺、香螺煠肚、薑醋假公權、煨牡蠣、牡蠣煠肚、假公權煠肚、蟑蚷煠肚。

準備上細壘四卓。

又次細壘二卓。内蜜煎、鹹酸、時新、脯腊等件。

對食十盞二十分：蓮花鴨簽、繭兒羹、三珍膾、南炒鱔、水母膾、鵪子羹、鯚魚膾、三脆羹、洗手蟹、煠肚胘。

對展每分時果子盤兒：知省、御帶、御藥、直殿官、門司。

晚食五十分各件：二色繭兒、肚子羹、笑靨兒、小頭羹飯、脯腊鷄、脯鴨。

直殿官大楪下酒：鴨簽、水母膾、鮮鰕蹄子羹、糟蟹、野鴨、紅生水晶膾、鯚魚膾、七寶膾、洗手蟹、五珍膾、蛤蜊羹。

直殿官合子食：脯鷄、油飽兒、野鴨、二色薑豉、雜熝、入糙鷄【三】、庚魚、麻脯鷄臟、炙焦、片羊頭、菜羹一葫蘆。

直殿官果子：時果十隔楪。

準備：薛方瓠羹。

備辦外官食次

第一等：并簇送。

【三】入糙鷄　「入」疑「八」，字形訛。

太師尚書左僕射同中書門下平章事秦檜：燒羊一口、滴粥、燒餅、食十味、大碗百味羹、餻兒盤勸、簇五十饅頭、血羹。燒羊頭、雙下。雜簇從食五十事、肚羹、羊舌托胎羹、雙下大膀子、三脆羹、鋪羊粉飯、大簇飣、鮓糕鵪子、蜜煎三十楪、時果一合、切榨十楪。酒三十瓶。

少保觀文殿大學士秦熺：燒羊一口、滴粥、燒餅、食十味、蜜煎一合、時果一合、切榨。酒十瓶。

第二等：

參知政事余若水、簽書樞密巫伋、少師恭國公殿帥楊存中、太尉兩府吴益、普安郡王、恩平郡王：各食十味、蜜煎一合、切榨一合、燒羊一盤、酒六瓶。

第三等：

侍從七員：左朝散郎禮部侍郎兼權吏部尚書陳誠之、左中大夫刑部侍郎兼權吏部侍郎韓仲通、右承議郎權吏部侍郎李如崗、右奉議郎起居舍人湯思退、右朝散大夫太府卿兼户部侍郎徐宗説、右宣教郎樞密院檢詳諸房文字兼兵部侍郎陳相、右宣教郎中書門下省檢正諸房公事兼給事中陳夔。

管軍二員：馬軍太尉成閔、步軍太尉趙密。

知閤六員：保信軍節度使領閤門使兼客省四方館事提點皇城司鄭藻、照化軍承宣使領閤門使兼客省四方館事提點皇城司錢、成州團練使領閤事兼客省四方館事提點皇城司趙愷、貴州團練使領閤門事兼客省四方館事提點皇城司宋、武節大夫吉州刺史領閤門事兼客省四方館事提點皇城司孟、武節大夫惠州刺史領閤門事兼客省四方館事提點皇城司蘇。

御帶四員：降授郢州防禦使帶御器械潘端卿、忠州防禦使帶御器械石清、武功大夫遥郡防禦使帶御器械冀彦明、武功大夫兼閤門宣贊舍人帶御器械李彦實。

宗室三員：安慶軍承宣使同知大宗正事士街、建州觀察使士劇、瓊州觀察使居廣。

外官六員：建寧軍節度使提舉萬壽觀韋謙、崇慶軍節度使提舉萬壽觀韋、慶遠軍節度使提舉萬壽觀吴蓋、崇信軍承宣使提舉佑神觀劉光烈、永寧軍承宣使提舉佑神觀朱孝莊、武慶軍承宣使提舉佑神觀王安道。

各食七味、蜜煎一合、時果一合、酒五瓶。

第四等：

環衛官九員：右監門衛大將軍貴州刺使居閑、右監門衛大將軍福州防禦使士輻、右監門衛大將軍榮州團練使士阺、右監門衛大將軍貴州團練使士歆、右監門衛大將軍宣州刺使士銖、右監門衛大將軍宣州刺使士赫、右監門衛大將軍吉州刺使士陪、右監門衛大將軍吉州刺使士暗、右監門衛大將軍吉州刺使士閒。

宣贊舍人十八人：王漢臣、陳清、郭蔓之、王正月、許彦洪、鄭應之、裴良弼、陳迪、李大有、王邦昌、張彦圭、梁份、鄭立之、李邦傑、蔡舜臣、谷璹、王德霖、張安世。

閤門祇候二十人：李丙、李唐誼、鄭明、范涉、周譓、張令綽、張拱、楊价、賈公正、陳仲通、劉堯咨、張耘、何忱、李偁、王謙、董原、劉伉、劉康祖、何超祖、朱邦達。

看班祇候八人：梁振之、王誼、董珩、司馬純、潘思夔、張赫、馮倚、劉堯卿。

提點兼祇應行首五人：李觀、邊思聰、逯鎬、鄭孝禮、常士廉。

三省樞密房副承旨逐房副承旨六人：劉興仁、劉興賢、韓師文、武鑄、邊俊民、嚴經安。

隨駕諸局幹辦監官等十八人：成州團練使幹辦皇城司馮持、右武郎幹辦皇城司劉允升、保義郎幹辦御厨潘邦、保義郎幹辦御厨馮藻、保義郎幹辦翰林司王喜、修武郎幹辦儀鸞司郭公既、保義郎幹辦祗候司黎安國、武翼郎閤門宣贊舍人兼翰林幹辦御輦院邵璿、忠翊郎幹辦左右騏驥院班彦通、武忠郎幹辦左右騏驥院張淳、承信郎閤門祇候兼幹辦左右騏驥院裴良從、武功大夫幹辦行在左藏庫石瑜、右朝散大夫幹辦行在左藏庫劉份、武功大夫幹辦行在左藏庫吴鑄、忠翊郎閤門祇候兼幹辦行在左藏庫趙節、承節郎閤門祇候兼幹辦行在左藏庫劉懃、忠翊郎主管軍頭司兼祇應杜淵、保義郎主管軍頭司兼祇應徐宗彦。

各食五味、時果一盒、酒二瓶。

第五等：

閤門承受十人、知班十五人、御史臺十六人：各食三味、酒一瓶。

聽叫喚中官等五十分：各食五味、斬羊一斤、饅頭五十個、角子一個、鋪薑粉飯、下飯鹹豉、各酒一瓶。

進奉盤合

寶器：御藥帶一條、玉池面帶一條、玉獅蠻樂仙帶一條、玉鶻兔帶三條、玉璧環二、玉素鍾子一、玉花高足鍾子一、玉枝梗瓜杯一、玉瓜杯一、玉東西杯一、玉香鼎二、蓋全。玉盆兒一、玉橡頭楪兒一、玉古劍璏等十七件、玉圓臨安樣楪兒一、玉靶獨帶刀子二、玉并三靶刀子四、玉犀牛合替兒一、金器一千兩、珠子十二號共六萬九千五百九顆、珠子念珠一串一百九顆、馬價珠金相束帶一條、翠毛二百合、白玻璃圓盤子一、玻璃花瓶七、玻璃碗四、馬瑙碗大小共二十件。

古器：龍文鼎一、商彝二、高足商彝一、商父彝一、周盤一、周敦二、周舉罍一、有蓋獸耳周罍一。

汝窑：酒瓶一對、洗一、香爐一、香合一、香毬一、盞四隻、盂子二、出香一對、大奩一、小奩一。

合仗：螺鈿合一十具、織金錦褥子全。犀毗合一十具。織金錦褥子全。

書畫有御寶十軸：曹霸《五花驄》、馮瑾《霽煙長景》、易元吉《寫生花》、黄居寶《雀竹》、吴道子《天王》、張萱《唐后竹叢》、邊鸞《萱草山鷓》【四】、黄筌《萱草山鷓》、宗婦曹氏《蓼岸》、杜庭睦《明皇斫鱠》。

無寶有御書九軸：趙昌《躑躅鵪鶉》、梅行思《躑躅母鷄》【五】、杜霄《撲蝶》、巨然《嵐鎖翠峰》、徐熙《牡丹》、易元吉《寫生枇杷》、董源《夏山早行》二軸、僞主李煜《林泉渡水人物》。

無寶無御書二軸：荆浩《山水》、吴元俞《紫氣星》。

匹帛：撚金錦五十匹、素緑錦一百五十匹、木綿二百匹、生花番羅二百匹、暗花婺羅二百匹、樗蒲綾二百匹。

進奉犒設

隨駕官、知省、御帶、御藥、門司、直殿官：紫羅五百匹、雜色纈羅五百匹、馬下目子錢一萬貫文。

禁衛一行祗應人等：錢二萬貫文、炊餅二萬個、熟猪肉三千觔、爊爆三十合、酒二千瓶。

本家親屬推恩：弟拱衛大夫張保。男右奉議郎直敷文閣主管台州崇道觀賜紫金魚袋張子顔、男右宣教郎直敷文閣主管台州崇道觀賜紫金魚袋張子正。孫承事郎籍田令賜

【四】邊鸞萱草山鷓　「草」原作「花」，據四庫本改。
【五】梅行思躑躅母鷄　「行」原作「竹」，據四庫本改。

紫金魚袋張宗元。姪龍神衛四廂都指揮使清海軍承宣使添差兩浙西路馬步軍副總管張子蓋、姪右朝請大夫直徽猷閣主管佑神觀賜紫金魚袋張子儀、姪承奉郎張子安、姪忠翊郎張子文。姪孫保義郎張宗旦、姪孫保義郎張宗亮、姪孫登仕郎張宗説、姪孫成忠郎張宗益、姪孫登仕郎張宗穎。妻秦國夫人魏氏，妾咸寧郡夫人章氏、妾和寧郡夫人楊氏、妾碩人潘氏、妾碩人沈氏、妾碩人曹氏、妾碩人周氏。弟婦太碩人王氏、弟婦恭人任氏。第二女孺人張氏、第三女孺人張氏、第四女孺人張氏。男子顔婦王氏、男子正婦王氏。孫宗元婦王氏。姪子蓋婦碩人趙氏、姪子儀婦宜人郭氏。

紹興二十一年十一月日。

和州防禦使幹辦府事兼提點兼排辦一行事務張貴具。

卷十

官本雜劇段數

争曲六幺、扯攔六幺、三哮。教聲六幺、鞭帽六幺、衣籠六幺、厨子六幺、孤奪旦六幺、王子高六幺、崔護六幺、骰子六幺、照道六幺、鶯鶯六幺、大宴六幺、驢精六幺、女生外向六幺、慕道六幺、三偌慕道六幺、雙攔哮六幺、趕厥夾六幺、羹湯六幺。

索拜瀛府、厚熟瀛府、哭骰子瀛府、醉院君瀛府、懊骨頭瀛府、賭錢望瀛府。

四僧梁州、三索梁州、詩曲梁州、頭錢梁州、食店梁州、法事饅頭梁州、四哮梁州。

領伊州、鐵指甲伊州、鬧五伯伊州、裴少俊伊州、食店伊州。

桶擔新水、雙哮新水、燒花新水。

簡帖薄媚、請客薄媚、錯取薄媚、傳神薄媚、九妝薄媚、本事現薄媚、打調薄媚、拜褥薄媚、鄭生遇龍女薄媚。

土地大明樂、打毬大明樂、三爺老大明樂。

列女降黄龍、雙旦降黄龍、柳玭上官降黄龍。

趕厥胡渭州、單番將胡渭州、銀器胡渭州、看燈胡渭州。三厥。

入寺降黃龍、楡標降黃龍。

打地鋪逍遥樂、病鄭逍遥樂、崔護逍遥樂、蹇湎逍遥樂。

單打石州、和尚那石州、趕厥石州。

塑金剛大聖樂、單打大聖樂、柳毅大聖樂。

霸王中和樂、馬頭中和樂、大打調中和樂。

喝貼萬年歡、托合萬年歡。

迓鼓兒熙州、駱駝熙州、二郎熙州。

大打調道人歡、會子道人歡、雙拍道人歡、越娘道人歡。

打勘長壽仙、偌賣妲長壽仙、分頭子長壽仙。

棋盤法曲、孤和法曲、藏瓶兒法曲、車兒法曲。

病爺老劍器、霸王劍器。

黄傑進延壽樂、義養娘延壽樂。

扯籃兒賀皇恩、催妝賀皇恩。三偌。

封陟中和樂。

唐輔採蓮、雙哮採蓮、病和採蓮。

諸宮調霸王、諸宮調卦册兒。

相如文君、崔智韜艾虎兒、王宗道休妻、李勉負心、四鄭舞楊花、四偌皇州、檻偌寶金枝、磕瓦。浮漚傳永成雙、浮漚暮雲歸、老孤嘉慶樂、兩相宜萬年芳、進筆慶雲樂、裴航相遇樂。

能知他泛清波、三釣魚泛清波。

五柳菊花新、夢巫山彩雲歸、青陽觀碑彩雲歸、四小將整乾坤、四季夾竹桃花、禾打千秋樂、牛五郎罷金征。

新水爨、三十拍爨、天下太平爨、百花爨、三十六拍爨、門子打三教爨、孝經借衣爨、大孝經孫爨、喜朝天爨、説月爨、風花雪月爨、醉青樓爨、宴瑶池爨、錢手帕爨、小字太平歌。詩書禮樂爨、醉花陰爨、錢爨、鶻鶉爨、借聽爨、大徹底錯爨、黄河賦爨、睡爨、門兒爨、上借門兒爨、抹紫粉爨、夜半樂爨、火發爨、借衫爨、燒餅爨、調燕爨、棹孤舟爨、木蘭花爨、月當聽爨、醉還醒爨、鬧夾棒爨、撲胡蝶爨、鬧八妝爨、鍾馗爨、銅博爨、戀雙雙爨、惱子爨、像生爨、金蓮子爨。

思鄉早行孤、睡孤、迓鼓孤、論禪孤、諱藥孤、大暮故孤、小暮故孤、老姑遺妲、孤慘、雙孤慘、骨突肉。三孤慘、四孤醉留客、四孤夜宴、四孤好、四孤披頭、四孤擂。

病孤三鄉題、王魁三鄉題、强偌三鄉題、文武問命、兩同心卦鋪兒、一井金卦鋪兒、滿皇州卦鋪兒、變猫卦鋪兒、白苧卦鋪兒、探春卦鋪兒、慶時豐卦鋪兒、三哮卦鋪兒、三哮揭榜、三哮上小樓、三哮文字兒、三哮好女兒、三哮一檐脚、襤哮合房、襤哮店休妲、襤哮負酸、秀才下酸擂、急慢酸、眼藥酸、食藥酸、風流藥、黄元兒、論淡、醫淡、醫馬、調笑驢兒、雌虎、崔智韜。解熊、鶻打兔變二郎、二郎神變二郎神、毁廟、入廟霸王兒。

單調霸王兒、單調宿、單背影、單頂戴、單唐突、單折洗、單兜、單搭手。

雙搭手、雙厥送、雙厥投拜、雙打毬、雙頂戴、雙園子、雙索帽、雙三教、雙虞候、雙養娘、雙快、雙捉、雙禁師、雙羅羅啄木兒、賴房錢啄木兒、圍城啄木兒、大雙頭蓮、小雙頭蓮、大雙慘、小雙慘、小雙索、雙排軍、醉排軍、雙賣妲。

三入舍、三出舍、三笑月中行、三登樂院公狗兒、三教安公子、三社争賽、三頂戴、三偌一賃驢、三盲一偌、三教鬧著棋、三借窑貨兒、三獻身、三教化、三京下書、三短鐙、打三教庵宇、普天樂打三教、滿皇州打三教、領三教、三姐醉還醒、三姐黄鶯兒、賣花黄鶯兒。

大四小將、四小將、四國朝、四脱空、四教化、泥孤。

張約齋賞心樂事并序

余掃軌林扃，不知衰老，節物遷變，花鳥泉石，領會無餘。每適意時，相羊小園，殆覺風景與人爲一。閑引客攜觴，或幅巾曳杖，嘯歌往來，澹然忘歸。因排比十有二月燕遊次序，名之曰《四并集》。授小庵主人，以備遺忘。非有故，當力行之。然爲具真率，毋致勞費及暴殄沈湎，則天之所以與我者爲無負無褻。昔賢有云：「不爲俗情所染，方能説法度人。」蓋光明藏中，孰非遊戲？若心常清浄，離諸取著，於有差别境中而能常入無差别定，則淫房酒肆，遍歷道場，鼓樂音聲，皆談般若。倘情生智隔，境逐源移，如鳥黏黐，動傷軀命，又烏知所謂説法度人者哉！聖朝中興七十餘載，故家風流，淪落幾盡。有聞前輩典刑、識南湖之清狂者，必長哦曰：「人生不滿百，常懷千載憂。晝短苦夜長，何不秉燭遊？」一旦相逢，不爲生客。嘉泰元年歲次辛酉十有二月，約齋居士書。

正月孟春：歲節家宴、立春日迎春春盤、人日煎餅會、玉照堂賞梅、天街觀燈、諸館賞燈、叢奎閣賞山茶、湖山尋梅、攬月橋看新柳、安閑堂掃雪。

二月仲春：現樂堂賞瑞香、社日社飯、玉照堂西賞緗梅、南湖挑菜、玉照堂東賞紅梅、餐霞軒看櫻桃花、杏花莊賞杏花、群仙繪幅樓前打毬、南湖泛舟、綺互亭賞千葉茶花、馬塍看花。

三月季春：生朝家宴、曲水修禊、花院觀月季、花院觀桃柳、寒食祭先掃松、清明踏青郊行、蒼寒堂西賞緋碧桃、滿霜亭北觀棣棠、碧宇觀笋、鬬春堂賞牡丹芍藥、芳草亭觀草、宜雨亭賞千葉海棠、花苑蹴秋千、宜雨亭北觀黄薔薇、花院賞紫牡丹、艷香館觀林檎花、現樂堂觀大花、花院嘗煮酒、瀛巒勝處賞山茶、經寮鬬新茶、群仙繪幅樓下賞芍藥。

四月孟夏：初八日亦庵早齋，隨詣南湖放生、食糕糜，芳草亭鬭草，芙蓉池賞新荷，蕊珠洞賞荼蘼，滿霜亭觀橘花，玉照堂嘗青梅，艷香館賞長春花，安閑堂觀紫笑，群仙繪幅樓前觀玫瑰，詩禪堂觀盤子山丹，餐霞軒賞櫻桃，南湖觀雜花，鷗渚亭觀五色鶯粟花。

五月仲夏：清夏堂觀魚，聽鶯亭摘瓜，安閑堂解粽，重午節泛蒲家宴，煙波觀碧蘆，夏至日鵝炙，綺互亭觀大笑花，南湖觀萱草，鷗渚亭觀五色蜀葵，水北書院採蘋，清夏堂賞楊梅，叢奎閣前賞榴花，艷香館嘗蜜林檎，摘星軒賞枇杷。

六月季夏：西湖泛舟，現樂堂嘗花白酒，樓下避暑，蒼寒堂後碧蓮，碧宇竹林避暑，南湖湖心亭納凉，芙蓉池賞荷花，約齋賞夏菊，霞川食桃，清夏堂賞新荔枝。

七月孟秋：叢奎閣上乞巧家宴，餐霞軒觀五色鳳兒，立秋日秋葉宴，玉照堂賞玉簪，西湖荷花泛舟，南湖觀稼，應鉉齋東賞葡萄，霞川觀雲，珍林剥棗。

八月仲秋：湖山尋桂，現樂堂賞秋菊，社日糕會，衆妙峰賞木樨，中秋摘星樓賞月家宴，霞川觀野菊，綺互亭賞千葉木樨，浙江亭觀潮，群仙繪幅樓觀月，桂隱攀桂，杏花莊觀鷄冠黄葵。

九月季秋：重九家宴，九日登高把萸，把菊亭採菊，蘇堤上玩芙蓉，珍林嘗時果，景全軒嘗金橘，滿霜亭嘗巨螯香橙，杏花莊篘新酒，芙蓉池賞五色拒霜。

十月孟冬：旦日開爐家宴，立冬日家宴，現樂堂煖爐，滿霜亭賞蚤霜，煙波觀買市，賞小春花、杏花莊挑薺、詩禪堂試香、繪幅樓慶煖閣。

十一月仲冬：摘星軒觀枇杷花、冬至節家宴、繪幅樓食餛飩、味空亭賞蠟梅、孤山探梅、蒼寒堂賞南天竺、花院賞水仙、繪幅樓前賞雪、繪幅樓削雪煎茶。

十二月季冬：綺互亭賞檀香蠟梅、天街閲市、南湖賞雪、家宴試燈、湖山探梅、花院觀蘭花、瀛巒勝處賞雪、二十四夜餳果食、玉照堂賞梅、除夜守歲家宴、起建新歲集福功德。

約齋桂隱百課

淳熙丁未秋，余捨所居爲梵刹，爰命桂隱堂館橋池諸名，各賦小詩，總八十餘首。逮慶元庚申，歷十有四年之久，匠生於心，指隨景變，移徙更葺，規模始全。因删易增補，得詩凡數百。綱舉而言之：東寺爲報上嚴先之地，西宅爲安身攜幼之所，南湖則管領風月，北園則娛燕賓親。亦庵晨居，植福以資浄業也；約齋晝處，觀書以助老學也。至於暢懷林泉，登賞吟嘯，則又有衆妙峰山，包羅幽曠，介於前六者之間。區區安恬嗜静之志，造物亦不相負矣。或問余曰：「造物不負子，子亦忍負造物哉？釋名宦之拘囚，享天真之樂適，要當於筋骸未衰時。今子三仕中朝，顛華齒墮，涉筆纔十二旬，如之何則可？」余應之曰：「仕雖多，不使勝閑日，余之願也，余之幸也，敢不勉旃。」壬戌歲中夏，張鎡功父書。

東寺：敕額廣壽慧雲。大雄尊閣、千佛鐵像。靜高堂、寢室。真如軒。種竹。

西宅：叢奎閣、安奉被賜四朝宸翰。德勳堂、祖廟。以高宗御書二字名。儒聞堂、前堂。用告詞字取名。現樂堂、中堂。用朱巖壑語。安閑堂、後堂。綺互亭、有小四軒。瀛巒勝處、東北小堂。前後山水。柳塘花院、應鉉齋、筮得《鼎》卦，故名。振藻、取告詞中字名。宴頤軒、尚友軒、賞真亭。山水。

亦庵：法寶千塔、鐵鑄千塔，藏經千卷。如願道場、藥師佛壇。傳衣庵、寫經寮。書《華嚴》等大乘諸經。

約齋：泰定軒。

南湖：閬春堂、牡丹，芍藥。煙波觀、天鏡亭、水心。御風橋、十間。鷗渚亭、把菊亭、汎月闕、水門。星槎。船名。

北園：群仙繪幅樓、前後十一間，下臨丹桂五六十株，盡見江湖諸山。桂隱、諸處總名，今揭樓下。清夏堂、面南，臨池。玉照堂、梅花四百株。蒼寒堂、青松二百株。艷香館、雜春花二百株。碧宇、修竹十畝。水北書院、對山，臨溪。界華精舍、夢中得名。撫鶴亭、近松株。芳草亭、臨池。味空亭、蠟梅。垂雲石、高二丈，廣十四尺。攬月橋、飛雪橋、在梅林中。蕊珠洞、荼蘼二十五株。芙蓉池、紅蓮十畝，四面種芙蓉。珍林、雜果小園。涉趣門、總門，入松徑。安樂泉、竹間井。杏花莊、村酒店。鵲泉。井名。

衆妙峰山：詩禪堂、黃寧洞天、景白軒、置香山畫像并文集。文光軒、臨池。緑畫軒、木樨臨側。書葉軒、柿二十株。俯巢軒、高檜旁。無所要軒、長不昧軒、摘星軒、餐霞軒、櫻桃三十餘株。

讀易軒、詠老軒、《道德經》。凝薰堂、楚佩亭、蘭。宜雨亭、千葉海棠二十株，夾流水。滿霜亭、橘五十餘株。聽鶯亭、柳邊，竹外。千歲庵、仁皇飛白字。恬虚庵、憑暉亭、弄芝亭、都微别館、誦《度人經》處，經乃徽宗御書。水湍橋、漪嵐洞、施無畏洞、觀音銅像。澄霄臺、而東。登嘯臺、金竹巖、古雪巖、隱書巖、石函仙書在巖穴中，可望不可取。新巖、疊翠庭、茂林中容十許人坐。釣磯、菖蒲澗、上有小石橋。中池、養金魚，在山澗中。珠旒瀑、藏丹谷、煎茶磴。

右各有詩在集中，此不繁録。

校勘記

【一】輒傾耳諦聽　「傾」字原缺，據四庫本補。

附録

自序

乾道、淳熙間，三朝授受，兩宮奉親，古昔所無。一時聲名文物之盛，號「小元祐」。豐亨豫大，至寶祐、景定，則幾於政宣矣。予曩於故家遺老得其梗概，及客修門，閑聞退璫老監談先朝舊事，輒傾耳諦聽【一】，如小兒觀優，終日夕不少倦。既而曳裾貴邸，耳目益廣。朝歌暮嬉，酣玩歲月，意謂人生正復若此，初不省承平樂事爲難遇也。及時移物换，憂患飄零，追想昔遊，殆如夢寐，而感慨係之矣。歲時檀欒，酒酣耳熱，時爲小兒女戲道一二，未必不反以爲誇言欺我也。每欲萃爲一編，如吕滎陽《雜記》而加詳，孟元老《夢華》而近雅。病忘慵惰，未能成書。世故紛來，懼終於不暇紀載，因摭大概，雜然書之。青燈永夜，時一展卷，恍然類昨日事。而一時朋遊淪落，如晨星霜葉，而余亦老矣。噫！盛衰無常，年運既往，後之覽者，能不興憹我寤嘆之悲乎！四水潛夫書。

（知不足齋刻本《武林舊事》卷首）

陳柯序

夫省方觀民，因俗考政，固所以資監戒而志興衰者也。有宋播遷江左，建國錢唐，當時臣辟謂宜枕戈嘗膽、修政治兵，以復君父之讐、雪中原之恥，惟恐後可也。顧乃宴安槃樂，日事嬉遊，峻宇雕墻，窮極嗜欲，更不知有二帝蒙塵、不共戴天之憾。此乾坤何等時也！何暇於流連光景、沉酣節序者哉！昔人稱魯衛大綱，予亦謂南宋之大綱厥亦有在。乃棄而不講，馴，致民風國體，日以陵夷，迄于崖山之溺，可痛也。四水潛夫，不知其何許人，編録是書，聿聿然若道其一時之盛者。予意是編當與《吴越春秋》并觀，則前大巡宋公所以存而刻之之意，與予所以由觀感而興監戒者，當自得之矣。舊梓漫蕪不可讀，因而翻刻之云。

嘉靖三十九年，歲在庚申，秋七月十六日，杭州府知府閩中陳柯謹書。

（明嘉靖三十九年陳柯刻本《武林舊事》卷首）

姚士粼序

余往讀杭板《舊事》，意似有未盡者。久之，海虞趙玄度示余全帙，則自「棋待詔」已下五卷，杭刻所缺也。然趙本所有，不暇泛考。即田氏《西湖志餘》捃拾最博，無論第一段「西牌還内」後十行，田志不收，更檢「淳熙五年二月」「六年三月、九月」「九年中秋」「觀濤」諸則，大都此本宛盡，《志餘》前後多彼此不同。又如「高宗幸張循王」，多「親屬推恩」二幅；「張功甫賞心樂事」，多「桂隱」等四幅；其若「太學」已後及「雜劇」七條，志記別録亦多異同。豈田氏未之見邪？余更有感於壽皇孝養思陵，而光宗惑於凶牝，至爲不朝不臨，此無異故：孝宗得非所望，故能竭孝展恩；光宗謂所固有，遂至溺讒行忍。此繼立賢於身出，人態俗情最悲隱地也。至若張俊公附秦檜贊協和議，冀握兵柄，不踰年而爲江邈劾罷。思陵幸第時，解柄之明年也。觀其進奉珍玩之夥，此皆鬻賣中原牙儈錙貫耳。地主睹之，能無面頳汗下乎？約齋標韻孤上，賞識風花，爲雅流歸與，乃以謀誅侂胄，賞薄怨望，欲捋虎須，遠謫象臺而死。去玉照堂成，僅隔旬五耳。惜哉！案，張鎡以謀去史彌遠謫死，此誤。　海鹽姚士麟叔祥叙。

（知不足齋刻本《武林舊事》卷尾附録）

忻厚德跋

《武林舊事》，乃弁陽老人草窗周密公謹所集也。刊本止第六卷。山村仇先生所藏本，終十卷，後歸西河莫氏家。予就假於莫氏，因手鈔成全書，以識歲月，藏於家塾。至元後戊寅正月，忻厚德用和父【二】。

（知不足齋刻本《武林舊事》卷尾）

【二】忻厚德用和父　「厚」字原缺，據四庫本補。

祝靖跋

此書二册，予假於太子太保遂安伯陳公家，同年友文部副郎黄君廷用録之，以歸予云。弘治乙卯夏四月望，祝靖手跋。

己未夏五月十六日，校四字。

（知不足齋刻本《武林舊事》卷尾）

宋廷佐跋

杭郡地卑隘，不可以國。宋高宗南播，樂其湖山之秀，物産之美，遂建都焉。傳五帝，享國百二十有餘年。雖曰偏安，其制度、禮文猶足以仿佛東京之盛。可恨者，當時之君臣忘君父之讐，而沉酣於湖山之樂，竟使中原不復，九廟爲墟。數百載之下，讀此書者不能不爲之興嘆。書凡六卷，四水潛夫輯。潛夫，亦不知爲誰。其紀武林之事，較他書爲備。因命工刊置郡庠，俾博雅者有考焉。武林，杭郡名。正德戊寅孟夏，巡按浙江監察御史奉天宋廷佐題。

（明正德刻本《武林舊事》卷尾）

留志淑跋

《武林舊事》凡若□卷，南宋氏百二十餘年之典章儀物、習尚風流，盡於此矣。而其彌文之勝情，宴安之溺志，固非有國者所以昭德而塞違也。天下大事，卒不可復圖，果天耶？人耶？侍御奉天宋公命志淑等鋟梓以傳，豈特備參訂、資博洽、補史氏之遺而已？蓋有風人之義存焉。觀斯集者當自得之。

正德戊寅孟夏，杭州府知府温陵留志淑書。

（明正德刻本《武林舊事》卷尾）

澹生堂祁承㸁本跋

《武林舊事》，齋中所有止六卷，趙玄度本多四卷，今繕寫增入者是也。古書爲市人刊削，以圖省工牟利，往往如此。余借趙本增入者數十種，不獨此書也。萬曆壬子春日，澹翁識。澹生堂祁氏本跋。

（知不足齋刻本《武林舊事》卷尾）

徐㶿跋

《武林舊事》六卷，題曰泗水潛夫輯。正德中，浙江巡按御史宋廷珪刻之，跋語云「潛夫不知爲誰」。偶閲《七修彙稿》，載元人周密字公謹，居齊作《齊東野語》，居杭癸辛街作《癸辛雜志》。自號泗水潛夫。又嘗居華不注，號弁陽老人。以周子窗草不除，號草窗。《類稿》不言其作《舊事》。予謂泗水潛夫即密也，當是居杭日所著耳。此本得之武林肆中，板額漫漶，然一覽而南渡繁華之盛可想見矣。萬曆甲辰春，徐惟起書。

（清嘉慶三年鄭傑刻本《紅雨樓題跋》卷上）

陸貽典跋

遵王鈔本前六卷，舊鈔缺後四卷，命工寫足。黼季假得，既屬竇伯校此，又浼余校一過，頗有是正處。朱筆出竇伯手，墨筆蓋余所校也。此本係余姻友孫岷自舊藏，岷自不禄，屈指已十有三年矣，撫此不勝人琴之痛。康熙丁巳小春下浣，覿庵陸貽典識於山涇老屋。

（清光緒十三年吴縣靈芬閣集字版校印本張金吾《愛日精廬藏書志》卷十七史部）

吴焯跋

《武林舊事》十卷，元周密公謹撰。此虞山毛氏舊本，余得插諸架。郎瑛《七修類稿》云：「公謹居齊之東，作《齊東野語》；居杭癸辛街，作《癸辛雜識》。泗水出山東，號泗水潛夫。居華不注，號弁陽老人。第此編皆叙行都事，似不應題泗水。今此本作四水，當别有義意。」郎瑛又云：「舊事十二卷，杭刻其六全者，在吴人袁飛卿家。海鹽姚士粦續刻五卷。」其第一「棋待詔」諸篇，此本無之，當爲録補，尚缺一卷耳。康熙戊戌春王十有九日，繡谷亭主。

是歲閏中秋，又得毛氏汲古閣舊本，方見潛夫原序并卷尾元明人二跋，亟爲録補。此書凡三校閲矣。

己亥中春，再取汲古舊本校讎。凡脱誤處并從是正，疑者標注于旁。蓋古今名色不同，未可以文理斷也。是日病起，鑒閣垂絲海棠盛開，坐觀竟日，點終此卷。

修門，地名也。文山《指南録序》亦有皋亭山，距修門三十里。今《杭郡志》不聞有是名，即卷中白石、茅灘諸名，亦湮没難考矣。明日望月，起再書。

又明日，飯罷，録補漏葉三處，各數百字。病餘，頭目森然，第無以銷長晝。然晴窗拂几，心地轉覺清凉。後之讀是書者，可無牴牾之疑矣。大凡舊籍，不經校讎，終非善本，且傳鈔尤多魯魚帝虎之憾。萬卷豈易盡閲？惟日不足，苦心者自知之。

是日吾友徐研盧以《建溪舟行詩》見示。吴中顧翰林俠君來訪，不晤而去。俠君刻元詩，余有元人集百餘種，尚俟商權也。

吾友鄭芷畦《湖録》云：「四水者，湖城以苕水、餘不水、前溪水、北流水合而入于郡城之霅溪，故有四水之名。舊人詩『四水交流霅霅聲』是也。」據此，則四水乃湖之地名。公謹生于湖，中年遷杭，晚仍歸老弁山，又號弁陽老人，則四水潛夫之號亦猶是耳。古本作四水，洵乎不謬。然余疑此義，十年方得其説，實爲快心。己亥中秋日，焯書。

（民國間一簫一劍館緑絲欄鈔本汪璐輯《藏書題識》卷一）

「棋待詔」以下，原接前第六卷「諸色伎藝人」之下。自傳鈔既失，而《秘笈》刊本誤別爲一卷，與前隔斷。微汲古舊本，幾不見原書矣。大抵明季人刊書，俱犯妄作之弊，而《秘笈》與《説郛》《稗海》則尤繆戾之甚者。己亥二月望前一日，鑒閣書。瓶花齋吴氏本跋，元在第六卷後。

（知不足齋刻本《武林舊事》卷尾）

厲鶚跋

修門出處，見宋玉《招魂》辭中李善注：「郢，城門也。」郢蓋楚都，宋人遂借爲都門之稱。若吾杭地名，則無此也。繡谷先生偶誤，不可以不辨。乾隆壬戌九月五日，厲鶚記。追思吾友下世已十年，不禁泫然。

（民國間一簫一劍館緑絲欄鈔本汪璐輯《藏書題識》卷一）

汪日焚跋

右書爲吴興周密公謹氏所輯也。其曰「四水潛夫」者何？考鄭元慶《湖録》載，湖城以苕水、餘不水、前溪水、北流水合而入於霅溪，故名四水。潛夫家世濟南，建炎初，高宗幸臨安，其先人扈蹕南家，遂遷吴興焉。公生於湖，中年寓居錢唐。寶祐間爲義烏令，生平富於著述，嘗自叙其先世歷掌朝政，凡臺閣之舊章、宫府之故事，爲過庭時所飫聞。迨遍覽行都之勝，見夫宫闕、市廛、園亭、坊巷、湖山、靈秀之所萃，歲時風俗之相沿，以及文人詞客、樂籍藝流，綜而紀之，則是編洵可補乾道、咸淳兩志之所未備，而此邦文獻有足徵焉。豈止追述夢游云爾哉！公自號草窗，又號蕭齋，晚年歸老弁山，復稱弁陽嘯翁。書凡十卷，舊刻近頗罕覯，因得善本重校付梓，爰考其里居姓氏，以識於卷末云。乾隆丁酉竹小春月中浣，杭州汪日焚書於夙夜齋。

（清乾隆四十二年汪日焚夙夜齋刻本《武林舊事》卷尾）

鮑廷博跋

南宋遺老周公謹氏入元後追憶乾淳舊事，撰述此書，凡朝廷典禮、山川風俗，與夫市肆節物、教坊樂部，無不備載，而於孝廟奉親之事尤致意焉。武林徵掌故者多就取材，而流傳絶少善本。此册得之紅豆山房惠氏，即《讀書敏求記》所謂「元人傳自仇山村家足本也」。自序一篇，聲情綿邈，悽然有故國舊君之思，不僅流連今昔而已。而舊刻遺之，失其旨矣。爰就明時宋、陳兩刻參校以傳，不惟爲藝苑增一佳本，亦以慰作者於百世之上也。乾隆癸丑端陽後一日，歙鮑廷博書於知不足齋。

（知不足齋刻本《武林舊事》卷尾）

朱文藻跋

此書二本。一是小山堂鈔本十卷，一是嘉靖庚申陳柯重刻本。鈔、刻諸跋全録如右，見前輩校書苦心。案：《七修類稿》作十二卷，誤也。姚士麟續刻五卷，第一「棋待詔」諸篇，本即前刻第六卷中「諸色伎藝」之末全者。續刻補足之，是名爲五卷，實四卷也。

（民國間一簫一劍館緑絲欄鈔本汪璐輯《藏書題識》卷一）

黄丕烈題跋

《武林舊事》十卷。校本。

舊刻止有宋廷佐六卷本。《秘笈》所刻有《後武林舊事》，未之見也。近日《知不足齋叢書》謂參酌於宋、陳兩家刻本，然非其舊矣。詞句尚多佳處。讀者可以鮑本爲據。余喜蓄古書，宋廷佐本向亦有之。時以明刻，未之珍惜，已易去，今但存影鈔本矣。辛未仲冬，復翁記。在卷首。

舊鈔補叙一篇，係遵王手書者。此本今在周香嚴令似漱六居。余於夏間借歸手校。其墨校者，余悉據改。其朱校，屬西賓陸拙生臨之。復翁記。均在末卷後。

辛未大除，偶過五柳居，主人出《秘笈》相示，因從彼借《武林舊事》歸。《秘笈》以「棋待詔」以下爲一卷，後分二、三、四、五卷，爲《後武林舊事》，總成五卷。余取校於此本。壬申正月廿一日校訖記，復翁。

鮑《叢書》據陳《秘笈》本校《後武林舊事》，余誤陳爲商。壬申春覆勘記。在卷首。

（清光緒十年吴縣潘祖蔭滂喜齋刻本黄丕烈《士禮居藏書題跋記》卷二）

《武林舊事》六卷。明刻本。

《武林舊事》六卷本，爲明正德中宋廷佐所刻。余向亦有之，因非十卷本，與坊友易書，不知流落何所矣。既而校勘群籍，始知書舊一日，則其佳處猶在，不致爲庸妄人删潤，歸於文從字順，故舊刻爲佳也。此本出宋廷佐本，雖不知影鈔與否，而佳處尚存，是可信矣。近校錢述古本，取此相勘，如「祭埽」條之「淚妝」，「禁中納凉」條之「御笐」諸字未經泯滅，故特表而出之，以著此本之善云。辛未秋日，復翁識。

鮑氏刻入《知不足齋叢書》中之《武林舊事》，據惠紅豆家鈔本，然參校者六卷以前據宋廷佐本，七至十卷則據《寶顔堂秘笈》本。余欲尋訪《秘笈》本，坊間竟蔑如也。昨歲大除，往五柳居晤語之，主人以新收全部《秘笈》對，即從之借《武林舊事》歸，自一至六題曰《前武林舊事》，未載留跋，所據亦宋廷佐本也。其續刊者，别標《後武林舊事》，分卷一至五，末附弘治人跋。其書起「棋待詔」已下爲一卷，以「乾淳奉親之事」起至末，爲二、三、四、五卷。余玩鮑《叢書》跋，知「棋待詔」云云即卷六文而佚之者，因誌其《秘笈》卷第如此。壬申歲初二日，丕烈識。

（清光緒間《靈鶼閣叢書》本黄丕烈《士禮居藏書題跋記續》卷上）

陸拙生跋

《武林舊事》十卷。校本。

嘉慶辛未冬，重録錢遵王所藏舊鈔本朱校，陸拙生記。在末卷後。

（清光緒十年吴縣潘祖蔭滂喜齋刻本黄丕烈《士禮居藏書題跋記》卷二）

吴壽暘跋

《武林舊事》舊鈔本，甚精。緑飲先生題云：「癸卯十一月三十日，得此於集英堂。」前有「鶴谿主人」「笠澤」「曹炎之印」「彬侯」四圖記。前六卷用朱絲細格，中心有「山暉艸堂」字，楷法端整，似即繕寫付梓者。後有至元後戊寅忻厚德用和父跋、明弘治乙卯從靖跋。二跋之前有國朝康熙丁巳陸貽典跋云：「遵王鈔本前六卷，舊鈔缺後四卷，命工寫足。黼季假得，既屬竇伯校此，又浼余校一過，頗多是正處。朱筆出竇伯手，墨筆蓋余所校也。此本係余姻友孫岷自舊藏，岷自不禄，屈指已十有三年矣，撫此不禁人琴之痛。康熙丁巳小春下浣，覿庵陸貽典識於山涇老屋。」己卯仲秋管君芷湘以是書見眎屬校，因取家藏鈔本校勘一過，頗見其善。是本乃緑飲丈手校，彌足寶貴。且卷九《祈請使行程記》多十一、十二、十三三日事，余家本亦缺，惜無題識，未詳從何本校出耳。余本係吴中家枚庵丈校正，又經陳簡莊徵君從閣本補校，與此互有得失。兹得合勘，庶益美備矣。十月十八日，壽暘記。

（清道光二十七年刻本吴壽暘《拜經樓藏書題跋記》卷二）

文江跋

四水潛夫，宋周公謹號也。公謹名密，烏程人。烏程有霅溪四水交流，故以自號。寶祐間嘗知義烏縣，咸淳中又爲豐儲倉。宋亡不仕，寓居錢塘癸辛街，以著述自娱。是書亦其寓居時所輯也。舊傳爲十二卷，兹刻已還其半。余所知若「高宗幸張府節略」，及《齊東野語》所稱「約齋賞心樂事」數則，當補鈔增入。

甲午八月銓記。

（明正德刻本《武林舊事》卷尾）

翁同書題

泗水潛夫周密公謹纂此書，凡十卷。正德間刊本止有六卷。其足本出仇仁近家，後流傳入吾里，毛氏扆屬馮氏武、陸氏貽典校勘者是也。予在邗上買得明刻前後二集，合成十卷，乃知正德杭板既行之後，海鹽姚士麟得全帙於吾虞趙玄度，遂以「棋待詔」已下四卷付梓。是明代已有足本行世，特姚氏續刻人間罕覯耳。喜兹二刻具完，延平劍合，勿以明板輕眡之。丁巳春日，翁同書志。

（高寄齋訂正《武林舊事》卷首）

《百川書志》提要

《武林舊事》六卷。泗水潛夫輯。載南渡杭州建置故事、風俗爲詳。潛夫未知何許人也，序文亦莫詳其姓氏。

（清光緒至民國間《觀古堂書目叢刻》本高儒《百川書志》卷五）

《讀書敏求記》提要

《武林舊事》十卷。《武林舊事》流俗本止六卷，予從元人鈔仇先生所藏録得後四卷。乾淳奉親之事，今昔所無，閲之不勝惋嘆。後過吴門書肆，又購得一本，校此添補數則，并録入泗水潛夫前序一篇，此書始無遺憾矣。

（清雍正四年松雪齋刻本《讀書敏求記》卷二）

《西湖志》提要

《武林舊事》十卷。謹按，《武林舊事》足本凡十卷。自明正德間宋廷佐刊置郡庠本，又嘉靖間杭郡守陳柯翻刻本，止前六卷。海鹽姚士麟續刻後五卷，目曰《後武林舊事》。五卷者，即就原本後四卷内析出一卷爲五卷也。郎瑛《七修類稿》云：「杭刻其六，全者在吴人袁飛卿家。」是疑續刻五卷猶未全，殊不知原本止有十卷，見於元忻厚德跋，并未嘗有十二卷也。又《七修類稿》云：「公謹居齊之東，作《齊東野語》；居杭癸辛街，作《癸辛雜識》。泗水出山東，號泗水潛夫；居華不注，號弁陽老人。」第《舊事》皆叙杭事，不應題「泗水」。然舊本又作「四水」，當别有義意。按《湖録》：「四水者，湖城以苕水、餘不水、前溪水、北流水合而入於霅溪。唐人詩：『四水交流霅霅聲。』」據此，則四水乃吴興之名。公謹生於湖，中年遷杭，晚仍還弁，號弁陽老人。是則公謹原稱四水，古本作四水潛夫，洵乎不謬也。

（故宫珍本叢刊《西湖志》卷二十九）

《四庫全書總目》提要

《武林舊事》十卷，内府藏本。宋周密撰。密字公謹，號草窗，先世濟南人。其曾祖隨高宗南渡，因家湖州。淳祐中，嘗官義烏令。宋亡不仕，終於家。是書記宋南渡都城雜事，蓋密雖居弁山，實流寓杭州之癸辛街。故目睹耳聞，最爲真確。於乾道、淳熙間三朝授受、兩宫奉養之故迹，叙述尤詳。自序稱：「欲如吕滎陽《雜記》而加詳，如孟元老《夢華》而近雅。」今考所載，體例雖仿孟書而詞華典贍，南宋人遺篇剩句頗賴以存，近雅之言不謬。吕希哲《歲時雜記》今雖不傳，然周必大《平園集》尚載其序，稱其上元一門多至五十餘條，不爲不富。而密猶以爲未詳，則是書之賅備可知矣。明人所刻，往往隨意刊除。或僅六卷，或不足六卷，惟存「故都宫殿」「教坊樂部」諸門，殊失著書之本旨。此十卷之本，乃從毛氏汲古閣元板傳鈔，首尾完具，其間逸文軼事皆可以備參稽。而湖山歌舞，靡麗紛華，著其盛，正著其所以衰。遺老故臣，惻惻興亡之隱，實曲寄於言外，不僅作風俗記、都邑簿也。第十卷末「棋待詔」以下，以是書體例推之，當在六卷之末，疑傳寫或亂其舊第。然無可考證，今亦姑仍之焉。

（《四庫全書總目》卷七十史部二十六地理類三）

《四部寓眼録補遺》提要

《武林舊事》十卷。

四水潛夫輯。即弁陽翁周煇也。振常案：此書周密撰。作「煇」當是筆誤。附録姚士粦跋有云：「壽皇孝養思陵，而光宗惑於凶牝，至爲不朝不臨，此無異故：孝宗得非所望，故能竭孝展恩；光宗謂所固有，遂致溺讒行忍。此繼立賢於身出，人態俗情悲隱地也。」廣業案：此庸夫愚婦之談，久爲有識者所嗤鄙，而乃援以律帝王乎？夫孝爲百行之本，未有本撥可稱完行者。聖王以孝治天下，豈謂天下之大，一寢門之視聽盡之哉？亦始於事親而已。賢后誼辟，必不負賊子之名；昏主闇君，豈復有順親之事？理勢然也。南宋中興，紹興、乾淳最盛。至紹熙而朝政頓隳，則孝與不孝之效也。弁陽老人此書雖鋪張舊京盛事，而其意專歸美於兩宮色養，蓋謂此享有昇平者，實皆聖孝所致，以嘆繼世之無象賢也。故開卷「慶壽册寶」一條，首言「壽皇聖孝，冠絶古今」。第七卷專紀「乾淳奉親」，自序云：「一時承顔養志之娱、燕閑文物之盛，使觀者錫類之心油然以生。」今其書所載慶賀大典，以至晨朝夜宴，所謂備儀備物者，實皆出於愛敬之至誠。欲稍不自竭盡而不得，真所謂純孝也。此時父子之間，豈復有絲毫繼立之見存哉！光宗初即位，亦嘗五日一朝重華，雖曰極盛難繼，亦豈竟忘所生者。特内受制於强后，外見抑於奸官，遂忍而出此耳。然當日德壽承歡，乃光宗所親見，而竟未能抑承不匱之思。謂使觀者油然，正弁陽翁之微詞也。若姚氏所説，則是孝宗承奉兩宫，專從享有帝位起見。而光宗之不朝不臨，乃應有之事。不惟小視孝宗之甚，而亦豈可以訓人子乎？不惟不可訓人子，亦使人難爲人父，全於著書之意相背矣。即以今之立繼言之，其人非乏親屬應繼者，而偏欲暗納旁匿，養異姓致興口舌，或且訐訟，其始或因有子之兄若弟恃其分所應得，坐擁居奇，乃激之生變。而無子者，性多偏執，以爲螟蛉得非所望，他日孝養，必有賢於猶子者，不知棄親即疏，既於理不順，又事出倉猝，不能盡擇賢之道，驕佚成性，長必破家。余所見者屢矣。嗟乎！若而人者，雖與之終日正言，尚慮其迷不復悟也。聞姚氏之説，必拊掌而矜得計，以爲前人不我欺也。其助虐可勝言耶！斷宜急爲删去，勿留爲世道人心之蠹也。乙卯嘉平五日。

（民國二十五年蟫隱廬石印本周廣業《四部寓眼録補遺》）

浩然齋雅談

◉ 周　密撰

點校説明

《浩然齋雅談》三卷，周密撰。周密（一二三二—一二九八），字公謹。生平見《齊東野語》撰者介紹。

是書撰於入元之後。據夏承燾《草窗著述考》，是書成書於《齊東野語》及《絶妙好詞》之後。

此書久佚，相關著録最早見於明初楊士奇等人所編《文淵閣書目》，卷數不詳。清乾隆年間編《四庫全書》，館臣從《永樂大典》中輯出，編爲上、中、下三卷。上卷考證經史、評論文章，中卷爲詩話，下卷爲詞話。書中所載皆爲詩文評論，所記佚篇剩闋，多爲他書所不載，其評文論詩，語多精當，亦頗具鑒裁。

今傳《浩然齋雅談》有《四庫全書》本、《武英殿聚珍版書》本、《懺花盦叢書》本等，諸版本均出自《四庫全書》本。又有日本梁川星岩、菅老山二人專輯此書卷中詩話，刊爲《浩然齋詩話》，之後近藤元粹易其名爲《弁陽詩話》，刊入《螢雪軒叢書》。

此次整理以《武英殿聚珍版書》本爲底本，校以文淵閣《四庫全書》本（簡稱「四庫本」）。底本中原夾有清人項家達案語，有必要保留者，今均移入校勘記，并注明「項家達案」。

整理過程中對孔凡禮點校本（中華書局二〇一〇年版）、黄寶華整理本（大象出版社二〇一七年版《全宋筆記》）有所參考。

目録

卷上

「井」九二：「谷射鮒。」或以爲蝦，或以爲蟆，或以爲蛙，或以爲蝸。考之韻書，鮒，扶句切，鰿魚也。然鰿、鯽、鰌三字并同，子亦切，注云「鮒也」，蓋今鯽魚耳。《莊子》「涸鮒」注亦以爲鯽魚。然今世有魚如鱨，四鬣巨口，善食水蟲，故人家井内多畜之，俗呼爲鱏，得非「井」卦所指者乎？

《詩》：「先集維霰。」補注云：「霰，稷雪也。或謂之米雪，謂其粒若米。」然稷雪、米雪，字甚奇。

《碩人》之詩曰：「巧笑倩兮。」注曰：「好口輔也。」《大招》述婦人之美，亦有「靨輔奇牙」之語，可謂善于形容。後人雖極言女色之美無所不至，乃獨不及于口輔，何耶？輔，豈俗所謂笑靨者乎？

「蹇修以爲理」，朱元晦云：「謂爲媒者以通詞理也。」下文「理弱而媒拙」，則云：「恐道理弱。」似與前説異。按，《九章》：「令薜荔以爲理兮，憚舉趾而緣木。因芙蓉以爲媒兮，憚褰裳而濡足。」亦以媒、理對言。《左傳》：「行理之命，無月不至。」注：「行理，行使也。」復奚疑？

真文忠，初字景元。樓攻愧語以明元無義，遂易爲希元。然俞清老嘗名軒曰「景陶」，山谷曰：「景陶名未佳。《詩》云：『景行。』景，明也。魏晉間人所謂『景莊』『景儉』等，自有一人誤用，遂以相承謬耳。」按，《詩》「景行」注云：「景，明也。」其義以明行行止，謂有明行則行之，初無企慕之義。然《孝經序》亦用「景行先哲」，而近世洪文敏兄弟皆以景爲字，何耶？顧第弗深考耳。

前輩闢浮圖修崇之説甚衆，獨南豐之説最爲簡明。《彌陀閣記》有云：「無思無爲之義晦而心法勝【一】，積善積惡之誡泯而因緣作。」「至于虞祔練祥、春秋祭祀之儀不競，則七日三年地獄劫化之辯亦隨而進。」又《答黄漢傑書》云：「民之耳目鼻口心知百體皆有所主，其于異端何暇及哉！後之儒者無以導，民之耳目鼻口心知百體皆無所主，將舍浮圖何適哉？」又云：「如使周禮尚行，朝夕、朔月、月半薦新【二】，啓柩、祖遣有奠，虞卒哭祔，小祥、大祥、禫有祭，日月時歲皆有禮以行之，哀情有所洩，則必不暇曰七七【三】，曰百日，曰周年，曰三年齋也。」然歐公《本論》亦有此意，云：「佛所以爲吾患者，乘其廢闕之時而來，此其受患之本也。補其闕，修其廢，使王政明而禮義充，則雖有佛，無所施于民矣。」

昔人有言韓退之《送李愿歸盤谷序》所述官爵、侍御、賓客之盛，皆不過數語。至于説聲色之奉，則累數十言，或以譏之。余謂豈特退之爲然？如宋玉《招魂》，其言高堂

【一】無思無爲之義晦而心法勝　「無思」原缺，據李覯《建昌軍景德寺重修大殿并造彌陀閣記》補。

【二】月半薦新　「月」字原缺，據李覯《答黄漢傑書》補。

【三】則必不暇曰七七　「七七」原作「七日」，據李覯《答黄漢傑書》改。

邃宇、翠翹珠被、畋獵飲食之類，亦不過數語。至于「蘭膏明燭，華容備。二八侍宿，射遞代。九侯淑女，多迅衆。盛鬋不同制，實滿宮。容態好比，順彌代。弱顔固植，謇其有意。姱容修態，絙洞房。蛾眉曼睩，目騰光。靡顔膩理，遺視矊」，又曰「美人既醉，朱顔酡。娭光眇視，目曾波。被文服纖，麗而不奇。長髮曼鬋，艷陸離。二八齊容，起鄭舞」，以至「吴歈蔡謳，士女雜坐，亂而不分」，又《大招》亦云「朱唇皓齒，嫭以姱。比德好閒，習以都。豐肉微骨，調以娱。嫮目宜笑，蛾眉曼。容則秀雅，穉朱顔。姱修滂浩，麗以佳。曾頰倚耳，曲眉規。滂心綽態，姣麗施。小腰秀頸，若鮮卑。易中利心【四】，以動作。粉白黛黑，施芳澤。青色直眉，美目婳。靨輔奇牙，宜笑嘕。豐肉微骨，體便娟」，皆長言摹寫，極女色燕昵之盛。是知聲色之移人，古今皆然。戲書爲退之解嘲【五】。

涪翁云章子厚嘗言《楚辭》蓋有所祖述。初不謂然。子厚曰：「《九歌》蓋取諸國風，《九章》蓋取諸二雅，《離騷》蓋取諸頌。」考之信然。

日與月合則長明，性與命合則長生。又，日在天曰明，明者，日月之横合；在世爲易，易者，日月之從合；在人爲丹，丹者，日月之中合。此海瓊語也。

孫景茂云：「太公八十遇文王，今世皆以此藉口。」《九辯》乃云：「太公九十乃顯榮兮。」而東方曼倩則云：「太公體行仁義，七十有二乃用于文、武。」馬永卿嘗疑焉。然香山詩乃云：「釣人不釣魚，七十得文王。」不知又出何書也。

【四】易中利心　「利」原作「和」，據王逸《楚辭章句·大招》改。

【五】項家達案：此條《永樂大典》原本「曼睩」之「睩」誤作「録」，「艷陸」下衍「麗」字。今據《楚辭》校正。其引《招魂》節去「些」字，引《大招》節去「只」字，悉仍之。

蘇仲虎侍郎藏東坡所書富文忠神道碑真迹，前後諸名人題跋極多，獨周文忠爲之壓卷，云：「富文忠之使遼，所謂『肅肅王命，仲山甫將之』；蘇文忠之翰墨，所謂『吉甫作誦，穆如清風』也。《大雅·烝民》，兹可無愧。」富公孫樞密、蘇公猶子侍郎，皆題名卷末，抑所謂「臧孫有後于魯」者？

戴岷隱論蕭望之曰：「夫小人之害君子也，必深明其情而後用其術，故攻其所惡，犯其所忌，中其所不欲而致其所不樂。其柔仁朴厚也，或怵之；其廉潔自喜也，或污之；其剛果卞急也，或激之。多方以誤之，百計以困之、逼之、辱之，以致其必死之術，有如君子一不能忍而决于速死，則小人之計中矣。」吕伯恭亦云：「君子必有堅忍不拔之操，然後小人不能犯吾之所忌。嗚呼！小人之害君子，何其多端也！遇人之介者，則必辱之；遇人之廉者，則必污之；遇人之剛者，則必折之；遇人之直者，則必誣之。蓋介者不受辱，廉者不受污，剛者不受折，直者不受誣，凡此皆君子之所忌也。小人知君子之所忌而直犯之，君子不知而墮其計，大則死，小則亡，前後相望，可不爲大哀乎？」二説真能盡小人之情狀，有不期同而同者焉。孝宣于儒生無所用，獨用蕭望之，觀其始終方拙，非能自撓以求合者，特以其于霍氏立同異故耳。士君子之經世，非曰委蛇曲從，爲終始牢固之術，然而變化詘伸，自當兼通義命。望之當孝元初，天下事在掌握，既不能輔贊裁成，同歸于道，及其潰敗，又不知推委興廢，以禮而止。隄壞防决，無所措躬，卒就死地而陷孝元爲不辨菽麥之主。班固乃哀其爲便嬖宦竪所圖，不知自古小人何嘗一日不欲勝君子？《豳》詩歌周公，固殆未之學也。

王宣子在上庠日，與程泰之善，暇日因及代言之體，要當温純深厚如訓誥中語，始爲王言：「吾儕異時秉筆，當革近世磔裂之弊。」二十年後，宣子帥潭，泰之以少蓬攝外制，爲詞云：「荆及衡陽，自北而南，十國爲連，連有帥，地大民衆，疇咨俾乂，厥惟艱哉！以爾有猷有爲有守，率自中，寬而有制，剛而無虐，庸建爾于上游藩輔，往哉惟欽！惠困窮若保赤子，明乃服命。若綱在綱。有弗若于汝政，弗化于汝訓，辟以止辟，乃辟，則予一人汝嘉。」且寓書于宣子曰：「疇昔之約，今其踐矣。」陳氏《耳擇集》所載以爲芮國器，非也。

韓平原南園既成，遂以記屬之陸務觀。務觀辭不獲，遂以其「歸耕」「退休」二亭名，以警其滿溢勇退之意甚婉。韓不能用其語，遂致于敗。務觀亦以此得罪，遂落次對、太中大夫致仕。外祖章文莊兼外制，行詞云：「山林之興方適，已遂挂冠；子孫之累未忘，胡爲改節？雖文人不顧于細行，而賢者責備于《春秋》。某官早著英猷，寖躋膴仕。功名已老，瀟然鑑曲之酒船；文采不衰，貴甚長安之紙價。豈謂宜休之晚節，蔽于不義之浮雲。深刻大書，固可追于前輩；高風勁節，得無愧于古人。時以是而深譏，朕亦爲之慨嘆。二疏既遠，汝其深知足之思；大老來歸，朕豈忘善養之道？勉圖終去，服我寬恩。」

此文已載于《嘉林外制集》，或以爲蔡幼學，或謂出于馮端方，皆非也。

劉原父云：「聖人之治天下，能使百官萬物如耳目心口手足之不可易，亦不相德，濟之如一身，而天下安有不治哉！」東坡亦曰：「今夫人之一身有一心兩手而已，疾痛疴癢動于百體之中，雖其甚微，不足以爲患，兩手隨至。夫手之至，豈其一一而聽之心哉？心之所以素愛其身者深，而手之所以素聽于心者熟，是故不待使令而卒然以自至。聖人之治天下，亦如此而已。」二説如出一轍。

蘇明允《辨奸》，嘗見直齋陳先生言：「此雖爲介甫發，然間亦似及二程。」所以後來朱晦庵極力回護，云：「老蘇《辨奸》，初間只是私意，後來荆公做不著，遂中他説。然荆公氣習自是要遺形骸、離世俗的規模，要知此便是放心。《辨奸》以此爲奸，恐不然也。」又云：「每嘗嫌『事之不近人情者，鮮不爲大奸慝』之語過當，而今見得亦有此等人，其辭甚費也。」

子厚有答人書云：「人生少得六七十者，今已三十七矣。長來覺日月益促，歲歲更甚，大都不過數十寒暑則無此身矣！是非榮辱，又何足道？」又書云：「假令病盡，己身復壯，悠悠人世，亦不過爲三十年客耳。前過三十七年，與瞬息無異。後所得者，其不足把玩，亦已審矣。」此二書皆在元和四年，時子厚年三十七，後十年當元和十四年，子厚卒，年止四十有七耳。所謂「數十寒暑」「三十年客」，竟不酬初志，悲夫！

昔有問王介甫：「佛家有日月燈光佛，燈何以能并日月？」介甫曰：「日煜乎晝，月煜乎夜，燈煜乎日月之所不及。」《東萊博議》論史官亦云：「昧谷餞日之後，暘谷賓日之前，暮夜晦冥，群慝并作，苟無燭以代明，則天之目瞽矣。」亦用介甫意。然皆本之《莊子》：「月固不勝火。」郭象注曰：「大而闇不若小而明。」東坡曰：「陋哉斯言！」爲更之曰：「明于大者必晦于小。月能燭天地，而不能燭毫釐，此其所以不勝于火也。」然卒之火勝月，月勝火耶？

坡翁《九成臺銘》云：「使耳聞天籟，則凡有聲有形者，皆吾羽旄、干戚、管磬、匏弦。」又云：「望蒼梧之渺莽，九疑之聯綿，覽觀江山之吐吞，草木之俯仰，鳥獸之鳴號，衆竅之呼吸，往來唱和，非有度數而均節自成者，非《韶》之大全乎？」楊龜山乃謂：「子瞻此説以江山吐吞、草木俯仰、衆竅呼吸、鳥獸鳴號爲天籟，此乃莊子所謂地籟也。但其文精妙，故讀之者或未察耳。」予嘗因其語以考莊周之説云：「南郭子綦曰：『汝聞人籟而未聞地籟，汝聞地籟而未聞天籟。』子游曰：『敢問其方。』子游曰【六】：『地籟則衆竅是已，人籟則比竹是已。敢問天籟。』子綦曰：『夫吹萬不同，而使其自已者，咸其自取，怒者其誰耶？』」郭象注云：「夫天籟者，豈復別有一物哉？即衆竅、比竹之屬。」若如所注，則所謂鳥獸之鳴號、衆竅之呼吸，非天籟而何？不知龜山又以何物爲天籟乎？漫書以俟識者。然東萊云：「東坡《九成臺銘》實文耳。而謂之銘，以其中皆用

【六】子游曰　「游」原作「綦」，據《莊子·齊物論》改。

韻，而讀之久乃覺。是其妙也。」

坡翁《策斷》謂：「語有曰鼠不容穴，銜窶藪也。」「窶藪」二字，出《漢書·楊惲傳》，云：「我不能自保，真人所謂『鼠不容穴，銜窶藪也。』」注云：「窶藪，戴器也。」以盆盛物戴于頭者，則以窶藪薦之。盆下之物有飲食氣，故鼠銜之。所以不容穴，坐銜窶藪自妨，故不得入穴。窶音貧窶之窶，藪音數物之數，上其羽切，下山羽切【七】。

龍眠畫《五馬圖》，空青老人曾紆公卷跋之曰：「元祐庚午歲，以方聞科應詔來京師，見魯直九丈于酺池寺。魯直時爲張仲謀箋題李伯時畫《天馬圖》【八】。魯直謂余曰：『異哉！伯時貌天厩滿川花，放筆而馬殂矣！蓋神駿精魄皆爲伯時筆端取之而去，實古今異事，當作數語記之。』後十四年，當崇寧癸未，余以黨人貶零陵，魯直除籍徙宜州，過余瀟湘江上，因與徐端國、朱彦明道伯時畫殺滿川花事，云此公卷之所親見。余曰：『九丈當踐前言記之。』魯直笑曰：『只少此一件罪過。』後二年，魯直死貶所。又二十七年，余將漕兩浙，當紹興辛亥，至嘉禾，與梁仲謨、吳德素、張元覽泛舟訪劉延仲于真如寺。延仲遽出是圖，開卷錯愕，宛然疇昔，撫掌念往逾四十年，憂患餘生，巋然獨存，彷徨弔影，殆若異世也【九】。因詳叙本末，不特使來者知伯時一段異事，亦魯直遺意云云。」按，畫殺滿川花亦當時一段異事，而傳記所不載，紀詠所不及，何耶？豈是時方以獲罪爲懼，諱不敢言耶？王逢原嘗賦韓幹畫馬云：「傳聞三馬同日死，死魄到紙氣方

【七】項家達案：此條多脱誤字，今據《漢書》傳注校正。

【八】魯直時爲張仲謀箋題李伯時畫天馬圖　「謀」原作「達」，據周密《雲煙過眼録》卷上「王子慶芝號井西所藏」條改。

【九】殆若異世也　「世」原作「身」，據周密《雲煙過眼録》卷上「王子慶芝號井西所藏」條改。

就。」豈前世亦有此事乎？

李易安紹興癸亥在行都，有親聯爲内命婦者，因端午進帖子。《皇帝閤》曰：「日月堯天大，璿璣舜曆長。側聞行殿帳，多集上書囊。」《皇后閤》云：「意帖初宜夏，金駒已過蠶。至尊千萬壽，行見百斯男。」《夫人閤》云：「三宫催解糉，妝罷未天明。便面天題字，歌頭御賜名。」時秦楚材在翰苑，惡之，止賜金帛而罷。「意帖」用上官昭容事。前輩公主制云：「瓊華在著，已戒齊風之驕；粉水疏園，莫如徐國之樂。」晏公《類要》亦用「粉田」事，蓋亦脂澤湯沐之意也。若駙馬，則以何晏事稱「粉郎」「粉侯」。文及甫稱韓忠彦爲「粉昆」，以其爲嘉彦之兄。又指王師約之父克臣爲「粉爹」，益可怪。

劉潛夫、王實之平昔論交最深，且意氣不相下。實之蹭蹬，凡六爲别駕，其爲吉倅，適潛夫宜春之麾與之相先後。潛夫開宴爲餞，且侑之《樂語》，有云：「有謫仙人駿馬名姬豪放之風，無杜陵老殘杯冷炙悲辛之態。」又云：「擁通德而著書，命便了而酤酒。麗人歌陶秀實郵亭之曲【一〇】，好事繪韓熙載夜宴之圖。賀客盈門，勸展驥而爲别駕；長官分席，嘆無蟹而有監州。」極摹寫之妙焉。既而實之報席，亦有侑語云：「七年三出使，山岳漸見動摇；十載六監州，風月不禁分破。陌上歌採桑曲，惱殺羅敷；觀中賦種桃詩，壓倒夢得。梅花入句，如何遜之在揚州；薏苡滿船，如伏波之歸交趾。忌名下人，棄沅

【一〇】麗人歌陶秀實郵亭之曲　「曲」原作「典」，據文意改。

芷、湘蘭而不佩；漏禁中語，覺階薇、砌藥之無情。」皆能抓著癢處也。

葉隆禮士則謫居袁州，袁之士友醵酒以招之，蜀士張汴朝宗作《樂語》一聯云：「掃地焚香，有蘇州之雅淡；仰天拊缶，無楊氏之怨傷。」士則大稱之。

水心翁以抉雲漢、分天章之才，未嘗輕可一世，乃于「四靈」若自以爲不及者，何耶？此即昌黎之于東野，六一之于宛陵也。惟其富贍雄偉，欲爲清空而不可得，一旦見之，若厭膏粱而甘藜藿，故不覺有契于心耳。昔吴中有老槃丈，多學博記，每見吴仲孚小詩，輒驚羡云：「老夫纔落筆，即爲堯、舜、周、孔、漢高祖、唐太宗追逐不置，君何爲能脱洒如此哉？」即水心取「四靈」之意也。

臨江丁熺，乙丑諒闇牓第四人，爲他恩例所壓，抑居第八，授永州教。章采代爲作啓謝辨章云：「諸公袞袞，皆自下以升高；一介休休，獨瞻前而忽後。」廖群玉亟稱于賈，改隆興節推。

晏殊嘗進《牡丹詩表》云：「布在密清之囿。」「密清」二字，人多不曉。蓋用《東京賦》中語：「京室密清，罔有不韙。」

王宣子守吴，幕僚投啓有云：「仲舒裒然舉首，豈久相于江都；望之雅意本朝，姑暫居于馮翊。」宣子喜之，舉以京剡。楊廷秀以大蓬漕江東，其屬亦有啓云：「斯文之得喪在天，領袖素尊于海内；賢者之出處以道，旌旗已至于江東。」公亦欣然剡上。

史直翁丞相表語云：「侵尋歲月，六十有三；補報朝廷，萬分無一。」又李淇水謝户書云：「補報朝廷，本末無萬分之一；因循歲月，甲子已六十有奇。」

雪中有游士，春時誤入趙孟蟻之園者，爲其家幹僕所辱，訟之于官，郡守趙必槐德符治之。士子以啓爲謝云：「杜陵之厦千萬間，意謂大庇寒于天下；齊王之囿四十里，不知乃爲穽于國中。」

劉自之被召試，用虚齋趙以夫之薦也。既而爲庸齋趙汝騰所激，于是以盧鉞威伸補其選。盧以同里之嫌辭之云：「楚亡弓，楚得弓，難泯同鄉之迹；漢刻印，漢銷印，初何反汗之嫌。」卒辭之。又蕭振再知四川，趙莊叔行詞云：「刻印銷印如轉圜，朕嘗虚己；失馬得馬如反掌，卿勿容心。」

宣和間尚書新省成，車駕臨幸，時宰命一時朝士能文者各擬謝表，獨林子中者擅場。其一聯云：「北辰居極，外環象斗之宫；黄道初經，旁及積星之位。」

嘉定間，寶謨閣學士許奕病篤，口占遺表云：「臣非衰病，偶染微痾。當湯熨可去之時，臣則以疾而爲諱；及針砭已窮之後，醫遂束手而莫圖。静思膏肓所致之由，大抵脉絡不通之故。固知養患成禍，豈惟理身則然？苟能疏壅預防，以之醫國亦可。」蓋指近事以爲身喻也。乾道間，胡周伯尚書亦云：「賈誼號通達國體，大瘇蹠盭，類辟病痱，皆借一身喻之。今日國體何病也，能言病未必能處方，不能言病而輒處方，誤人死矣！今日之病名風虛，虛内也，風外也。外風忽中，半身不遂，靖康也。幸其半存，建炎也。咎已往半存之身，常凛凛不自保也。今欲并治不遂者，怵市道之説，售嘗試之方，湯熨砭石，雜然而進，使誼復生，必慮中風至再，至半存之身亦不能救矣。所謂可痛哭流涕者也。」蓋本呂獻可乞致仕表云：「臣本無宿疾，偶值醫者用術乖方，不知脉候有虛實，陰陽有順逆，診察有標本，治療有後先。妄投湯劑，率任情意。差之指下，禍延四肢。寖成風痺，遂難行步，非徒憚跛鱉之苦，又將虞心腹之變。勢已及此，爲之奈何！雖然一身之微，固所未恤，其如九族之托，良以爲憂。是思逃禄以偷生，不俟引年而退政。」三公之論實祖誼云。

開慶間，馬華父制置江閫日，嘗于青溪建祠以祀先賢，斷自吴泰伯以下，凡四十一人，皆嘗仕若、居若、遊于此者獲與焉。蓋華父之祖亦嘗仕于昇故也。祠成，命馮可遷贊之。其贊馬公末語有「爾祖其從與享」之句，或摘以爲譏，華父遂去乃祖之祀焉。或謂劉子澄清叔與華父有宿憾，授意于馮云。

王似賀太常丞兼翰林權直一聯云：「白也無敵，雅宜翰林供奉之才；赤爾何如，暫習宗廟會同之事。」又賀司業除翰苑云：「國子先生，晨入太學；翰林學士，夜對禁中。」

王珪《行郝質殿巖制》云：「曾無夜鼜之譁，自得剛牙之重。」《周禮·地官》：「凡軍旅，夜鼓鼜。」千歷切。注云：「戒守鼓也。」

張孝曾之父少師與洪忠宣久陷金國，其後獲歸，而終身爲秦檜之所抑。近世陳容公儲跋其墓碑云：「流離區脱，視死如飴，君子有性焉，不謂命也。絶漠來歸，忠不見録，君子有命焉，不謂性也。」暨檜殞金亡，忠宣、少師二公如生，故曰：「知性與命，則知天矣。」

建炎末，柔福帝姬自北歸，朝廷封爲福國長公主，下降駙馬都尉高世榮。汪浮溪當制云：「趙城方急，魯元嘗困于面馳【一二】；江左復興，益壽宜充于禁臠。」可謂善用事。

楊大年云：「觀書百行須中程。」漢《刑法志》：「夜理文書，自程決事，日懸石之一。」注云：「懸，稱也。省讀文書，日以百二十斤爲程。」

唐僧齊己有《白蓮集》，爲《風騷旨格》，所與遊者吴融、鄭谷，皆晚唐人也。杜詩所稱「己公茅屋下，可以賦新詩」，决非此己公明矣。

劉平國戲題云：「選詩非選官，論詩非論人。」故若耶女子、天竺牧童皆得預唐名公之列。

詩文中有摘人姓名一字而言者，如班固《幽通賦》：「巨滔天而泯夏兮」，以王莽字巨君；「重醉行而自耦」，重乃重耳。李白《扶風豪士歌》云：「原嘗春陵六國時」，蓋四公子也。杜詩用「揚馬」，則雄、相如也；「卿雲」「淵雲」，則長卿、子雲、王褒也；「東馬」，則方朔、相如也。如「葛亮」「馬相如」等甚多，亦有礙理者。然《論語》「吾友張也」，《舜典》「伯，汝作秩宗」，蓋亦有所本也。

【一二】魯元嘗困于面馳　「面」原作「車」，據《永樂大典》卷一萬三千四百九十六引《浩然齋雅談》原文改。

《赤壁賦》謂：「自其變者而觀之，則天地曾不能以一瞬；白其不變者而觀之，則物與我皆無盡也。」此蓋用《莊子》句法：「自其異者而視之，肝膽楚越也；自其同者而視之，萬物皆一也。」又用《楞嚴經》意：「佛告波斯匿王言：『汝今自傷髮白面皺，其面必定皺于童年，則汝今時觀此恒河，與昔童時觀河之見，有童耄不？』王言：『不也，世尊。』佛言：『汝面雖皺，而此見精性未嘗皺，皺者爲變，不皺非變，變者受生滅，不變者元無生滅。』」

周子充作《定光庵記》：「佛以慧日照三千大千世界，顧豈滯于方？然日出暘谷，浴于咸池，拂于扶桑，躔度必有所舍，其明難與佛等。」乃全用東坡《奉安神宗書閣祝文》語也。

東坡《赤壁賦》多用《史記》語，如「杯盤狼藉」「歸而謀諸婦」皆《滑稽傳》；「正襟危坐」，《日者傳》；「舉網得魚」，《龜策傳》；「開户視之，不見其處」，則如《神女賦》。所謂以文爲戲者。

東坡云：「往時陳述古好論禪，自以爲至矣，而鄙僕所言爲淺陋。僕語述古：『公之所談，譬之于食龍肉也。而僕所學，猪肉也。猪之與龍則有間矣。然公終日説龍肉，不知僕之食猪肉實美而真飽也。不知君所得者果何也！』」

甫里有《杞菊賦》，東坡有《後杞菊賦》，張南軒有續賦，夏樞密亦有續賦，亦各有意。

薛夢桂，字叔載，號梯飆，永嘉人。父大圭，紹熙間上書乞立儲，在趙忠定諸人先。叔載擢高科，通京籍，風度清遠。所居西湖五雲山，曰隔凡關，曰林壑甕，通命之曰方崖小隱，諸名士莫不納交焉。儷語、古文、詞筆皆灑落，不特詩也。

張建，自號蘭泉。其論詩云：「作詩不論長篇短韻，須要詞理具足，不欠不餘，如荷上灑水，散爲露珠，大者如豆，小者如粟，細者如塵。一一看之，無不圓成，始爲盡善。」

高復古嘗謂學者云：「胸中無千百家書，乃欲爲詩，如賈人無資，終不能致奇貨也。」

宋之文治雖盛，然諸老率崇性理，卑藝文。朱氏主程而抑蘇，吕氏《文鑑》去取多朱意，故文字多遺落者，極可惜。水心葉氏云：「洛學興而文字壞。」至哉言乎！

石林詞「誰採蘋花寄與」，又「悵望蘭舟容與」，或以爲重押韻，遂改爲「寄取」，殊無義理。蓋「容與」之「與」自音豫，乃去聲也。揚子雲《河東賦》云：「靈輿安步，風流容與。」注：「天子之容暇而安豫【一二】。與，讀爲豫。」漢《禮樂志·練時日》「澹容與」注：「閑舒，皆去聲。」

姜堯章《鐃歌鼓吹曲》乃步驟尹師魯《皇雅》，《越九歌》乃規模鮮于子駿《九誦》，然言辭峻潔，意度蕭遠，似或過之。

士大夫辭榮固是美事，然有不當辭而辭者，至于不肯磨勘，甚而批毁印歷，而世以爲

【一二】天子之容暇而安豫　「暇」原作「服」，據《漢書·揚雄傳》引《河東賦》顔師古注改。

高而效之者，皆非中道也。司馬公《辭樞密副使章》有云：「臣自幼時習賦、論、策就試，每三年一次乞磨勘，豈不慕榮貴者乎？蓋天下自有中道，過猶不及也。」此爲古今至論。今所謂喋喋辭免者，安知非飾詐邀名哉！德祐末，大臣則又有以辭榮而避難者，此尤不足道也。

坡翁謂陳師仲曰：「足下所至，詩但不擇古律，以日月次之，異日觀之，便是行記。」此説極佳。故王筠以一官爲一集。楊大年亦然，所著有《括蒼》《武夷》《潁陰》《韓城》《退居》《汝陽》【一三】《蓬山》《冠鼇》《辭榮》【一四】之類。簡齋所謂「一官成一集，盡付古沙頭」是也。

史達祖邦卿，開禧堂吏也。當平原用事時，盡握三省權，一時士大夫無廉恥者，皆趨其門，呼爲梅溪先生。韓敗，達祖亦貶死。善詞章，多有膾炙人口者。李和父云：「其詩亦間有佳者。」

李文饒《退身論》云：「天下善人少，惡人多。一旦去權，禍機不測。操政柄以禦怨誹者，如荷戟以當猛獸，閉關以待暴客。若舍戟開關，則寇難立至。遲遲不去，以延一日之命，庶免終身之禍。是以懼禍而不斷，未必皆耽禄而已。」嗚呼！其言亦哀矣！

宣律師嘗夜夢神人燒香供養，香氣與世間不同，因問曰：「此何香？」答云：「西天

【一三】汝陽　「汝」原作「海」，據胡仔《苕溪漁隱叢話·後集》卷三十四改。

【一四】辭榮　「榮」字原缺，據胡仔《苕溪漁隱叢話·後集》卷三十四補。

棘林中香。」

周益公嘗戲作《賀冬啓》云：「數九九而哦詩，自憐午瘦；辦多多而有酒，驟覺冬肥。」

林子善家藏崔慤畫龜，甚佳。朱希真作贊曰：「骨爲裘褐，氣爲饘饘。孰令汝壽，惟蟲知天。他日碧波蓮葉上，不知誰見小如錢。」

蔣重珍伯父能禪，其亡也，重珍祭之以文云：「不必輕生，前以爲空；不必重死，後以爲實。」此語極有味。

周子充云：「文章有天分，有人力，而詩爲甚。才高者語新，氣和者韻勝，此天分也。」

世言李泰伯不喜孟子，而所賦《哀老婦》詩云：「仁政先四者，著在孟軻書。」何耶？

正則作《吕君用誌》，形容其儉以起家之意云：「一扇十年，尚補緝之。道遇墜炭數寸，亦袖攜以歸。」亦近乎薄矣。

天聖中，吴感爲殿中丞。吴中所居有紅梅閣，蓋吴有愛姬者紅梅，因以名閣。又作《折紅梅》詞。

「菖蒲花，難見面」，古語也。

卷中

白傅詩：「天黃生颶母，雨黑長楓人。」【一】注云：「颶母如斷虹，有大風即見。楓人因夜黑雲雨暗，長數丈。」比見李仲賓云：「往年在東平，舟夜行，殘夜微月，擁篷眺望，忽有黑雲起天角，漸成巨人，其長數十丈，掉臂闊步行水上，掠舟而西，一舟皆驚魘，群起視之，其去如飛。」得非所謂「楓人」耶？

對偶之佳者曰：「數點雨聲風約住，一枝花影月移來」，「柳摇臺榭東風軟，花壓欄杆春晝長」，「天下三分明月夜，揚州十里小紅樓」，「梨園子弟白髮新，江州司馬青衫濕」。數聯皆天衣無縫，妙合自然。

昌黎之貶陽山【二】，遇順宗即位，赦，以伾、文之黨尚熾，不得放還。其《寄三學士》詩云：「前日遇恩赦，私心喜還憂。果然又羈縻，不得供鉏耰。」又《憶昨行》云：「伾文未揃崖州熾，雖得赦宥常愁猜。近者三奸悉破碎，羽窟無底幽黃能。眼中了了見鄉國，知歸有日眉方開。」其情亦可憐矣！大抵小人專政，安肯以恩赦放逐客？懼恩不及己故也。

岑嘉州《赤驃馬歌》云：「平明翦出三鬉高。」樂天亦云：「馬鬣翦三花。」所謂

校勘記

【一】項家達案：此白居易《送客遊嶺南》詩，原本誤作太白詩。「雨」字誤作「雷」，今校正。

【二】昌黎之貶陽山　「陽山」原作「山陽」，據《舊唐書·韓愈傳》改。

三花者，蓋唐御馬多翦鬃爲三瓣。李伯時常畫三鬃馬圖。余少日觀御馬，有翦作山水、人物、花鳥之像，甚精。一時所尚如此，蓋不止翦三鬃也。

孟郊云：「難將寸草心，報答三春暉。」此語關綱常，非唐詩人語也。至東坡詩云：「微生真草木，無處謝天力。慈顏如春風，不見桃李實。古今抱此恨，有志俯仰失。」其言尤悲。東萊子《蓼莪》章云：「莪蒿不能報天地之生育，猶人子不能報父母之劬勞。」皆祖郊之意也。

少陵「嘗果栗皺開」。「皺」，或作「皺」。周繇賦云：「開栗弋之紫皺。」貫休詩云：「新蟬避栗皺。」又云：「栗不知皺落。」按，《集韻》：「皺，側尤切，草紋蹙也。」即栗篷耳。」

杜詩喜用「懸」字，然皆絶奇。如「江鳴夜雨懸」「侵籬澗水懸」「山猨樹樹懸」「空林暮景懸」「當空淚臉懸」「獼猴疊疊懸」「疏籬野蔓懸」「複道重樓錦繡懸」。

白傅詩云：「曾家機上聞投杼，尹氏園中見掇蜂。但以恩情生罅隙，何人不解作江充。」小坡《思子臺賦》云：「彼楊公之愛修兮，豈減吾之蒼舒？」皆深中人情。

李商隱詩云：「咸陽宫殿鬱嵯峨，六國樓臺艷綺羅。自是當年秦帝醉，不關天地有山河。」末句殊不可曉。南昌裘聞詩以爲「秦帝」合作「天帝」，「天地」合作「秦地」。事在張平子《西京賦》，曰：「昔者大帝悦穆公而覲之，饗以鈞天廣樂。帝有醉焉，乃爲金策，錫用此土，而翦諸鶉首。是時也，并爲强國者有六，然而四海同宅西秦，豈不詭哉！」李善注：「昔穆公嘗如此，七日而寤。《志林》曰：『天帝醉秦暴，金誤隕石墜。』《列仙贊》云：『秦穆受金策祚世之業。』」史載秦地雨金三日，「金誤隕」，其是耶？嗚呼！天帝果有時而醉乎？

李商隱《晉元帝廟》云：「青山遺廟與僧鄰，斷鏃殘碑鎖暗塵。紫蓋適符江左運，翠華空憶洛中春。夜臺無月照珠户，秋殿有風開玉扆。弓劍神靈定何處？年年春緑上麒麟。」

東坡詩喜用「朅來」字：「朅來東觀棄丹墨」「長陵朅來見大姊」「朅來城下作飛石」「朅來畦東走畦西」「朅來從我遊」「朅來齊安野」「朅來清潁上」「朅來廉泉上」。其用字蓋出于顔延年《秋胡詩》「朅來空復辭」，所用之意同耳。

坡翁嘗作《女髑髏贊》云：「黄沙枯髑髏，本是桃李面。而今不忍看，當時恨不見。業風相鼓轉，巧色美倩盼。無師無眼禪，著便成一片。」其後徑山大慧師宗杲亦作《半面女髑髏贊》云：「十分春色，誰人不愛？視此三分，可以爲戒。」甫成四句，忽若有續之者云：「玉樓清夜未眠時，留得香雲半邊在。」吴君特嘗戲賦《思佳客》詞云：「釵燕攏雲睡起時，隔牆折得杏花枝。青春半面妝如畫，細雨三更花欲飛。情輕愛別【三】，舊相知，斷腸青冢幾斜暉。亂紅一任風吹起，結習空時不點衣。」

【三】情輕愛別　核吴文英《夢窗稿》無「情」字，當爲衍文。

東坡謂晨飲爲「澆書」，李黄門謂午睡爲「攤飯」，放翁拾以爲句云：「澆書滿挹浮蛆甕，攤飯横眠夢蝶床。」

陸放翁有《心太平庵》詩云：「天下本無事，庸人擾之耳。胸中故湛然，忿欲定誰使。」又云：「少年妄起功名念，豈信身閑心太平。」樂天有云：「閑傾三數酌，醉吟十餘聲。便是羲皇代，先從心太平。」蓋出《黄庭經》，云：「觀志流神寄奇靈，閑暇無事修太平。」又《外景經》云：「觀志遊神三奇靈，行閑無事心太平。」又樂天云：「此身不欲全强健，强健多生人我心。」又云：「自學坐禪休服藥，從他日復病沈沈。」于良史云：「僻居人事少，多病道心生。」此存楚以爲外懼之意。

放翁在朝日，嘗與館閣諸人會飲于張功父南湖園，酒酣，主人出小姬新桃者，歌自製曲以侑尊。以手中團扇求詩于翁，翁書一絶云：「寒食清明數日中，西園春事又匆匆。梅花自避新桃李，不爲高樓一笛風。」蓋戲寓小姬名于句中，以爲一笑。當路有恚之者，遽指以爲所譏，竟以此去。

放翁有「南酒應憐未歸客」，及「更就高僧學白羹」。蓋嘉州用南中法釀酒，及僧用糝加菜，不施鹽酪，故名白羹。

放翁詩云：「故人自作宣明面，老子曾聞正始音。」宋劉瑀與顔竣書云：「朱修之五代叛者，一朝居青油幕下，作謝宣明面向人。」謝鯤重衛玠，言論彌日。王敦謂鯤曰：

「微言之緒絶而復續，不意永嘉之末，復聞正始之音。」正始乃魏齊王芳年號。宣明，謝晦字也。

俗以油餳綴糝作餌，名之曰蓼花，取其形似也。放翁詩云：「新蝶餳枝綴紅糝。」「餳枝」二字，甚新。

放翁詩多用新語，如「厚味無人設佞湯，微芬時自注廉香」。自注：「以松子、胡桃蜜作湯，謂之佞湯。以炭末、乳香蜜作濕香，謂之廉香。」

放翁詠長安富庶，有云：「紅桑琵琶金鏤花，百六十絃彈法曲。」蓋四十面琵琶也。

涪翁詩云：「一錢不直程衛尉，萬事稱好司馬公。白髮永無懷橘日，三年惆悵荔枝紅。」張巨山詩云：「故園墳樹想青葱，寒食風光淚眼中。自痛不如傖父子，紙錢猶挂樹頭風。」予以永感之人，久離墳墓，每讀爲之潸然。

涪翁云：「百葉緗梅觸撥人。」又云：「椎床破面振觸人【四】。」樂天《榴花》詩：「撑撥詩人興。」陸天隨《蠹化》曰：「或振觸之，輒奮角而怒。」《朝野僉載》楊廷玉《回波詞》：「阿姑婆見作天子，旁人不得振觸。」

山谷《詠鷓鴣》詩云：「終日憂兄行不得，鷓鴣應是鼻亭公。」象嘗封于鼻亭，柳子厚有《鼻亭神記》。或謂山谷在永所作，永州道接鼻亭，故云。非也。

半山云：「退之善爲銘，如《王適》《張徹》，尤奇。」余亦謂《董府君》及《貞曜》

【四】椎床破面振觸人　「椎」原作「推」，據黄庭堅《謝答聞善二兄九絶句》改。

二銘尤妙。《董》云：「物以久弊，或以轢毀。考致要歸，孰有彼此？由我者吾，不我者天。斯而以然，其誰使然？」《貞曜》云：「於戲貞曜，維出不訾，維持不猗，維卒不施，以昌于詩。」坡翁嘗舉此問王定國云：「當昌其身耶，昌其詩也？」王來詩不契所問，乃作詩答之曰：「昌身如飽腹，飽盡還復饑。昌詩如膏面，爲人作容姿。不如昌其氣，鬱鬱老不衰。雖云老不衰，劫壞安所之？不如昌其志，志一氣自隨。養之塞天地，孟軻不吾欺【五】。」

半山詩云：「謀臣本自繫安危，賤妾何能作禍基？但願君王誅宰嚭，不愁宮裏有西施。」李泰伯詩云：「若教管仲身長在，宮内何妨有六人？」在管仲時，桓公之心未蠹也。若已蠹，雖管仲奈何！未有心蠹尚能用管仲之理。張文定《遊華清宮》云：「當初不是不窮奢，民樂昇平不怨嗟。姚宋未亡妃子在，胡塵那得到中華！」亦此意也。

王荆公《書堂》詩：「烏石岡頭上冢歸，柘岡西畔下書帷。辛夷花發白如雪，萬國春風慶曆時。」皆有可觀者。

姜堯章《雪中訪范至能于石湖》詩云：「雪矸如玉城，偏師敢輕犯。黃蘆陣野鶩，我自將十萬。三戰渠未降，北面石湖范。先生霸越手，定自一笑粲。」至能酬之云：「鵝鶩聲喑雪臆豪，直前不憚夜行勞。更能橐鞬尊裴度，千古人知李愬高。」前輩稱獎後進，不以名位自高，交相尊讓，亦可見一時士大夫風俗之美也。

【五】項家達案：韓愈集《董府君銘》，原本「董」訛「蕭」，「物」訛「或」，今據本集改正。

昔鮑永過更始之墓，欲下車致禮，從事止之，以爲不可，曰：「吾嘗北面事之，安可乘車而過？吾寧獲罪于司隸。」遂下車慟哭而去。光武聞之曰：「可謂忠臣矣！」王仁裕過關中，望春明門，乃蜀後主被誅之地，乃作詩哭之曰：「九天冥漠信沈沈，重過春明淚滿襟。齊女叫時魂已斷，杜鵑啼處血尤深。霸圖傾覆人全去，寒骨飄零草亂侵。何事不如陳叔寶，朱門流水自相臨。」徐鉉歸朝後，乞爲故主李煜作墓碑。朝廷從之。其辭有云：「盛德百世，善繼者所以主其事。聖人無外，善守者不能固其存。西鄰起釁，南箕構禍。投杼致慈親之惑，乞火無鄰婦之辭。」又曰：「孔明罕應變之略，不成近功；偃王躬仁義之行，終于亡國。」又作詩挽之云：「歘忽千齡盡，冥茫萬事空。青松洛陽陌，荒草建康宫。道德遺文在，興衰自古同。受恩無補報，反袂泣途窮。」「土德承餘烈，江南廣舊恩。一朝人事廢，千古信書存。哀挽周原道，銘旌鄭國門。此生雖未死，寂寞已消魂。」

《道山新聞》云：「李後主宫嬪窅娘纖麗善舞，後主作金蓮，高六尺，飾以寶物、組帶、纓絡，蓮中作五色瑞雲，令窅娘以帛繞脚，令纖小屈上，作新月狀，素襪，舞雲中曲，有凌雲之態。唐鎬詩曰：『蓮中花更好，雲裏月長新。』是人皆效之，以弓纖爲妙，蓋亦有所自也。又有《金蓮步》詩云：『金陵佳麗不虛傳，浦浦荷花水上仙。未會與民同樂意，却于宫裏看金蓮。』」

開元中，賜邊軍纊衣，製于宫中，有兵于袍中得詩云：「沙場征戰客，寒苦若爲眠？

戰袍經手作，知落阿誰邊？蓄意多添綫，含情更著綿。今生已過也，重結後生緣。」兵士以詩呈帥，帥進呈，玄宗遍示宮中，曰：「作者勿隱，不汝罪。」有一宮人自言「萬死」，上深憫之，遂以嫁得詩者，謂曰：「吾與汝結今生緣。」邊人感泣。又僖宗時，自内中出袍千領，賜塞外吏士，有馬真者于袍中得金鎖一枚，詩一首，云：「玉燭製袍夜，金刀呵手裁。鎖寄千里客，鎖心終不開。」真就市貨，爲人所告，主將奏聞，僖宗令赴闕，以宮人妻之。其後僖宗幸蜀，真晝夜不解衣捍禦。此事凡有兩出處，未知孰是。

姚鏞，字希聲，號雪篷，紹定間以忤陳子華謫之衡陽。嘗有一聯云：「癡雲蔽嶽行人遠，淫雨摧花白髮生。」戴復古由閩度嶺訪之，有云：「一官不幸有奇禍，萬事但求無愧心。」姚謝之云：「萬里尋遷客，三年見此人。」蕭大山亦寄詩云：「得謗何須囊薏苡，工騷且自製芙蓉。」剡僧淵萬壑云：「故里田園拋弟妹，異鄉燈火對妻兒。十年漂泊孤篷雪，誰補梅花入楚辭？」至端平丁酉，甫得自便，有詩云：「天恩下釋湘纍客，心事悠悠月一船。種藥已收思病日，著書不就負殘年。雜花怪石分人去，老竹荒亭入畫傳。歸夢鑑湖三百里，白鷗相候亦欣然。」故剡僧皓鐵山以詩迎之云：「楚雁傳歸信，吴鷗候過船。」

三衢常山旅邸壁間有詩云：「荼蘼香夢怯春寒，永晝垂簾燕子閑。敲斷玉釵銀燭冷，計程應已過恒山。」又「南國傷讒緣薏苡，西園議價指葡萄。惟餘白髮存公道，近日豪家染鬢毛」。又「有約未歸蠶結局，小軒空度牡丹春。夜來揀盡鴛鴦繭，留織征衫寄遠人」。

衢人徐子勉假館浙西，主人調官都城，與之偕。主人買妾以歸，舟中置酒奏伎，歌闌酒罷，深夜就寢，徐夢一士云：「君輩方盡歡，而鬼趣有苦饑者，獨不能以餘瀝見及乎？」因哦詩一章。徐驚寤忘之，已而復夢如初，乃盡憶其語云：「鬼嘯猩吟沸簧笛，碎板玉盤珠亂擲。二八佳人舞倦時，蝶困東風斂雙翼。」

張樞斗南，其出處已略載詞話，踐揚朱華，爲宣詞令，閤門簿書，詳知朝儀典故。其姑縉雲夫人承恩穆陵，因得出入九禁，備見一時宮中燕幸之事。嘗賦《宮詞》七十首，盡載當時盛際，非其他想像而爲者。今摭其十于此：「堯殿融春大宴開，山呼纔了樂聲催。侍臣宣勸君恩重，宰相親王對舉杯。」「觀堂鐘響待催班，步入朱廊十二間。宣坐賜茶開講席，花磚咫尺對天顏。」「月籠梅影夜深時，白玉排簫索獨吹。傳得官家暗宣賜，黃金約臂翠花枝。」「翠枝斜插滴金花，特髻低蟠貼水荷。應奉人多宣喚少，海棠花下看飛梭。」「笙歌散後歸深院，花柳陰中過曲廊。靜掩金鋪三十六，黃昏處處爇衙香。」「燦錦堂西過夕陽，水風吹起芰荷香。内監催掃池邊地，準備官家納晚凉。」「晚凉開燕近中秋，香染金風倚桂樓。《花月》新篇初唱徹，内人傳旨索歌頭。」原注：穆陵製《花月篇》。「銀簧乍艷參差竹，玉軸新調尺合絃。奏罷《六幺》《花十八》，水晶簾底賜金錢。」「迴廊隔樹簾簾捲，曲水穿橋路路通。禁漏滴斜花外日，御香薰暖柳邊風。」「紫閣深嚴邃殿西，書林飛白揭宸奎。黄封繳進昇平奏，直筆夫人看内批。」

黄文雷，字希聲，永嘉人。希聲有《看雲詩》，不行于世。其賦《昭君行》特爲一時名公所稱道，其辭云：「君不見未央殿前羅九賓，漢皇南面呼韓臣。無人作歌繼大雅，至今遺恨悲昭君。内殿春閑鬬馮傅【六】，掖庭新花隔煙霧。票姚枉奪燕支山，玉顔竟上氈車去。人生流落那得知，不應畫史嫌蛾眉。癡心又共琵琶語，歸夢豈隨鴻雁飛？穹廬隨分薄梳洗，世間禍福還相倚。上流厭人知奈何，後來燕啄皇孫死。野狐落中高臺傾，宫人斜邊曲池平。千秋萬歲只如此，誰似青冢年年青？」按，竟寧元年，呼韓邪既壻漢氏，其年五月，宫車晏駕，故云。

康與之伯可詩云：「越王山下千樹梅，逐客年年走馬來。寒玉滿枝風色裹，不受暖靄輕煙催。故人千里復萬里，折香欲寄生徘徊。孤吟獨醉常夜半，山月野風騎馬回。」余家有與之手書古詩一卷，自號八本，辭語亦騷雅，往往反爲樂府所掩也。劉克莊潛夫嘗賦《梅花百詠》，其間有云：「春風謬掌花權柄，却忌孤高不主張。」當國者以爲譏己，遂以煩言去國。其後又作《訪梅》詩云：「夢得因桃數左遷，長源爲柳忤當權。幸然不識桃并柳，却被梅花累十年。」原注：鄭侯《咏柳》云「青青東門柳，歲晏必憔悴」，楊國忠以爲譏己，明皇曰：「咏李者當爲譏朕乎？」又嘗通朝行啓云：「實則咏桃，乃曰含譏于燕麥；偶然題檜，遂云

【六】内殿春閑鬬馮傅　「内」原作「丙」，據陳思《兩宋名賢小集》卷三百二十四黄文雷《看雲小集》改。

寓意于蟄龍。」東坡梅詩云：「憑仗幽人收艾納，國香和雨入莓苔。」艾納，梅枝上苔也。梅至花過，則苔極香，取少許細嚼之，苦而後甘，如食橄欖。坡意蓋在此也。吴興張沄聲父有《苔梅》詩云：「老龍全身著艾納，不耐久蟄潛拏空。爪頭撥動陽春信，香在霜痕雪點中。」然苔亦多不同。陽羨石庭者如松花，越中項里者如緑髮。余嘗有句云：「山林緑髮秦宫女，風雨青萍禹廟梁。」或以爲可。林靖之共甫，吴興前輩，能詩不凡，賦梅云：「與月淡交連影瘦，于春無競著花疏。細雨斂塵棲萼潤，輕雲度谷壓香低。」

慶元丙辰冬，姜堯章與俞商卿、銛朴翁、張平甫，自封禺同載詣梁谿，道吴淞。既歸，各得詩詞若干解，鈔爲一卷，命之曰《載雪録》。其自叙云：「予自武康與商卿、朴翁同載至南谿，道出苕霅、吴淞，天寒野迥，仰見雁鶩飛下玉鑑中，詩興横發，嘲唅吟諷，造次出語便工。而朴翁尤敏不可敵。未浹日，得七十餘解，復有伽語小詞，隨事一笑。大要三人鼎立，朴翁似曹孟德，據詩社出奇無窮；商卿似江東，多奇秀英妙之士；獨予椎魯不武，雖自謂漢家子孫，然不敢與二豪抗也。」且云：「此編向見之雪林李和父，後歸之僧頤蒙，乃朴翁手書也。古、律、絶句、贊、頌、偈、聯句、詞曲、紀夢，凡一百五十三，多集中所無者。」蕭介父題云：「亂雲連野水連空，只有沙鷗共數公。想得句成天亦喜，雪花迎櫂入吴中。」孫季蕃云：「詩字峥嶸照眼開，人隨塵劫挽難回。清苕載雪流寒碧，老我扁舟獨自來。」

余家向有小廨，在杭之曲阜橋。每夕五鼓間，早朝傳呼之聲，雖大雨風雪中亦然，于是慨嘆虚名之役人也如此。既而于壁間得一絶云：「霜拂金鞍玉墜腰，鄰鷄催喚紫宸朝。争如林下飽清夢，殘月半窗松影摇。」頗得予心之同。因以類得數篇，并書于此。樂天《寄陳山人》云：「待漏五門外，候對三殿裏。鬚鬢凍生冰，衣裳冷如水。忽思仙遊客，暗謝陳居士。暖覆褐衣眠，日高應未起。」又詩云：「重裘暖帽寬氈履，小閣低窗深地爐。身穩心安眠未起，西京朝士得知無？」「軟綾腰褥薄綿被，凉冷秋天穩暖身。一覺曉眠殊有味，無因説與早朝人。」又云：「鷄鳴一覺睡，不博早朝人。」諺云：「骨邊肉，五更睡，雖不多，最有味。」正此意也。坡翁《寄傲軒》詩云：「床頭車馬道，殘月挂疏木。朝客紛擾時，先生睡方熟。」范至能《冬至晚起》云：「新衣兒女鬧燈前，夢裏莊周正栩然。騎馬十年聽曉鼓，人生元有日高眠。」近世翁定遠新其説云：「遲明騎馬謁朱門，安得梅花入夢魂。慚愧高人眠正熟，一生知不受人恩。」周端臣《題東庵》云：「一庵自隱古城邊，不是山林不市廛。落月滿窗霜滿屋，卧聽宰相去朝天。」

嚴中和，號月澗，近世詩人，間多佳句。既無行卷，因摘一二于此，云：「山中道人不裹巾，一片石床生緑鱗。昨夜瓦瓶冰凍破，梅花無水自精神。」又：「梅天雨氣入簾櫳，衣潤頻添柏火烘。四月江南無矮樹，人家都在緑陰中。」又：「一聲杜宇三更後，向曉緑陰連碧苔。却恨樓高春數尺，柳綿飛不上窗來。」又：「樹影踏不碎，花香嗅却無。」「寺老柳遮塔，雨多春礙船。」「澗水活不凍，山楓老自靈。」「畫扇題詩鸞背濕，銅彝煎腦鴨心香。」皆佳句也。

馮去辯可訥之遊京口也，岳肅之持餉節在焉，相得甚歡。岳號倦翁，嘗自叙云：「司馬長卿故倦遊，注謂厭宦遊也。是時長卿方以士客臨邛令所，固未嘗宦，焉知倦耶？如予所謂倦者，乃真知之。」嘗賦二詩，有云：「片雲出岫猶知倦，流水吟湘肯伴牢。」又云：「尚有奏篇煩狗監，肯辭馳傳爲駹臣。」可訥次韻云：「餉事十年當結局，襟期千古與同牢。」又云：「琴心自誤誰料理，犢鼻雖貧未主臣。」肅之爲之擊節不已，題其末云：「此小馮君讀珂之文也。」

趙良淳，字景程，號常軒，饒之餘干人，忠定丞相之曾孫。咸淳甲戌，長江失守，凡内郡悉除授宗姓，公守霅。明年城失守，公以片紙書付其子曰：「寧爲趙氏鬼，不作他國臣。行年五十有三，守土而死節，尚復奚憾！諸子幸而生者，勉旃忠孝。」書訖，付其子友伯，遂閉閤投繯而死。時乙亥除夕也。陳體仁尚書作詩三章哀之曰：「日慘天無色，城危歲迫除。孤忠元自許，一死不知餘。束衽全遺體，呼兒授訣書。登陴才信宿，腸斷正愁予。」「忠定扶神鼎，安邦不顧身。曾孫能致命，屬籍豈無人？歸骨番江上，招魂霅水濱。死生均此念，老病泣遺民。」「慷慨君疇國，奔逃我喪家。陸沈同一壑，淵涉渺無涯。祈死惟嫌晚，餘生只自嗟。蒿萊連雉堞，落日噪棲鴉。」

陳諤，越人，嘗遊廬山，于窮谷中遇一人，髽而跣，坐大盤石，微作吟哦聲。陳異而問焉。髽瞠目不答，驚逝去。陳益異之。至明因寺，爲僧道所見。僧曰：「此興國趙知軍也。爲郡有異政，民德之。兵火後，棄家入山寺中，日以少米給之。」指穹林絶巘間曰：「此其所居也。」陳策杖披荆訪之。髽知有人至，已逸去矣。獨葦屋一間，不蔽風雨，土木瓦器、地爐竹几而已。間有破石硯，短紙數十幅，取視之，則詩也。或一聯，二聯，無成章者。陳僅記其數語云：「戰血肥春草，妖魂附野狐。」又：「風吹沙草落日黄，鴉啄髑髏飛不起。」蓋有道者云。

趙南仲丞相入汴日，嘗經宿境，見奇石，不忍舍。其後治圃溧水第，因語曩事，時趙邦永在傍，退即負之而來，儼然昔所見也。蓋當時意公所喜，即令人舁置，轉江而歸焉。公猶憶其左跗闕如，視之果然。適一匠睨而噩嘆曰：「異哉！當年所失，某適得之。」取而吻合，渾然天成。公異其事而銘之云：「昔我于役，在宿之野。煙磊塵砢，應接不暇。維州所宅，挺立翹楚。既賞而稱，欲去而佇。今我來居，于溧之北。孰爲而至，不謀而得。河浙相望，邈風馬牛。一念所到，造化與疇。工胡運斤，夷于左股。迫而視之，闕如其故。人力攸及，理無復全。疇昔啓之，匠亦有言。執藝函山，留余可續。匪尺而量，匪管而測。乃命之前，乃挈之聯。如磁引鐵，如鸞膠弦。於戲！棄而取之，石無所欣戚也；斷而續之，石無所損益也。物各付物，天契其天。我銘此石，莫非自然。」此馮可遷之文也。余嘗誌其事于《野語》而闕此文，今詳書之。

宋廖瑩中群玉以賈相入幕之賓，例行推賞外，別賜上金百兩。廖以之鑄盤匜，爲飲器。楊平舟棟爲作古篆銘于器云：「皇帝御極之三十七年，國有大功，一相禹胼。曰余瑩中，與隨旆旃。余疐手扶，余後手牽。曰公何之？敵脅是穿。奇勝草坪，受降馬前。公一何勇，敵一何恐。余汔濟黄，公飯余共。挽漢倒江，盡洗羶湩。既清夷矣，公歸余從。内金惟精，上賞惟重。文昌孫子，是寶是用。誰其銘之，史臣楊棟。」

開禧中，有苗氏女，本宦族也，失身爲妾于某朝士，臨行作詩別其母云：「桃花飛盡馬塍春，此日辭家淚滿巾。豈是比鄰無嫁處，千山萬水逐行人。」朝士者知之，遂厚給資以嫁焉。

葛嶺，故相賈似道園池，留題者甚衆，獨吴人湯益字損之一詩膾炙人口，云：「檀板歌殘陌上花，過牆荆棘刺簷牙。指揮已失鐵如意，賜與寧存玉辟邪。廢館晝飛無主燕，荒池春吠在官蛙。木綿庵下猶愁絶，月黑夜深聞鬼車。」

張良臣，字武子，近世詩人，有《雪窗集》。有子時，嘗從張公父至象臺，其女兄即徐元杰仁伯之母也，亦能詩，嘗有絶句云：「羅幕金泥窣地垂，夜香燒盡二更時。不知簾外溶溶月，上到梅花第幾枝。」正自不凡。

吕紫微《明妃曲》：「人生在相合，不論胡與秦。但取眼前好，莫言長苦辛。君看輕薄兒，何殊胡地人？」其意固佳，然不脱王半山「人生失意無南北」之窠臼也。

林曾，字伯元，號梅嶼，永嘉人。詩極佳，如《汴河》云：「一千八百隋家路，兩岸青青入帝都。可惜翠華南渡後，舊時楊柳一株無。」

俞桂英，號野雲，苦吟一生。異時賈師憲嘗稱其「一點梅香到，三分酒力消」「母念子行遠，兒云爺未歸」「白雲一樹鶴孤宿，明月滿樓鐘鼓聲」「百無一事身爲客，十有九分心在家」之句。然野雲自有《人影》詩爲人所稱云：「身外復添汝，無言隨去留。自從生便有，直到死方休。步月常相逐，臨溪元不流。静中明道眼，總是一虚浮。」

道士褚伯秀清苦自守，嘗集註莊、老、列三子。天師以學修撰命之，不就，作《貧女吟》二首謝之曰：「夜績晨炊貧自由，强教塗抹只堪羞。閉門静看花開落，過却春風不識愁。」「寂寞篷窗鎖冷雲，地爐紉補自陽春。千金莫誤朱門聘，不是穿珠插翠人。」

候館牆壁所書，多有可紀者，予嘗録數處矣。今復得池州貴池驛壁間語云【七】：「昨者雨，今日晴。前月小，後月大。君欲問百年，百年如此過。孰爲辱？孰爲榮？何者福？何者禍？山中多白雲，莫教脚一蹉。」潭州四通館梁間有云：「蝸角名，蠅頭利。老天術何巧，以此役斯世。昨日一替死，今日一替生。暗裏换人人不悟，門前每日見人行。」是皆警世之辭也。

賈師憲越第望海樓成，越帥季鏞賦詩爲賀，陳宜中時爲推官，次韻云：「名與山高千

【七】今復得池州貴池驛壁間語云　「州」字原缺，四庫本「州」誤作「洲」，徑改。「貴」字下原衍「陽」字，宋時池州有貴池。驛，宋董嗣杲有《泊貴池驛》詩。

古重，恩如海闊一身輕。門下少年初幕府，夢隨諸吏上崢嶸。」又云：「功歸再造金甌好，歲已三登玉燭調。昨日倚笻平地看，一如石壁望松寥。」蓋用太白「石壁望松寥，宛然在碧霄」。蓋山名也。一時人稱其善于押韻，自此登師憲之門云。

鄧林，號謙谷，臨川人。嘗客孟氏塾，戲降紫姑，得詩云：「隔溪雲薄雨飄蕭，欲采荷花不見橋。釵卜無憑芳信杳，酸風空度鳳臺簫。」時有三鄧林，其一括人，其一臨江人，嘗入館。

廣德村寺壁間有四明王暨文昌題云：「奔馳塵土何時了？自嘆一官如蟻小。半夜覓宿僧家園，夢裏聞鴉霜月曉。」暨時爲邑尉，後尉天台。張汝鍇俞仲次韻云：「世事反觀俱了了，鷃鵬何大亦何小。木人起舞中郎拍，問著木人應不曉。」二詩皆可録。

德壽宫于吳中得一蟠松，虬枝夭矯，清蔭數畝。思陵嘗御製贊云：「天錫瑞木，得自嶔岑。枝蟠數萬，幹不倍尋。怒騰龍勢，靜奏琴音。凌寒鬱茂，當暑陰森。封以腴壤，邇以碧潯。越千萬年，以慰我心。」周益公翰苑作端午帖子云：「聞道天公近效奇，澗松特長萬年枝。蜿蜒正作祥龍舞，移得清陰覆玉墀。」正謂此也。

田錫表聖，太宗朝爲翰苑，有《咸平集》，中多佳語，如「磬韻似煙和燭裊，松聲如雨入窗流」「行色迎秋清似畫，別情因景化爲詩」「秋色數行江上雁，殘陽一簇渡頭人」。《詠挑燈杖》云：「自知不是明時用，爛額焦頭力漫多。」《賦楊花》云：「乍如亂峰之下，落泉飛練，噴嵐灑煙，沫花相濺。」政自不凡也。

周漢國公主下降，撒帳詩云：「靜夜無雲惟自照，鳳凰飛入合歡宮。」蓋用王昌齡「青鸞飛入合歡宮，紫鳳銜花出禁中」之句。然《西都賦》云後宮則有增城、合歡，殿名也。

丁大全丞相謫嶺外，至藤州溺死，三山林桂龍以詩嘲之曰：「一柂中流欠把持，偏輕偏重失便宜。孤舟不是無人渡，身作風波問阿誰？」「移溪實壑誤明君，驚動沿江十萬軍。幸是不沈湘水死，有何面目見靈均？」「稚子如何濟急流，一篙才錯便難收。當初把作尋常看，豈料中流解覆舟。」

韓子蒼《挽中山韓帥》云【八】：「金絜盟猶在，灰釘事已新。」後村以爲語妙而意婉。蓋宣、靖之禍，自滅遼取燕始。上句指韓，下句指童、蔡也。又梁徐勉以時人聞喪事相尚以速，勉上疏云：「屬纊才畢，灰釘已具。」又陳徐陵遺楊遵彦書云：「若鄙諺爲繆，來旨必通。分請灰釘，甘從斧鉞。」不特出前書也。

近歲浙右洊水，田野流離可念。震澤小寺壁間一詩云：「民力久已竭，天乎不見憐。三年兩遭水，十室九無煙。田沒官徵賦，家貧子賣錢。秋風江上路，忽見渡江船。」真不減聶夷中也。

天台趙與侲英可嘗夢賦落梅詩，僅記一聯云：「溪月涵虛影，山雲護斷香。」莫知何

【八】韓子蒼挽中山韓帥云　項家達案：「中山」，原本誤作「中小」，今據韓駒《陵陽集》校正。

祥。後爲豐儲倉監，獲四刻，後吴益尹京，辟之爲屬，遂與合尖脱選。蓋吴尹自號「雲山」，于是護香之句遂驗。

李仁甫十八歲爲眉州解魁。時第二人史堯弼，字唐英，方十四歲，人疑其文未工也。赴鹿鳴燕，猶著粉紅褌，太守命坐客分韻賦詩，唐英得「建」字，即席援筆立成，有云：「四歲尚少房玄齡，七步未饒曹子建。」後爲張魏公客，不幸早世。

鄭安晚丞相曾詠云【九】：「如蠶吐緯日縈纏，出没無蹤屋漏邊。懷毒滿身如蝎犬，漫張羅網欲漫天。」蓋爲諸璫發也。蘇拯詩云：「映日張網羅，遮天亦何别。倘居要地間，害物可堪説。」風人詠物，大率相類。

東萊吕舍人贈林少穎、李迂仲詩云：「嘗聞安身要，其本在無競。」自注云：「王輔嗣《易解》云：『安身莫若無競，修己莫若自保。守道則福至，求福則辱來。』此格言也。」

「小小園林矮矮屋，一日房錢一貫足。官至正郎子讀書，一妻一妾常和睦。」此詩張卿所作。張仕至棘卿，與史彌遠不合，遂不復出矣。

蔡元長嘗闢便坐，曰南軒。有獻詩者曰：「此軒端的向南開，上下東西總不該。更有一般堪愛處，北風偏向後門來。」人號爲貼題詩。

宣和間，教坊大使袁裪應制詩云：「金瓶芍藥三千朵，玉軸琵琶四百弦。」可謂

【九】鄭安晚丞相曾詠云 「晚」原作「挽」，所引之詩作者乃鄭清之，别號安晚，故改。

盛矣。

吕之鵬，密縣人，申公之裔也。大金宣宗頻年南伐，因作詩撼主兵者云：「縫掖無由挂鐵衣，劍花生澀馬空肥。燈前草就平南策，一夜江神涕泣歸。」其自負如此。

縉雲有掘地得碑石篆書《公子行》云：「少年公子出皇都，勒馬途中倒玉壺。却問路傍耕稼者，夜來風雨損花無？」并無歲月姓氏。

黄伯樞榮仲《讀馬援傳》詩云：「後車薏苡落讒人，珠貝文犀竟失真。馬革裹尸猶不恨，何須勝瘴與輕身。」

近世趙汝淳《讀〈夷堅志〉》詩云：「千古丘明法度書，豕啼蛇鬭未爲誣。後來更有無窮事，付與蘭臺鬼董狐。」用干寶事，甚佳。

曾繹仲成詩云：「已無醜扇几邊亂，空見春鉏天際飛。」《爾雅》：「醜扇，蠅也。」釋云：「醜，類也。青蠅之類，好摇翅自扇。」

韓平原用事時，華岳子西爲武學生，嘗獻詩云：「漢地不埋王莽骨，唐天難庇禄山軀。」韓怒，羈管建寧。有詩號《翠微集》，大抵皆粗惡語。

詩家謂誠齋多失之好奇，傷正氣，若「梅子流酸軟齒牙，芭蕉分緑與窗紗。日長睡起無情思，閑看兒童捉柳花」，極有思致。誠齋亦自語人曰：「工夫只在一『捉』字上。」

魏華父《墨梅》詩：「素王本自難淄涅，墨者胡爲亂等差？玄裏只知揚子白，皜中謾見聖人污。」鶴山又有「東西日月自來往，遑恤人間有喘牛」之句，亦佳。

姚翻詩云：「臨妝欲含涕，羞畏家人知。還將粉中絮，擁淚不教垂。」即今粉撲也。

《太平吟》云：「紛紛紅紫已成塵，布穀聲中夏令新。夾路桑麻行不盡，始知身是太平人。」此可謂善狀太平氣象，勝于誠齋「太平不在簫韶裏，只在諸村打稻聲」之句。

盱人王勝之詩云：「蛙鼓鳴時月滿川，斷螢飛處草迷煙。敲門欲向田家宿，猶有青燈人未眠。」殊有思致。

有爲竹枕作銘云：「珊瑚枝，琥珀盤。流蘇帳暖驂飛鸞。莫忘此君同歲寒。」亦佳語也。

后山「仰看一鳥過，虛負百年身」，極有深意。

周茂振樞密詩云：「醉倒不辭花面笑，詩成親傍竹身題。」「竹身」二字，甚新。

端平甲午入洛之役，二趙喪師，時劉子澄實主帷幄之籌，遂坐貶封川，意不復用。趙仲之死，子澄以詩哭之云：「功名翻覆等南柯，雲掩新阡長薜蘿。千載只憑公論去，百年無奈世情何。高光時節經營易，晉宋人才隱逸多。入汴老賓猶坐謫，餘生只合理煙蓑。」

吳白，字少白，豪逸負氣，詩文立成，嗜酒窮空，晚爲僧于廣化寺。時籍中有楊韻者，能小詩，善墨竹。一日諸公會飯，少白持白紈扇，楊爲作小枝于上。少白即題一絶云：「風枝露葉有餘清，轉盼還從玉笋生。願得此君長在眼，子猷雖老未忘情。」

賈師憲《甲戌歲寒食日》絶句云：「寒食家家插柳枝，留春春亦不多時。人生有酒須當醉，青冢兒孫幾個悲。」明年師潰身殞，遂成惡讖。

紹興己巳，南郊禮成。思陵御製詩以賜云：「清壇祇謁禮郊丘，輔相賢勞共款留。初訝密雲低覆冒，遽看霽景上飛浮。氣回俎豆群工泰，喜入貔貅萬馬秋。赫赫天心允昭格，協謀同德賴嘉猷。」

《山寺》詩：「村南村北雨催耕，布穀聲聲不住聽。水入野田分井字，山藏小寺只單丁。傍花飛去禽身白，帶土移栽樹腦青。絶頂虬松高百尺，已經千歲長菟苓【一〇】。」

《哀扇工歌》：「某州竹扇名字著，織扇供官困追捕。使君開府未浹旬，欲戴綸巾揮白羽。新模巧製旋翦裁，百中無一中程度。犀革鐫柄出蟲魚，麝煤熏紙生煙霧。蕺山老姥羞翰墨，漢宮佳人掩紈素。衙内白取知何名，帳下雄挐不知數。供輸不辦箠楚頻，一朝赴水將誰訴？使君崇重耳不聞，嗚呼何以慰黎庶。聞道園家賣菜翁，又説江頭打漁户【一一】。號令亟下須所無，官不與錢期限遽。歸來痛哭辭妻兒，宿昔投繯挂枯樹。一雙婉婉良家子，吏兵奪取名爲顧。弟兄號叫鄰里驚，兩家吞聲喪其嫗。死者已矣可奈何，寃魂成群相號呼。殺人縱慾勢位尊，貪殘無道天所怒。邦人蓄憤不敢言，君其拊馬章臺路。」

《次張斗南韻》云：「路穿崖曲幾回環，天地爲鑪不掩關。守分固于貧亦樂，任緣或

【一〇】已經千歲長菟苓　項家達案：原本下有「久知老去安庚甲，堪笑官忙縛卯申」二句，與此詩語意不倫，今據文義删去。

【一一】又説江頭打漁户　「江」原作「將」，據四庫本改。

以倦知還。門前認取朝宗水，屋上元非捷徑山。若欲結茅相共住，雲根可著兩三間。」

葉正則《題孫季蕃詩》云：「子美太白常住世，佳人栩栩夢魂通。瀉落天河澆汝舌，移來不周盪爾胸。千家錦機一手織，萬古戰場兩峰直。孰南孰雅喚莫前，虛簫浪管生寒煙。」

劉潛夫使廣日，經過惠州六如亭，有詩云：「吴兒解記真娘墓，杭俗猶存蘇小墳。誰與惠州耆舊記，可無抔土覆朝雲。」于是郡守與之修墓立碑文題云：「昔人喜説墜樓姬，前輩尤高斷臂妃。肯伴主翁來過嶺，不妨扶起六如碑。」

天竺道間詩云：「西山多雨長灘聲，更愛春禽百樣鳴。石罅暖煙飛不起，日高鞭影未分明。」

《七夕》詩：「銀河如練月如鈎，照見千家乞巧樓。野老平生事事拙，蒲團又過一年秋。銀河清淺界煙霄，欲渡何須烏鵲橋。今我去家千里遠，却憐牛女會今宵。」【一二】

史達祖《清明》詩：「一百六朝花雨過，柳梢猶爾病春寒。晉官今日炊煙斷，并著新晴看牡丹。」「宫燭分煙眩曉霞，驚心知又度年華。榆羹杏粥誰能辨，自採庭前薺菜花。」

鄭如幾維心，亦霅人，與葉少藴唱和，有「看朱成碧醉中眼，施粉太白尊前人」之句。

【一二】項家達案：此詩原本失載姓名。

林曾《溪上謠》云：「溪翁兒女枕溪住，時把釣竿倚芳樹。沈吟獨坐忽傷心，釣得魚來放將去。」

近北客有《題襄漢》詩云：「襄漢雲屯十萬兵，習池酩酊不曾醒。紛紛誤晉皆渠輩，不特王家一寧馨。」

范至能《嘲蚊》語云：「沈酣尻益高，飽暖腹漸急。晶晶紫蟹眼，滴滴紅飯粒。」

李龏《賦青城山陷》詩云：「蜀道天收碧落鍾，六丁移路鑿蠶叢。飛山夜挾風雷没，愁殺江南鬼五通。」

林曾《泗州》詩：「魚頭紅結魫，土面白生硝。」

王予可《賦凌霄》詩云：「啼鳥倒銜金羽舞，驚蛇斜傍玉簾飛。」

《題靈隱寺》詩云：「遊山無處浣塵埃，出郭尋幽入翠苔。衆水盡從雙澗去，一峰元自五天來。行春人散題名在，坐夏僧閑聽講回。清磬一聲猿鳥寂，石楠花落滿經臺。」

放翁理詩云：「萬物元須一理通，長生極治本同功。廣成千歲無他術，祇在唐虞二典中。」

涪翁《愛竹》詩云：「野次小崢嶸，幽篁相倚緑【一三】。牧童三尺箠，御此老觳觫。石吾甚愛之【一四】，無使牛礪角。牛礪角尚可，牛鬭殘我竹。」

【一三】幽篁相倚緑　「倚」原作「衣」，據黄庭堅《題竹石牧牛》改。

【一四】石吾甚愛之　「石」原作「竹」，據黄庭堅《題竹石牧牛》改。

「桃紅浄，山雨乾，褐翅鬼蛾粘石闌。崖根薜荔絡陰土，春草自緑麒麟寒。」「時思堂前滿床笏，牛眠岡頭空白骨。急呼斗酒澆淚痕，頭上飛光出還没。」

卷下

樂天有《感石上舊字》詩云：「太湖石上鎸三字，十五年前陳結之。」蓋其妾桃葉也。自昔未有以家妓字鎸石者。

劉過改之嘗遊富沙，與友人吳仲平飲于吳所歡吳盼兒家。嘗賦詞贈之，所謂「雲一窩，玉一梭，淡淡衫兒薄薄羅。輕顰雙黛蛾。」盼遂屬意改之。吳憤甚，挾刃刺之，誤傷其妓，遂悉繫有司。時吳居父爲帥，改之以啓上之云：「韓擒虎在門，顧麗華而難戀；陶朱公有意，與西子以偕來。」居父遂釋之。然自是不復合矣。改之有「春風重到憑闌處，腸斷妝樓不忍登」，蓋爲此耳。

楊纘除夕詞《一枝春》云【一】：「竹爆驚春，競喧闐、夜起千門簫鼓。流蘇帳掩，翠鼎暖騰香霧。停杯未舉，奈剛要、送年新句。應自有、歌字清圓，未誇上林鶯語。　從他歲窮日暮，縱閑愁、怎減劉郎風度。屠蘇辦了，迤邐柳忺梅妒。宮壺未曉，早驕馬、繡車盈路。還又把、月夕花朝，自今細數。」又羅希聲、孫化翁所書《除夕》一詞云：「小童教寫桃符，道人還了常年例。神前竈下，祓除清净，獻花酌水。禱告些兒，也都不是，求名求利。但吟詩寫字，分數上面，略精進、儘足矣。　飲量添教不醉，好時節、逢場作戲。驅儺

校勘記

【一】楊纘除夕詞一枝春云　「纘」原作「韻」，據周密《絶妙好詞》卷三楊纘《一枝春》改。

爆竹，軟餳酥豆，通宵不睡。四海皆兄弟，阿鵲也、同添一歲。願家家户户，和和順順，樂昇平世。」此集中所無也。

雲窗張樞，字斗南，又號寄閑，忠烈循王五世孫也。筆墨蕭爽，人物醞藉，善音律，嘗度《依聲集》百闋，音韻諧美，真承平佳公子也。予已選六闋于《絶妙詞》，今别見于此。《戀繡衾》云：「屏綃裊潤惹篆煙，小窗閑、人泥晝眠。正雪暖、荼蘼架，奈愁春、塵鎖雁絃。楊花做了香雪夢，化池萍、猶泛翠鈿。自不怨、東風老，怨東風、輕信杜鵑。」《清平樂》云：「鳳樓人獨。飛盡羅心燭。夢繞屏山三十六。依約水西雲北。曉奩懶試脂鉛，一緺鸞髻微偏。留得宿妝眉在，要教知道孤眠。」又《木蘭花慢》云【二】：「歌塵凝燕壘，又軟語、在雕梁。記剪燭調絃，翻香校譜，學品《伊》《凉》。屏山夢雲正暖，放東風、捲雨入巫陽。金冷紅絛孔雀，翠閑綵結鴛鴦。銀釭。燄冷小蘭房。夜悄怯更長。待采葉題詩，含情贈遠，煙水茫茫。春妍尚如舊否？料啼痕、暗裏浥紅妝。須覓流鶯寄語，爲誰老却劉郎。」

「謝了梅花恨不禁。小樓羞獨倚，暮雲平。夕陽微放柳梢明。東風冷，眉岫翠寒生。無限遠山青。重重遮不斷，舊離情。傷春還上去年心。怎禁得，時節又燒燈。」此周容子寬《小重山》。子寬，四明人。

秋崖李萊老與其兄篔房競爽，號龜溪二隱。予已刊十二闋于《絶妙選》矣。今復

【二】又木蘭花慢云　項家達案：「花慢」二字原本脱，今據《詞譜》增入。

別見。《倦尋芳》云：「繚牆粘蘚，糝徑飛梅，春緒無賴。繡壓垂簾，骨有許多寒在。寶幄香銷龍麝餅，鈿車塵冷鴛鴦帶。想西園，被一程風雨，群芳都礙。逗曉色、鶯啼人起，倦倚銀屏，愁沁眉黛。待拚千金，却恨好晴難買。翠苑歡游孤解珮。青門佳約妨挑菜。柳初黄，罩池塘、萬絲愁藹。」《點絳唇》云：「緑染春波，袖羅金縷雙鸂鶒。小桃勻碧。香襯蟬雲濕。　舞帶歌鈿，閑傍秋千立。情何極。燕鶯塵迹。芳草斜陽笛。」《西江月·賦海棠》云：「緑凝曉雲苒苒，紅酣晴霧冥冥。銀簪懸燭錦官城。困倚牆頭半影。　雨後偏饒艷冶，燕來同作清明。更深猶喚玉靴笙。不管西池露冷。」

篔房李彭老，詞筆妙一世，予已擇十二闋入《絶妙詞》矣。兹不重見。外可筆者甚多，今復摭數首于此。《壺中天》云【三】：「水西雲北，記前回同載，高陽伴侶。一色荷花香十里，偷把秋期頻數。脆筦排雲，輕橈噴雪，不信催詩雨。碧筒呼酒，秀箋題遍新句。　誰念病損文園，歲華搖落，事與孤鴻去。露井邀凉吹短髮，夢入蘋洲菱浦。暗草飛螢，喬枝翻鵲，看月山中住。一聲清唱，醉鄉知有仙路。」送客《木蘭花慢》云：「折秦淮露柳，帶明月、倚歸船。看佩玉紉蘭，囊詩貯錦，江滿吴天。吟邊。唤回夢蝶，想故山、薇長已多年。草得梅花賦了，櫂歌遠和離舷。　風絃。盡入吟篇。傷倦客、對秋蓮。過舊經行處，漁鄉水驛，一路聞蟬。留連。漫聽燕語，便江湖、夜雨隔燈前。潮返潯陽暗水，雁來好寄瑶箋。」《祝英臺近》云【四】：「載輕寒、低鳴櫓。十里杏花雨。露草迷煙，縈

【三】壺中天云　「壺中天」原作「惜紅衣」，據《全宋詞》改。

【四】祝英臺近云　項家達案：「祝」字原本脱，今據《詞譜》增入。

緑過前浦。青青陌上垂楊，綰絲揺珮，漸遮斷、舊曾吟處。聽鶯語。吹笙人遠天長，誰翻水西譜。淺黛凝愁，遠岫帶眉嫵。畫闌閑倚多時，不成春醉，趁幾點、白鷗歸去。」《清平樂》云：「合歡扇子，撲蝶花陰裏。半醉海棠扶半起，淡日秋千閑倚。寶箏彈向誰聽？一春能幾番晴。帳底柳綿吹滿，不教好夢分明。」《章臺月》云：「露輕風細。中庭夜色涼如水。荷香柳影成秋意。螢冷無光，涼入樹聲碎。玉簫金縷西樓醉。長吟短舞花陰地。素娥應笑人憔悴。漏歇簾空，低照半床睡。」又《青玉案》云：「楚峰十二陽臺路。算只有、飛紅去。玉合香囊曾暗度。榴裙翻酒，杏簾吹粉，不識愁來處。燕忙鶯懶青春暮。蕙帶空留斷腸句。草色天涯情幾許。荼蘼開盡，舊家池館，門掩風和雨。」又張直夫嘗爲《詞叙》云：「靡麗不失爲國風之正，閑雅不失爲騷雅之賦，摹擬《玉臺》不失爲齊梁之工，則情爲性用，未聞爲道之累。」樓茂叔亦云：「裙裾之樂，何待晚悟？筆墨勸淫，咎將誰執？或者假正大之説而掩其不能，其罪我必焉。雖然，與知我等耳。」

「三十年前，愛買劍、買書買畫。凡幾度、詩壇争敵，酒兵争霸。春色秋光如可買，錢慳也不曾論價。任粗豪、争肯放頭低，諸公下。　今老大，空嗟訝。思往事，還驚詫。是和非未説，此心先怕。萬事全將飛雪看，一閑且問蒼天借。樂餘齡，泉石在膏肓，吾非詐。」此西里趙希邁《滿江紅》也。

清源張涅所賦《祝英臺近》云：「一番風，連夜雨，收拾做春暮。艶冷香銷，鶯燕慘無語。曉來緑水橋邊，青門陌上，不忍見、落紅無數。　怎分付。獨倚紅藥欄邊，傷春甚情緒。若取留春，欲去去何處。也知春亦多情，依依欲住。子規道、不如歸去。」

楊鑽，字嗣翁，號守齋，又稱紫霞。本鄱陽洪氏，恭聖太后姪楊石之子麟孫早夭，遂祝爲嗣。時數歲，往謝史衛王，王戲命對云：「小官人當上小學。」即答云：「大丞相已立大功。」衛王大驚喜，以爲遠器。公廉介自將，一時貴戚無不敬憚，氣習爲之一變。洞曉律吕，嘗自製琴曲二百操。又常云：「琴一絃可以盡曲中諸調。」當廣樂合奏，一字之誤，公必顧之，故國工樂師無不嘆服，以爲近世知音無出其右者。任至司農卿、浙東帥，以女選進淑妃，贈少師。所度曲多自製譜，後皆散失。今書一闋于此，《被花惱》云：「疏疏宿雨釀寒輕，簾幃静垂清曉。寶鴨微温瑞煙少。簷聲不動，春禽對語，夢怯頻驚覺。欹珀枕，倚銀屏，半窗花影明東照。　惆悵夜來風，生怕飛香瀉瑶草。被衣便起，小徑曲廊，處處都行到。正蜂癡蝶駭戀芳妍，怎奈向、平生被花惱。驀忽地，省得而今雙鬢老。」

徐愛山堪舉二闋，亦佳。《小重山》云：「鼓報黄昏禽影歇。單衣猶未試，覺寒怯。塵生錦瑟可曾閲。人去也，閑過好時節。　對景復愁絶。東風吹不散，鬢邊雪。些兒心事對誰説。眠不得，一枕杏花月。」《謁金門》云：「休只坐。也去看花則個。明日滿庭紅欲墮。花還愁似我。　索性癡眠一和。憑個夢兒好做。杜宇不知春已過。枝頭聲越大。」亦不知爲何人作也。

《謁金門》云：「人病酒。生怕日高催繡。昨夜新翻花樣瘦。旋描雙蝶湊。　慵凭繡床呵手。却説新愁還又。門外東風吹綻柳。海棠花厮勾。」《踏莎行》云：「照眼菱花，剪情菰葉。夢雲吹散無蹤迹。聽郎言語識郎心，當時一點誰消得。　柳暗花明，螢飛月黑。臨窗滴淚研殘墨。合懽帶上舊題詩，如今化作相思碧。」此二詞并見趙聞禮《約月集》。然集中大半皆樓君亮、施仲山所作，安知非他人者？

翁元龍，字時可，號處静，與吴君特爲親伯仲，作詞各有所長。世多知君特，而知時可者甚少。予嘗得一編，類多佳語，已刊于集矣。今復摭數小闋于此。《江城子》云：「一年簫鼓又疏鐘。愛東風。恨東風。吹落燈花，移在杏梢紅。玉靨翠鈿無半點，空濕透，繡羅弓。　燕魂鶯夢漸惺鬆。月簾櫳。影迷濛。催趁年華，都在艷歌中。明日柳邊春意思，便不與，夜來同。」立春《西江月》云：「畫閣换粘春帖，寶箏抛學銀鈎。東風輕滑玉釵流。織就燕紋鶯繡。　隔帳燈花微笑，倚窗雲葉低收。雙鴛刺罷底尖頭。剔雪閑尋荳蔻。」賦茉莉《朝中措》云：「花情偏與夜相投。心事鬢邊羞。薰醒半床凉夢，能消幾個開頭。　風輪慢卷，冰壺低架，香霧飕飕。更著月華相惱，木犀淡了中秋。」巧夕《鵲橋仙》云：「天長地久，風流雲散，惟有離情無算。從分金鏡不曾圓，到此夜、年年一半。　輕羅暗網，蛛絲得意，多似妝樓針綫。曉看玉砌淡無痕，但吹落、梧桐幾片。」又如「拗蓮牽藕綫，藕斷絲難斷」「彈水没鴛鴦，教尋波底香」，真花間語也。

宋謝太后北覲，有王夫人題一詞于汴京夷山驛中，云：「太液芙蓉，渾不似、舊時顏色。曾記得、春風雨露，玉樓金闕。名播蘭馨妃后裏，暈潮蓮臉君王側。忽一聲、鼙鼓揭天來，繁華歇。　龍虎散，風雲滅。千古恨，憑誰説。對山河百二，淚盈襟血。客館夜驚塵土夢，宮車曉碾關山月。問姮娥、于我肯從容，同圓缺。」文宋瑞丞相和云：「燕子樓中，又捱過、幾番秋色。相思處、青春如夢，乘鸞仙闕。肌玉暗銷衣帶緩，淚珠斜透花鈿側。最無端、蕉影上窗紗，青燈歇。　曲池合，高臺滅。人間事，何堪説。向南陽阡上，滿襟清血。世態便如翻覆手，妾身元是分明月。笑樂昌、一段好風流，菱花缺。」又《代王夫人再用韻》云：「試問琵琶，胡沙外、怎生風色。最苦是、姚黄一朵，移根丹闕。王母歡闌瑶宴罷，仙人淚滿金盤側。聽行宮、半夜雨淋鈴，聲聲歇。　綵雲散，香塵滅。銅駝恨，那堪説。想男兒慷慨，嚼穿齦血。回首昭陽辭落日，傷心銅雀迎新月。算妾身、不願似天家，金甌缺。」鄧光薦和云：「王母仙桃，親曾醉、九重春色。誰信道、鹿銜花去，浪翻鰲闕。眉鎖姮娥山宛轉，髻梳墜馬雲欹側。恨風沙、吹透漢宮衣，餘香歇。　霓裳散，庭花滅。昭陽燕，應難説。想春深銅雀，夢殘啼血。空有琵琶傳出塞，更無環佩鳴歸月。又爭知、有客夜悲歌，壺敲缺。」

「御風來、翠鄉深處，連天雲錦平遠。卧遊已動蓬舟興，那在芙蓉城畔。巾懶岸。任壓頂嵯峨，滿鬢絲零亂。飛吟水殿。載十丈青青，隨波弄粉，菰雨淚如霰。　斜陽外，也有仙妝半面。無言應對花怨。西湖千頃腥塵暗。更憶鑑湖一片。何日見。試折藕占絲，絲與腸俱斷。遐征漸倦。當顋尾湖頭，緑波彩筆，相伴老坡健。」此劉瀾養原遊天台、雁蕩、東湖所賦《買陂塘》詞，絕筆也。哀哉！

薛梯飈長短句，予嘗收數闋于《絕妙詞》，今復得其《醉落魄》云：「單衣乍著。滯寒更傍東風作。珠簾壓定銀鉤索。雨弄初晴，輕旋玉塵落。花唇巧借妝梅約。嬌羞纔放三分萼。樽前不用多評泊。春淺春深，都向杏梢覺。」

章牧之謙亨嘗爲浙東憲，風采爲一時所稱，然醞藉滑稽。嘗賦《守歲》小詞云：「團欒小酌醺醺醉。厮捱著、没人肯睡。呼盧直到五更頭，便鋪了妝臺梳洗。庭前鼓吹喧人耳。驀忽地、又添一歲。休嫌不足少年時，有多少【五】、老如我底。」

金貞祐中，太原已受兵，人情洶洶，忽有書一詞于府治宣詔亭壁間，云：「并州霜早。禾黍離離成腐草。馬困人疲。惟有郊原雀鼠肥。　分明有路。好逐衡陽征雁去。鼓角聲中。全晉山河一半空。」蓋鬼詞也。

淳祐間，丹陽太守重修多景樓。高宴落成，一時席上皆湖海名流。酒餘，主人命妓持紅牋徵諸客詞。秋田李演廣翁詞先成，衆人驚賞，爲之閣筆。其詞云：「笛叫東風起。弄尊前、楊花小扇，燕毛初紫。萬點淮峰孤角外，驚下斜陽似綺。又婉娩、一番春意。歌舞相繆愁自猛，捲長波，一洗空人世。　間熱我，醉時耳。緑蕪冷葉瓜洲市，最憐予、洞簫

【五】有多少　「多」字上原衍「幾」字，據此詞所屬詞牌《步蟾宮》删。

聲盡，闌干獨倚。落落東南牆一角，誰護山河萬里。問人在、玉關歸未。老矣青山燈火客，撫佳期、漫灑新亭淚。歌哽咽，事如水。」

古詞有《元夕望遠行》：「又還到元宵臺榭。記輕衫短帽，酒朋詩社。爛漫向、羅綺叢中，馳騁風流俊雅。轉頭是、三十年話。量減才慳，自覺是、歡情衰謝。但一點難忘，酒痕香帕。如今雪鬢霜髭，嬉遊不忺深夜。怕相逢、風前月下。」翁賓暘謂是孫季蕃詞，然集中無之。

翁孟寅賓暘嘗遊維揚，時賈師憲開淮閫【六】，甚前席之。其歸，又置酒以餞。賓暘即席賦《摸魚兒》云：「捲西風、方肥塞草，帶鈎何事東去。月明萬里關河夢，吴楚幾番風雨。江上路。二十載頭顱，凋落今如許。涼生弄麈。嘆江左夷吾，隆中諸葛，談笑已塵土。寒汀外，還見來時鷗鷺。重來應是春暮。輕裘峴首陪登眺，馬上落花飛絮。拚醉舞。誰解道，斷腸賀老江南句。沙津少駐。舉目送飛鴻，幅巾老子，樓上正凝佇。」師憲大喜，舉席間飲器凡數十萬，悉以贈之。

宣和中，李師師以能歌舞稱。時周邦彦爲太學生，每遊其家。一夕，值祐陵臨幸，倉卒隱去。既而賦小詞，所謂「并刀如水，吴鹽勝雪」者，蓋紀此夕事也。未幾，李被宣唤，遂歌于上前。問誰所爲，則以邦彦對，于是遂與解褐，自此通顯。既而朝廷賜酺，師師又歌《大酺》《六醜》二解，上顧教坊使袁祹，問祹曰：「此起居舍人、新知潞州周邦彦

【六】時賈師憲開淮閫　「淮」原作「帷」，賈似道（字師憲）曾出任兩淮制置大使、兼淮東安撫使，知揚州，故改。

作也。」問《六醜》之義，莫能對，急召邦彦問之。對曰：「此犯六調，皆聲之美者，然絶難歌。昔高陽氏有子六人，才而醜，故以比之。」上喜，意將留行，且以近者祥瑞沓至，將使播之樂府，命蔡元長微叩之。邦彦云：「某老矣！頗悔少作。」會起居郎張果與之不咸，廉知邦彦嘗于親王席上作小詞贈舞鬟云：「歌席上，無賴是横波。寶髻玲瓏欹玉燕，繡巾柔膩掩香羅。何况會婆娑。　無個事，因甚斂雙蛾。淺淡梳妝疑是畫，惺鬆言語勝聞歌。好處是情多。」爲蔡道其事，上知之，由是得罪。師師後入中，封瀛國夫人。朱希真有詩云：「解唱陽關别調聲，前朝惟有李夫人。」即其人也。

何籀作《宴清都》，有「天遠，山遠，水遠，人遠」之語，一時號爲「何四遠」。然前是宋景文出知壽春，過維揚，賦《浪淘沙近》留别劉原父，云：「少年不管。流光如箭。因循不覺韶光换。至如今，始惜月滿、花滿、酒滿。　扁舟欲解垂楊岸。尚同歡宴。日斜歌闋將分散。倚闌橈【七】，望水遠、天遠【八】、人遠。」籀蓋用此也。

王藻有别詞云：「玉東西，歌宛轉。未做苦離調。著上征衫，字字是愁抱。月寒鬢影刁蕭，柁樓開纜，記柳暗、乳鴉啼曉。　短亭草。還是緑與春歸，羅屏夢空好。燕語難憑，憔悴未渠了。可能妒柳羞花，起來渾懶，便瘦也、教春知道。」

嘗得題壁《生查子》云：「愁盈鏡裏山，心疊琴中恨。露濕玉闌秋，香伴銀屏冷。　雲歸月正圓，雁到人無信。孤損鳳凰釵，立盡梧桐影。」蓋魏子敬之詞也。

【七】倚闌橈　「橈」原作「遥」，據吴曾《能改齋漫録》卷十七「宋景文劉原父送别詞」改。

【八】望水遠天遠　「水遠天遠」原作「天遠水遠」，據吴曾《能改齋漫録》卷十七「宋景文劉原父送别詞」改。

汪彦章舟行汴河，見傍岸畫舫有映簾而窺者，止見其額，賦詞云：「小舟簾隙。佳人半露梅妝額【九】。緑雲低映花如刻。恰似秋宵，一半銀蟾白。」蓋以月喻額也。辛幼安嘗有句云：「聞道綺陌東頭，行人曾見，簾底纖纖月。」則以月喻足，無乃太媟乎？

周美成長短句純用唐人詩句，如「低鬟蟬影動」「私語口脂香」，此乃元、白全句。賀方回嘗言：「吾筆端驅使李商隱、温庭筠，常奔走不暇。」則亦可謂能事矣。

【九】佳人半露梅妝額　「佳」原作「家」，據四庫本改。

輯佚

一

《水村》云：「紫鷄白鳳滿秋畦，血色蜻蜓上客衣。野水近門籬落晚，擺頭蘆葦有船歸。」

（《永樂大典》卷三千五百七十九第五頁）

二

《南村》：「繞塘浮荇葉，滿地落桐花。郭外無多路，村南第幾家。過橋喧晚碓，截水浣晴紗。野老生涯足，春風二畝瓜。」

（《永樂大典》卷三千五百八十第十四頁）

三

姜堯章《得窊樽銘》詩云：「書法瘦硬已追顏平原，文字奇古突過歐蘇前。清醪自酌西山月，健筆快寫寒溪煙。平生萬事漫復漫，憐渠名實自冰炭。浯溪漫刻尊漫銘，日炙雨淋文欲斷。」

（《永樂大典》卷三千五百八十四第二十一頁）

四

王伯厚文筆爲近世冠，爲右螭兼兩制，而賦形侏儒。劉質翁嘗論之云：「識局於形，志奪於藝。」衢人徐囊亦苦形拘。其爲太學博士也，輪對，甫登陛，紹陵遥望見之，即起入屏後，笑不止，久之始出，坐受其奏。後亦論去，首言其形容詭異云。近蜀人黄之純傴僂，言者亦云未有枉己能直人者，傳以爲笑。放翁筆記有「奉敕陋朝士」之語。雖然，以貌取人，可乎？

（《永樂大典》卷七千七百五十六第二十二頁）

五

楊嗣翁賦落花詞《八六子》：「怨殘紅。夜來無賴，雨催春去匆匆。但暗水、新流芳恨，蝶凄蜂慘，千林嫩緑迷空。　那知國色今逢。柔弱華清扶倦，輕盈洛浦臨風。細認得凝嬌，弄妝匀粉，露蟬聳翠，蕊金團玉成叢。幾許愁隨笑解，一聲歌轉春融。眼朦朧。凭闌半醒醉中。」

（《永樂大典》卷五千八百三十九第九頁至第十頁）

附録

《四庫全書總目》提要

《浩然齋雅談》三卷，永樂大典本。宋周密撰。密所著書凡數種，其《癸辛雜識》《齊東野語》皆記宋末元初之事，《雲煙過眼録》皆記書畫古器，今并有刊版。其《澄懷録》《續録》則輯清談，《志雅堂雜鈔》則博涉瑣事，今惟鈔本僅存，皆已别著録。《千頃堂書目》載密所著尚有《志雅堂耳目鈔》及此書，而藏弆之家并無傳本，惟此書散見《永樂大典》中。其書體類説部，所載實皆詩文評。今搜輯排纂，以考證經史、評論文章者爲上卷，以詩話爲中卷，以詞話爲下卷。各以類從，尚裒然成帙。密本南宋遺老，多識舊人舊事，故其所記佚篇斷闋，什九爲他書所不載。朱彝尊編《詞綜》，厲鶚編《宋詩紀事》，符曾等七人編《南宋雜事詩》，皆博采群書，號爲繁富，而是書所載故實，亦皆未嘗引據，則希覯可知矣。其中考證經義，如解詩「巧笑倩兮」疑口輔當爲笑靨，而不知《類篇》面部已有此文。解《易》「井谷射鮒」，以鮒爲鯽，不知《説文》「鯽」字本訓烏鰂，後世乃借以名鮒，羅願《爾雅翼》辨之已明。如斯之類，於訓詁皆未免稍疏。然密本詞人，考證乃其旁涉，不足爲譏。若其評騭詩文，則固具有根柢，非如阮閱諸人漫然蒐輯，不擇精觕者也。宋人詩話，傳者如林，大抵陳陳相因，輾轉援引。是書頗具鑒裁，而沈晦有年。隱而復出，足以新藝苑之耳目，是固宜亟廣其傳者矣。

（《四庫全書總目》卷一百九十五集部四十八詩文評類一）

浩然齋視聽鈔

⊙周　密撰

點校説明

《浩然齋視聽鈔》一卷，周密撰。周密（一二三二—一二九八），字公謹。生平見《齊東野語》撰者介紹。

是書原帙不詳，今僅見一卷本。所記少而雜，涉及氣候、方言、醫藥、樂器，與《志雅堂雜鈔》間有重出。故後世或疑傳世之本非全書，或以爲乃後人鈔掇周密著述而成。

今存版本有《説郛》本及《古今説部叢書》本。因《説郛》涵芬樓本（又稱商務印書館排印本）與宛委山堂本均收有《浩然齋視聽鈔》，故《説郛》本《浩然齋視聽鈔》又可分爲涵芬樓本與宛委山堂本。涵芬樓本收録二十五條，有標目；宛委山堂本收十九條，無標目；《古今説部叢書》本收録十五條，亦無標目。其中，涵芬樓本收録條目最多，内容最爲豐富。

此次整理以涵芬樓《説郛》本爲底本，校以宛委山堂本、《古今説部叢書》本（簡稱「古今説部本」）。整理過程對黄寶華整理本（大象出版社二〇一七年版《全宋筆記》）及楊瑞點校本（浙江古籍出版社二〇一五年版《周密集》）有所參考。

雪候　雪多作于戊、己日。嘗考丁亥冬雪，率多驗。近戊子十二月八日己未雪，十八日己巳夜雪，二十七日戊寅夜雪，大率丙、丁、戊、己皆雪日也。

雨候　趙雲洲云：「凡遇戊午、己未日，天變必雨。或遇亢、壁二宿直日，則可免。餘宿不能免。」

天裂　癸酉十月，李應山開淮閫于維揚。一日午後，忽見天裂，其軍馬旗幟無數，始焉皆紅旗，繼而皆黑旗，凡茶頃乃合。見者甚多。次年北軍至。

不宣備　今人書「不宣備」。《文選》楊修《答臨淄侯牋》末曰：「造次不能宣備。」

敉字　「敉」音癬。出《羯鼓録》。嵇康《琴賦》云：「間遼故音庳【一】，弦長故徽鳴。」庳，敉也。兩弦之間遠【二】，則有敉，故云。

山立　「山立」字，《禮記·玉藻篇》：「山立，時行。」《樂記》：「總干山立。」注，正立也。

頻煩　「頻煩」字，《三國志》：費褘「以奉使稱職，頻煩至吴」。杜詩：「三顧頻煩天下計。」

圓夢　「圓夢」自《南唐近事》：馮僎舉進士時，有「徐文幼能圓夢」。

字音　今世呼蒲萄、枇杷皆爲入聲。樂天詩云：「酒餘送盞推蓮子，燭淚堆盤壘蒲

校勘記

【一】間遼故音庳　「庳」原作「痺」，據《文選》卷十八嵇康《琴賦》改。此條下文「庳」原作「痺」，亦據此改。

【二】兩弦之間遠　「弦」原作「年」，據方以智《通雅》卷三十「樂器」條改。

萄」，又「深山老去惜年華，況對東溪野枇杷」。其音自唐然矣。

對偶　對偶之佳者曰「九州四海，悉主悉臣；億載萬年，爲父爲母」「平生能著幾緉屐，長日惟消一局棋」「有文事有武備，與神爲監；無智謀無勇功，惟聖時若」「數點雨聲風約住，一枝花影月移來」「柳搖臺榭東風軟【三】，花厭闌干春晝長」「勸君更盡一杯酒，與爾同消萬古愁」「天下三分明月夜，揚州十里小紅樓」「梨園弟子白髮新【四】，江州司馬青衫濕」。

格言　媒己之長，有醜其色；暴人之短，與汝爲敵。位卑言高非汝職，交淺言深植荆棘。出于汝口者無迹【五】，入于人耳者不可滌。汝如勿戒，返悔何益。韓維基云：「凡親戚故舊之爲時官者，皆當以時官待之，不當以親戚故舊狎之。」此説最佳。「留有餘不盡之巧以還造物，留有餘不盡之禄以還朝廷，留有餘不盡之財以還百姓，留有餘不盡之福以還子孫。」馬碧梧嘗題于壁，不知誰語也。

靈壁石　以煮酒脚塗靈壁石，其黑如漆，永不脱，極妙。

斲琴名手　唐雷霄、雷威、雷珏、郭亮，皆蜀人。沈鐐、張鉞，皆江南人。蔡叡、僧智仁、衛中立，慶曆中。朱仁濟、馬希仁、馬希先，崇寧中。并宋人。

北方名琴　春雷、玉振、流泉，并御府。不出，左爲寒玉實腹琴【六】混木刳成。冠古、韻磬、秋嘯，伯幾。金儒，高彦敬。萬壑松，郭祐之。瓊響，廉端甫。玉壺冰，趙玉溪。間素，紫霞第一琴。

【三】柳搖臺榭東風軟　「榭」原作「樹」，據古今説部本、宛委山堂本改。

【四】梨園弟子白髮新　「弟子」原作「子弟」，據古今説部本、宛委山堂本改。

【五】出于汝口者無迹　「無」字上應脱一字。

【六】左爲寒玉實腹琴　「爲」原作「高」，據周密《志雅堂雜鈔》卷上「諸玩」條改。

玉鶴、玉雁，皆宣和御府，後歸金人。大雅，趙菊坡。松雪，同上。浮磬，趙節齋。奔雷，樊澤民百琴堂第一。存古，張受益。秋澗泉，楊守齋。玉玲瓏，楊伯修。百衲。太平興國年趙仁濟修，進入吳越王宮，今李公略得之，據云其家舊物也。

米元章印　米元章自號鹿門居士，其印文曰「火正後人芾印」，其後并不用之。

骨咄犀　伯幾云：「今所謂骨咄犀，乃蛇角也。以至毒能散毒，故曰蠱毒犀。」

賈秋壑詩賦　賈秋壑甲午寒食嘗作一絶云：「寒食家家插柳枝，留春今亦不多時。人生有酒須當醉，青冢兒孫幾個悲。」明年謫死。

木蘭花慢　陳石泉自北歸，有北人陳參政者餞之《木蘭花慢》云：「北歸人未老，喜依舊【七】、著南冠。正雪暗滹沱，雲迷芒碭，夢落邯鄲。鄉心日行萬里，幸此身、生入玉門關。多少秦煙隴霧，西湖净洗征衫。燕山。望不見吳山。回首一歸難。慨故宮離黍，故家喬木，那忍重看。鈞天。紫薇何處，問瑶池、八駿幾時還。誰在天津橋上，杜鵑聲裏闌干。」

醫藥　凡人溺死者，以鴨血灌之可活。金蓀壁云【八】：耳暴聾，用全蝎去毒爲末，酒調下，以耳中聞水聲即愈，云是韓平原家方。枸杞子可以榨油，點燈觀書，能益目力。金瘡刀斧傷，用獨殼大栗研爲乾末，傅之立止【九】。或倉卒痛，用生栗嚼傅亦效。喉痺并乳鵝，用蝦蟆衣、鳳尾草，洗净，擂細，入鹽霜梅肉煮酒，各少許和，

【七】喜依舊　「喜」字原缺，據周密《志雅堂雜鈔》卷上「人事」條補。

【八】金蓀壁云　「壁」原作「璧」，據周密《志雅堂雜鈔》卷上「醫藥」條改。

【九】傅之立止　「傅」原作「縛」，據周密《志雅堂雜鈔》卷上「醫藥」條改。

再研細，用細布絞汁【一〇】，以鵝毛刷患處【一一】，隨手吐痰即消。張梅坡云其父患此甚，不能言，用之而愈。齒腫痛，黑豆酒煮汁漱之，王修竹閏中用驗【一二】。鄭鶴臞有枝單方，用水蛭爲末，和朴硝少許，調傅瘡上，屢施屢驗。癰疽惡瘡初腫起【一三】，當歸鬚、黄蘗皮、羌活爲細末，用生路絲藤擂汁【一四】，調傅瘡之四圍，自然收毒，聚作小頭即破，切不可并瘡頭傅之，恐毒氣四出，不可收矣。

少帝　宋少帝辛未九月二十八日申時生，辛未己亥己丑壬申。甲戌七月十一日登位，號天瑞節，丙子三月十七日北遊。宋高祖劉裕丁亥生，庚申即位，國號宋，丙子渡江國亡。凡七百二十年，至趙太祖丁亥生，庚申即位，國號宋。先是丙子俘李主，後丙子大元渡江國亡。據人所云，未考。

法令書　法令之書，其別有四，敕、令、格、式也。神宗聖訓曰：「禁于已然之謂敕，禁于未然之謂令，設于此以待彼至之謂格，設于此使彼效之之謂式。」

海運　朱張海餉自三山大洋，徑至燕京，或言自古所未嘗行，此道昉自今始。然杜少陵《出塞》云：「漁陽豪俠地，擊鼓吹笙竽。雲帆轉遼海，粳稻來東吳。越羅與楚練，照曜輿臺軀。」又《昔遊》云：「幽燕盛用武，供給亦勞哉。吳門持粟帛，泛海凌蓬萊【一五】。」然則自昔燕地皆海運，非始于今也。

秦璽　鞬靼有拗哥者，元係大根脚，其家陵替，典賣罄盡。偶有向者征遼日所獲一蒼

【一〇】用細布絞汁　「用細」原缺，據周密《志雅堂雜鈔》卷上「醫藥」條補。

【一一】以鵝毛刷患處　「以」字原缺，據周密《志雅堂雜鈔》卷上「醫藥」條補。

【一二】王修竹閏中用驗　「閏」原作「閤」，據周密《志雅堂雜鈔》卷上「醫藥」條改。

【一三】癰疽惡瘡初腫起　「惡」原作「患」，據周密《志雅堂雜鈔》卷上「醫藥」條改。「瘡」字原缺，據《志雅堂雜鈔》卷上「醫藥」條補。

玉印，方四寸，上有蛟螭紐【一六】，以敗篋貯之出售，欲鈔二錠，無酬價者。偶有言于崔中丞，遂取觀之，且模其文，令識篆人辨之。其文曰：「受命于天，既壽永昌。」考之，乃秦璽。于是徑進之上方，乃進表稱賀，甲午正月二十九日也。陳東山甲午四月自燕歸言此。

正月三亥　周益公《日録》吴諺曰：「正月逢三亥，湖田變成海。」謂大水也。壬辰年正月初六日己亥，十八日辛亥，三十日癸亥，是歲大澇，湖田顆粒不收。癸巳正月亦有三亥，然一亥在立春前，是歲無水災。

俗諺云：「逢庚即變甲方晴。」或云：「逢庚隻變，遇甲雙晴。」蓋逢庚于隻日則變，遇甲于雙日則晴。多驗。

【一四】用生路絲藤擂汁　「用」字原缺，據周密《志雅堂雜鈔》卷上「醫藥」條補。「路絲藤」原作「鷺鷥縢」，據《志雅堂雜鈔》卷上「醫藥」條改。

【一五】泛海凌蓬萊　「泛」原作「浮」，據杜甫《昔遊》改。

【一六】上有蛟螭紐　「蛟」原作「交」，據古今説部本、宛委山堂本改。

浩然齋意鈔

⊙周　密撰

點校説明

《浩然齋意鈔》一卷，周密撰。周密（一二三二—一二九八），字公謹。生平見《齊東野語》撰者介紹。

是書原帙不詳，今僅見一卷本。體例與《浩然齋視聽鈔》相似，所記共三十七條，各有標目，涉及詞語考證、器物、人物。後世或疑傳世之本非全書，或以爲後人鈔掇周密著述而成。今見最早傳本即涵芬樓《説郛》所收本，台灣新興書局《筆記小説大觀》所收本亦據此本影印。

此次整理以涵芬樓本爲底本，其中偶有訛誤，據他書校正。整理過程中對楊瑞點校本（浙江古籍出版社二〇一五年版《周密集》）有所參考。

校勘記

五鳩　鵙鳩、鵙，亦作雎，音趍。别音沮，非。鳴鳩、布穀也。《曹風·鳴鳩》是也。祝鳩、鵓鳩也。《四牡》《嘉魚》之詩是也。爽鳩、《大明》之「鷹揚」是也。鶻鳩。鷟鳩也。非斑鳩。鵲巢之鳩，又在五鳩之外。

騶虞　騶虞，嚴氏作「騶虞，御人，非獸也」，吕作「獸」。

裁　《左傳》：「水昏正而裁。今築牆之板也。」音在《定之方中》。

膏沐　膏，所以膏面沐。蓋潘米汁可以沐頭。左氏遺之潘沐，魯遺展氏喜以膏沐勞齊師，則非專婦人用也。今之賜脂是也。

左辟　葛儼云：「宛然左辟。」辟音避。蘇氏曰：「讓而避者必左。」

甗鷉　郭璞云：「甓，甗鷉也。」甗音鹿。

河麋　《巧言》：「彼何人斯，居河之麋。音眉。」《傳》曰：「水草交曰麋。」李氏曰：「《左傳》：吾賜汝孟諸之麋。」

稷雪米雪　《毛詩補注》「先集維霰」曰：「霰，稷雪也。」或謂之米雪，謂其粒若稷若米然。

緑竹　緑竹，陸璣注以爲「木賊草也」，見《采緑》。

酬酢　酬酢，尊飲也。欲以酬賓而先自飲以導之，此飲觴之初。自飲訖，進酒于賓，乃謂之酬酢，報也。賓既卒爵，洗而酌主人也。《瓠言》：「酌言酢之，酌言酬之。」

殿屎　殿屎，殿去聲，屎音熙。呻吟也。《板》：「民之方殿屎。」

炰烋　炰烋，音包哮。《蕩》：「女炰烋于中國。」

中垢　中垢，《桑柔》：「維彼不順，征以中垢。」垢音苟。中垢，猶内污也。蓋以閨門之事污衊之，若王鳳之誣毁王商。

鶬金　鶬金，《載見》：「鞗巢有鶬。」鶬音鏘。箋曰：「鶬，金飾貌。」疑今世所謂搶金者，以平聲爲去聲呼耳。當考。

剖冰　王祥卧冰。按，《晉本傳》及《陽秋》云：「祥性至孝，繼母朱氏疾，嘗欲生魚，時天寒冰凍，解衣將剖冰求之。冰忽自解，雙鯉躍出，持之而歸。」無卧冰事。

司馬稱好　《司馬徽别傳》曰【一】：「時人有以人物問徽者，每輒言佳。其婦諫曰：『人質所疑，君宜辨論，而皆一言佳，豈人之所以咨君之意乎【二】？』徽曰：『如君所言，亦復佳。』」

井湄　揚雄《酒箴》：「觀瓶之居，居井之眉。自用如此，不如鴟夷。」

三百顆　逸少帖：「奉橘三百顆，霜未降，未可多得。」即東坡所書《劉景文所藏子敬帖》所謂「君家兩行十二字，氣壓鄴侯三萬籤」者是也。按，元章《書史》云：「王獻之《送梨帖》云：『今送梨三百顆，雪殊不佳耳。』」又《東坡詩話》云：「子敬黄柑三百顆。」帖在劉景文處。或以爲橘，或以爲梨，或以爲柑，莫知孰然也。

【一】司馬徽别傳曰　「徽」原作「操」，據劉義慶撰、劉孝標注《世説新語》卷上「言語第二」改。

【二】豈人之所以咨君之意乎　「咨」原作「答」，據劉義慶撰、劉孝標注《世説新語》卷上「言語第二」改。

主孟啗　《國語》施優謂里克妻曰：「主孟啗我。」注云：「大夫之妻，從夫稱主，而孟則里克妻字也。」

綽虐　韓詩：「綽虐顧我顔不歡。」坡詩：「一語遭綽虐，失身墜蓬萊。」

滑汰　東坡《秧馬歌》：「以我兩足爲四蹄，聳踊滑汰如鳧鷖。」汰，去聲。

蕺　越中有蕺山，葉似蕎麥，地肥亦能蔓生，莖紫赤色，多生山谷陰處。《吴越春秋》云：「越王嗜蕺，嘗采于此山，故名。」《本草》云：「關中謂之葅菜。」《齊民要術》亦有蕺葅法。然生擷之微有臭氣，凶年民劚根食之。諺曰：「豐年惡爾臭，荒年賴爾活。」今所謂魚腥草，是爐火家謂之「天蕎麥爛，五石作泥」。

巢菜　蜀蔬有兩巢：大巢，豌豆之不實者；小巢，生稻中，東坡所賦元脩菜也。吴中絶多，一名漂摇草，一名野蠶荳。

餳枝　俗以油煠粉餌綴之米糝，名蓼花，取其近似也。放翁詩云：「新煠餳枝綴紅糝。」二字頗新。

蔗霜　糖冰　魯直《答雍熙長老寄糖霜》詩：「遠寄蔗霜如有味。」又《糖霜譜》曰：「遂寧有糖冰，冠于四郡云。」

絮　方言以濡滯不决絶爲絮，猶絮之柔韌牽連無邊幅也。富、韓并相時，偶有一事，富公疑之，久不决。韓謂富曰：「公又絮。」富變色曰：「絮是何言也！」劉夷叔嘗用爲

《如夢令》云：「休絮，休絮，我自明朝歸去。」

對人不言貧　胡文定公家至貧，轉徙流寓，遂至空乏。然貧之一字，于親故間非惟口所不道，亦手所不書。嘗戒子弟曰：「對人言貧，其意將何求？汝曹志之。」

劍堯　史公奕《洛陽懷古》詩：「玉光照夜新家冢，劍堯沉沙古戰場。」

賀枸杞表　宣和盛時，所在有靈芝朱草祥異之獻，表賀殆無虚日。會朝廷進築順州城，得枸杞于土中，其形如獒狀，仙家所謂千歲所化者。主者得之，喜甚，于是馳貢闕庭。蓋徽宗生于壬戌，正符所屬之辰，尤以爲美祥。宰臣欲以詰朝拜表稱賀，諸公閣筆。先是，庠序久束王氏之學，不爲應用之文。時有舊太學生綦宻禮者素善此，主者延至東閣，授以此題。綦從容屬聯，妙絶一時。首曰：「靈根夜吠，變異質于千年；驛騎朝馳，薦聖人之萬歲。眷荒裔沉藏之久，實王師恢復之初。物豈無知，時各有待。」綦字叔原。

建康似洛　「風景不殊，舉目有山河之異。」此江左新亭語。尋常讀去，不曉其語。蓋洛陽四山圍，伊、洛、瀍、澗在中。時建康亦四山圍，秦淮直在中，故云耳。所以李白詩曰：「山似洛陽多。」許渾詩云：「只有青山似洛中。」

商隱詩　李商隱詩云：「洛陽宫殿鬱嵯峨，六國樓臺艷綺羅。自是當年秦帝醉，不關天地有山河。」末兩句不可曉。南昌裘同論詩，以爲「秦帝合作天帝，天地合作秦地」，事在張平子《西京賦》，曰：「昔者天帝悦穆公而覲之，饗以鈞天廣樂。帝有醉焉，乃爲金策，錫用此土，而翦諸鶉首。是時也，并爲强國者有六，然而四海同宅，西秦豈不詭哉？」李善曰：「昔秦穆公嘗如此，十日而寤。」《志林》曰：「天帝醉暴，金隕石墜」云云。《列仙》贊云：「秦穆受金策祚世之業。」史載秦地雨金三日。金誤隕，其是耶？嗚呼！天帝有時而醉耶！

峻　峻，臧回切，又作朘，赤子陰也。《老子》云：「未知牝牡之合而峻作，精之至也。」建寧人士音亦以此音呼小兒之陰。

五銘　貌、言、視、聽、思，曰五事。孔子告顔子視聽言動，非不及思也，在其中也。《九思》一章可見矣。思爲四事，本五事，亦還相爲本。作《五事銘》。其《貌銘》曰：「貌曰恭，君子容。瞻視尊，衣冠中。匪色厲，内美充。足恭者，貌似同。載僞拙，滅德兇。人肖貌，天地通。玉温温，春融融。恭而安，乃聽恭。」《言銘》曰：「言有好，言有莠。口溺人，招悔咎。言曰從，匪從口。接以道，發不苟。滿天下，垂永久。多言哉，中是守。雷風行，萬竅吼。雷風息，一何有。」《視銘》曰：「視何蔽，目之翳。今不去，目不麗。目本明，視何累。可去乎？非翳比。翳外來，視匪外。外亦視，何外内。自神明，自静心。止乎禮，非勿視。」《聽銘》曰：「聽是非，耳司之。聲自物，來無時。耳亦物，今交迷。忽深省，聽者誰。心大空，物不違。孰爲物，吾何虚。能知受，聽在兹。兢兢乎，道心微。」《思銘》曰：「思無斁，深莫測。雖莫測，有限閾。不出位，介如石。鏡中象，應無迹。思在心，妙天則。思神通，精之極。是曰睿，入聖域。易無思，思亦易。」

墨　張疇齋試墨仲壽，字希静。　李廷珪　文元皆文，百年如石，一點如漆。　潘衡　宣和龍香時劑姓氏磨滅不可辨，有「御前墨工」四字。　蒲大韶書幌輕煤，佛帳餘韻。　德壽蔡世英造。　朱知常香劑　梁果復古葉邦憲造。　雪齋墨寶藜桂堂李世英　胡友直　周朝式　潘衡孫秉彝　李世英男克恭　樂温蒲彦輝　劉文通　郭忠厚　鏡湖方氏　齊峰　緝熙劉士先造。　寓庵李潘心法。　俞林丘紗共製香墨黄表之　善慶書寶謝東。　徐禧　葉茂實　翁彦卿

會稽先賢　《會稽先賢傳贊序》云：「會稽共建國也，自山陰南走剡，東走上虞、餘姚之間，江山皆奇麗清遠，煙雲濃淡，樓觀出没。有詩人畫工所不能模寫者。故漢晉以來，全德高行之士多萃于是，而方外瞿仙、絶俗遺世者往往出焉。予蒙恩來守是邦，得勝地湖中。用道家法築宫以祈雨，宫成，因即其兩廡，左祠高士，右奉列仙，皆作贊。刻石以備會稽故事，或謂鴟夷子皮之决，賀季真之高，不得名高士，何也？於乎！予于是豈無意哉！夫貴于士者，進退不失禮義。彼子皮之遺言，有人臣所不忍，而季真阿附時好，黄冠東歸，又使李林甫輩祖餞賦詩。予見其辱，未見其榮也。夫二公之賢，吾輩所當敬仰。然使子皮居嚴子陵之上，季真置張子同之列，則有不可者。故其述之，覬來者知予之不敢苟，而高士尤可貴也。乾道己丑上巳，句章史浩序。」

高尚之士　漢嚴先生。光，字子陵。　漢王先生。充，字仲任。　漢袁先生。忠，字正甫。　漢桓先

生。曄，字文林。魏嵇先生。康，字叔夜。晉孔先生。愉，字敬康。晉虞先生。喜，字仲寧。晉阮先生。裕，字思廣。晉王先生。羲之，字逸少。晉謝先生。安，字安石。晉謝先生。敷，字敬緒。晉戴先生。逵，字安道。宋朱先生。百年，史失其名。宋戴先生。顒，字仲若。宋孔先生。復之，字彥深。宋孔先生。祐，史失其名。齊褚先生。伯玉，字元璩。梁何先生。胤，字子季。唐秦先生。系，字公緒。唐張先生。志和，字子同。

列仙之傳　越相范公。蠡，字少伯。漢南昌尉梅公。福，字子真。漢太尉鄭公。弘，字巨君。漢魏先生。伯陽，或以爲字。漢薊先生。子訓。吳上虞令劉公。綱，字伯經。吳介先生。象，字元則。吳趙先生。廣信。吳虞先生。翁生。晉夏先生。統，字仲御。晉葛先生。玄，字孝先。晉抱朴子葛公。洪，字稚川。晉長史許公。謐，字思玄。齊顧先生。歡，字景怡。齊光禄大夫孔公。靈産，史失其字。齊杜先生。景産，字景齊。梁貞白陶先生。弘景，字邇明。唐秘書監賀公。知章，字季真。唐宗元吳先生。筠，字貞節。唐嚴先生。青。唐元英方先生。干，字雄飛。

《鎮江策問》曰：「事有利害不切身而傷懷，人有古今不同時而合志。吾亦不知其何心也。登冶城，訪新亭，欲問神州在何處。後南渡百四十年，惟見青山一髮，眇眇愁予。耆老不足證矣，安得不寤寐東晉諸賢乎？衰草寒煙猶帶齊梁光景，徒以重人黯然耳。不知秦淮舊月，曾照見千載英雄肝膽乎？惜其遠而不可詰也。北來忠義，王澤在心，慨嘆黍離，悲歌蒲柳，豈能忘情故都哉？自隆興至端平三大敗，縉紳不敢問中原，兵端不可輕開，國事不可再誤。思目前之危急，捨分表而經營，兹猶可藉口。柏城澗水，草木自春，不知誰家墳墓乎！每歲寒食，夏畦馬醫之子，無不以麥飯灑其松楸者，長陵抔土，詎容置而不問哉？劉裕取長安道，路謁五陵，時晉寄江左百有十三年矣。五胡雲擾，豈暇念晉陵寢堯野禹穴！誰敢以疑心視之。此臣子不忍言之至情也。秦始王、陳隱王之墓，漢猶有人守之，三歲禋霈。義夫節婦墳墓猶禁樵採，况祖宗神靈所眷顧乎？自端平至今，又二十有三年矣，八陵不復動人悽愴者矣！士大夫沉于湖山歌舞之娛，何知有天下大義！諸君北風素心，豈隨末俗間斷哉？公卿談學問自比孔孟，論功業自許伊周，若限田，若鄉飲，若論秀，若里選，皆欲仿佛三代。獨此一事，豈敢在晉人下乎？後之作元經者必不恕矣！或論本朝不能復中原者，其失有四：不保全名將，不信任豪傑，不招納降附，不先據關中。未知諸君所聞如何耳。後來童幼班荆輟音【三】，兹固晉人所深恨。聞之西北流寓，抱孫長息于東南，同父以知中原决不可復矣。一旦聞有北方豪俊試于漕闈者，有司豈不驚喜邪？猶記乾道壬辰，辛幼安告君相曰：『仇虜六十年必亡，虜亡則中國之憂方大。』紹定足驗矣！惜乎斯人之不用于亂世也。諸君有義氣如幼安者，百尺樓上，豈不能分半席乎？」

【三】後來童幼班荆輟音　「輟」原作「輒」，據《晉書·桓温傳》改。

雲煙過眼録

◉周　密撰

點校説明

《雲煙過眼録》上、下卷，周密撰。周密（一二三二—一二九八），字公謹，生平見《齊東野語》撰者介紹。

《雲煙過眼録》作於入元之後。據書中「趙子昂孟頫乙未自燕回出所收書畫古物」條可知，成書應不早於元成宗元貞乙未（一二九五）。若此書於周密生前已編成，成書時間應不晚於大德二年（一二九八）。

此書所録乃時人所藏歷代書畫、古器，尤以書畫爲多。編排以收藏家爲綱，下列藏品，略品甲乙，而不甚重考證。書中往往誤連葉森、文璧等人注文，如「葉森按」「湯仲謀曰」，及四庫館臣所舉「王子慶所藏宋太祖御批三件」條末云「今第三卷只有二件，疑有脱誤，當參考《志雅堂雜鈔》」等竄入正文，當爲後人傳寫誤合所致。因早期版本不存，書之原貌亦不能曉。書以《雲煙過眼録》爲名，其解有二：其一，明人范應宫《雲煙過眼録序》以佛理解之，以爲「凡物以形質存，其形質必有壞。人代各爲收藏，便生爾我、貪愛、離合種種惡趣」，而「山林貧士既不能遍買書畫奇物，又難斷博古之癖」。不若是録，俱無壞理，展卷「作過眼煙雲觀，則孰成孰虧，孰久孰近，總之流轉於太虛，又能空諸愛戀貪著之想」。其二，《四庫全書·雲煙過眼録》提要以爲，書名取自蘇軾《寶繪堂記》「譬之煙雲之過眼，百鳥之感耳」之語。質之以理，二説亦有相通之處。周密一生留心字畫古器，其傳世之作於此多有涉及。《雲煙過眼録》足稱我國現存最早專門著録私家所藏字畫古器之筆記體著述，後人傳鈔流布，頗受關注，乃研究元初書畫收藏及名迹流傳之珍貴史料，對研究我國古代藝術、文化亦有重要價值。

是書自問世以來，影鈔翻刻，版本較多，有一卷本、二卷本、四卷本三個系統。（可參考于少飛《周密〈雲煙過眼録〉版本考述》）現存諸多版本，以明清之際馮舒鈔本最早，清代陸心源所刻《十萬卷樓叢書》本爲善。

此次整理以陸心源所刻《十萬卷樓叢書》本爲底本，校以馮舒鈔本（簡稱「馮鈔本」）、陳繼儒輯《寶顔堂秘笈》本（簡稱「秘笈本」）及文淵閣《四庫全書》本（簡稱「四庫本」）。整理過程中對鄧子勉點校本（中華書局二〇一八年版）、黄寶華整理本（大象出版社二〇一七年版《全宋筆記》）有所參考。

目録

附録　三四八

卷上

蘭坡趙都丞與懃所藏

名書

漢張芝《久問帖》。

魏鍾元常《賀捷議事表》。

晉王右軍《鶻鳥帖》《快雪時晴帖》《玉枕帖》《官舍帖》《奉告帖》《瞻近帖》《東方朔畫讚》。

王導《省示帖》。

王大令《可必帖》《洛神賦》《動静帖》《勝常帖》，《未避》《共事》二帖，書《謝安碑》真迹。

謝太傅《八月五日帖》。

索靖《出師頌》。或云蕭子雲。

晉人《小楷〈曹娥碑〉》。

孫綽《蘭亭述》。
王廙《仲春帖》。
蕭子雲《急就章》。
梁阮研《異事帖》。
王僧虔《陳情帖》。
謝靈運《古詩帖》。
隋僧智永《法華經》《春雨帖》。
唐代宗《守歲詩》。
虞世南《孔子廟堂碑》真迹，《與僧帖》。
褚遂良《臨〈丙舍帖〉》《小楷〈心經〉》《高僧帖》《臨〈蘭亭序〉》。
歐陽率更《卜商帖》《鄭封奕事實》《陰符經》，《草書〈策路帖〉》《性慈帖》，
書《乩古》。
孫虔禮《書譜》。
陸柬之《行書〈千文〉》《保安帖》，書《蘭亭詩》。
裴行儉《千文》。
唐人《雙鈎〈蘭亭〉》。

唐人《臨〈黄庭經〉》。

唐人書《道德經》【一】。

湯普徹《臨〈蘭亭〉》。

唐景審《臨〈黄庭經〉》。

唐高閑上人《千文》。

唐人書《月儀帖》。

唐薛河東書《心經》。

張廷範《謝安帖》。廷範，伶人。

唐《模〈戎路帖〉》。

唐《雙鉤〈王洽帖〉》。

唐《臨〈十七帖〉》。楊漢公筆。

唐人《真草〈千文〉》。

唐《臨右軍〈頤神帖〉》。

唐《臨右軍〈稚恭帖〉》。

《模右軍〈孫氏帖〉》。

唐《模右軍〈修感帖〉》【二】。

【一】唐人書道德經　此六字原缺，據馮鈔本補。

【二】唐模右軍修感帖　「修」原作「備」，據馮鈔本改。

唐《臨右軍〈吴興帖〉》。

唐《臨大令〈知汝帖〉》【三】。

唐《模右軍〈周大嫂帖〉》。

柳公權書《多心經》《陰符經》。

蕭遘《景公帖》【四】。

唐人書《樂毅論》。或云虞世南臨。

李邕書《長短句》《口味帖》。

吴融《博士帖》《詩帖》。

唐《模褚亮〈豪傑帖〉》。

唐《臨羊欣〈移居帖〉》。

顔魯公《自書告》《頓首夫人帖》《顔元孫帖》《湖州帖》《展叙帖》【五】。

唐人書《宰臣除拜録》。

賀知章《詩帖》《千文》。

唐僧齊己《懷廬岳詩》。

張旭《論書帖》《玉壺帖》，書陳羽《古意》。

唐憲宗手敕。

【三】唐臨大令知汝帖　「知」原作「和」，據馮鈔本改。

【四】蕭遘景公帖　此五字原缺，據馮鈔本補。

【五】展叙帖　此三字原缺，據馮鈔本補。

共贇書《放生軌儀》【六】。

唐人《出紙帖》。

郤仲恭《雜帖》。

唐《模〈九正異熱帖〉》。

《厲少府帖》【七】。

徐浩書《李氏告》。

李頎《模〈贈別詩〉》。

懷素書《大風歌》《猛虎吟》《感春詩》《自詠詩》《臨右軍〈種藥帖〉》《論書帖》《松風帖》。

唐韋瓘《真草〈千文〉》。

唐胡英《孤山詩》。

唐吐蕃《首領告》。

唐于僧翰書《千文》【八】。

楊景度《三住銘》《雜詩》《珊瑚帖》《晝寢帖》《宿鵲詩》【九】。

李後主《道院碑》《歸命帖》。

李景讓手簡。

【六】共贇書放生軌儀　「共」原作「洪」，據馮鈔本改。

【七】厲少府帖　「厲」原作「屬」，據馮鈔本改。

【八】唐于僧翰書千文　此七字原缺，據馮鈔本補。

【九】晝寢帖宿鵲詩　此六字原缺，據馮鈔本補。

真照《臨〈劉中使帖〉》。

杜祁公衍帖。

富鄭公弼帖。

蘇才翁墨迹。

悉悉國王書。

歐公十帖【一〇】。

王荆公《胡笳集句》。

蔡忠惠、米襄陽、胡安定雜手簡。

仁宗御書《飛白記》。

司馬温公《通鑑稿》。

張文潛《雜詩》。

秦少游手簡。

至道中公案。

鄒忠公誥諭。志完。

《十相帖》。

李西臺《擬元封詩》《使淮詩》《早年帖》。

【一〇】歐公十帖　此四字原缺，據馮鈔本補。

米元章《臨〈破羌帖〉》《北窗詩》《小楷〈千文〉》《襄陽曲》。

尹和靖惇書《西銘》。

蘇東坡書《韓文公廟碑》真迹，詞翰《長短句》，《與張厚之》手簡，《興龍節樂語》，前、後《赤壁賦》，《煙江疊嶂圖詩》《魚魫冠頌》《試諸葛氏筆》《書鮮于子駿事》《宜州家書》《家書三帖》《湖州墨妙亭詩》《超然臺賦》《人參賦》《顔樂亭詩》《眼藥方帖》《書六賦》《與惠勤詩》《墨君堂詩》或云《墨妙亭詩》。《海市詩》《遊徑山詩帖》《懷内帖》，詩翰，《蘭芳楚辭》《病佳帖》《書杜詩》《修橋》【一一】。

黄山谷書《大戴禮》《田園樂詩》《嘲熱客吟》《臨顔魯公〈祭伯父文〉》《書范文正公廟詩》，校《韓魏公詩卷》，《寄老庵枯木賦》《跋顛真墨鬼一作「黑兔」。》，書東坡文，《漁父詞》，禪語，《别官賦》《大孤山詩》《醉中歌》《壯遊詩》《古德頌》，《楞嚴呪》。

名畫

梁元帝《蕃客入朝圖》。

陸探微《降靈文殊》。

尉遲乙僧《龜兹舞女》。

謝稚《三牛》【一二】。

【一一】病佳帖書杜詩修橋　此八字原缺，據馮鈔本補。

【一二】謝稚三牛　此四字原缺，據馮鈔本補。

曹弗興《兵符圖》。

衛協《述古圖》【一三】。

張僧繇《大力菩薩》《五星二十八宿》《高僧像》《摩利支菩薩》【一四】。

展子虔《五星》。

顧愷之《初平起石圖》《列女圖》。

唐閻立本《太宗步輦圖》《神駿圖》《維摩像》。

閻立德《掃象圖》。

唐人《明皇宴游圖》。

王維《異域圖》《漁父》《孟浩然像》《行道僧》。

周昉《天官像》《横笛士女》《龍女問道》《渾侍中宴魚朝恩圖》《五星》【一五】。

盧楞伽《維摩像》《龍女問道》【一六】。

張萱《虢國夫人夜游圖》《乳抱嬰兒》。

戴嵩《牛》《春景牧牛》《牧童弈棋》。

韋偃《牧馬圖》。

陳閎《二駿》。

韓幹《騎從圖》《五陵游俠圖》《雙馬圖》《馬》【一七】。

【一三】衛協述古圖　此五字原缺，據馮鈔本補。

【一四】摩利支菩薩　此五字原缺，據馮鈔本補。

【一五】五星　此二字原缺，據馮鈔本補。

【一六】龍女問道　此四字原缺，據馮鈔本補。

【一七】馬　此字原缺，據馮鈔本補。

周文矩《高閒圖》《鍾馗像》《火龍烹茶》【一八】《韓熙載夜宴圖》《桓温鑒容圖》。

邊鸞《芭蕉孔雀》《囀禽圖》。

胡瓌《獵騎》《牧馬圖》。

李景道《會友圖》。一作景元。

劉商《十八拍》。

胡虔《蕃部卓歇》。

張符《牧牛》《牛》【一九】。

李思訓《射雉圖》。

李昭道《摘瓜圖》。

李昇《春山游賞》《行化佛》《春山》【二〇】。

韓滉《堯民擊壤圖》《飛泉出峽圖》。

顧德謙《舐犢圖》。

支仲元《四皓》。

勾龍爽《醉道釋士》。

趙德進《江山清潤》。

【一八】火龍烹茶　「火」原作「大」，據馮鈔本改。

【一九】牛　此字原缺，據馮鈔本補。

【二〇】行化佛春山　此五字原缺，據馮鈔本補。

艾宣寫生。
王齊翰《高士圖》《藥王像》《修史圖》《仙山圖》。
郭乾暉《架上鷂子》《山鴉噪鷹圖》。
欒士宣《鵪鶉》。
刁光胤《蟬蝶茄菜》。一本無「胤」字。
陸文通《霧鎖秋林》。
張嘉《寫照謝自然》。
常粲《佛因地》。
孫位《水官像》【一一】。
李德柔《真人》【一二】。
陸滉《飛錢出井》【一三】。
朱繇《文殊出像》【一四】。
賈祥《閱梵圖》。
陸瑾《水閣閒棋》。
孫可元《山寺晚照》。
陳坦《豐年圖》。

【一一】孫位水官像　此五字原缺，據馮鈔本補。
【一二】李德柔真人　此五字原缺，據馮鈔本補。
【一三】陸滉飛錢出井　此六字原缺，據馮鈔本補。
【一四】朱繇文殊出像　此六字原缺，據馮鈔本補。

巨然《江山平遠》《江山晚興》。
王士元《山水》。
梁揆《蓮溪漁父》。
陳慮《枯木山水》。
李延之《雙蟹》。
徐熙《杏花》《折枝梅花》。
徐崇嗣《竹梢小禽》。
李後主《江山摭勝》。
張訓禮《調矢圖》。
關同《深巖濺瀑》。
惠洪《秋塘》。
黄筌《王母會仙》。
黄居寀寫生。
董元《溪岸圖》《煙嵐重溪》。
宗婦曹氏《煙灘牧牛》【二五】。
范寬《雪山》《雪霽僧歸》《秋山圖》。

【二五】宗婦曹氏煙灘牧牛　此八字原缺，據馮鈔本補。

郭熙《溪山》《晚秋平遠》《喚渡圖》。

許道寧《漁歌唱晚》《層巒漁浦》。

宋廸《清江疊嶂》。

燕肅《秋山旅思》《牛頭山圖》《寒溪獨釣》。

易元吉《竹石雙猿》《寫生雜菜》《蟻陣圖》《子母猿》《獐猿圖》《槲葉群猿》《子母戲猿》《群獐》《獐》【二六】。

王晉卿《煙江疊嶂》《連山絶澗》《層巒古刹》《溪山勝賞》《四景圖》。

李成《雪山行旅》。

崔白《魚》。一作崔慤。

范道士《牛》。

滕昌祐《鵝》。

惠崇《汀柳家鵝》【二七】。

黃居寶《秋塘聚禽》。

蔡天啓《三馬》。

李伯時《天神象》《天育驃騎》《村歌社舞圖》《西旅獻獒》《西帝宸遊》《飛騎習射》《嵩岳降靈》《李白煙波風月》《臨顧愷之〈女史箴〉》《于闐獅子》《陽關圖》

【二六】群獐獐　此三字原缺，據馮鈔本補。

【二七】惠崇汀柳家鵝　此六字原缺，據馮鈔本補。

【二八】五王醉歸圖張果老　此八字原缺，據馮鈔本補。

【二九】瀟湘奇觀圖　「奇」原作「寺」，據馮鈔本改。

【三〇】溪山晚照　此四字原缺，據馮鈔本補。

《歸去來辭》《九歌圖》《五馬》《臨周景元〈佳麗圖〉》《山莊圖》一名《山居》。《冀缺圖》《三馬》東坡書贊。《會仙圖》《天馬圖》《家宅圖》《五王醉歸圖》《張果老》【二八】。

喬仲常《蘭亭圖》《高僧誦經》。

米元章《壯觀圖并詩賦》《九老圖》《海岳庵圖》《瀟湘奇觀圖》【二九】《南山萬松圖》。

蘇東坡《斷山叢篠》《平岸古木》《蘭竹蒼崖》。

米元暉《山水》《江山霽日》《湖山春曉》「湖山」，一作「苕溪」。《瀟湘妙趣》《遠岫晴雲》《村步曉峰》。

趙大年《小景》《五柳圖》。

趙千里《扇暍圖》《送劉寵圖》《長江六月圖》《白鹿木犀》《赤壁圖》《乘鸞女》《溪山晚照》【三〇】。

僧梵隆《十哲圖》《陽關圖》《卞莊刺虎》《護法神》《明皇夜遊圖》《擲果圖》《三馬圖》《東坡海神圖》《清曠圖》《歸去來圖》。

李唐《長夏江寺》《晚霞橫月》《清曉卷舒》《煙林春牧》《江隄呼渡》《江天暮雲》《列子乘風》《采薇圖》《賀監遊湖》《雪溪停棹》《盧仝煎茶》。

李公年《疏林晚照》。

《竹石吴牛》。薛紹彭跋。

《諸國使相貌圖》。

楊補之寫《推篷圖》。

以上書畫止是短卷，大者不在此數。其中多佳品，今散落人間者，往往皆是也。

喬達之簣成號仲山所藏

衛賢《高士圖》，上作楚狂接輿，下作伯鸞、孟光，妙。

智永真草《千文》，徽宗題，有「宣和」「政和」印，永興軍節度使印，韓侂胄印。

吴道子《火星像》。

張符《牧牛圖》。

李思訓《溪山》，滿卷皆小景，甚奇。

張萱《彈琴宫女圖》。

王維畫《維摩像》，如生。

胡瓌《番騎卓歇》，佳。

貫休《羅漢》。

郭忠恕《飛仙故實》，界畫甚粗，山水佳。

董元《山水》。

巨然《溪山圖》，四人撑一舟，甚佳。

李伯時畫《女孝經》，并自書經文，惜不全。

右各有宣和御題，及「宣和」「大觀」印，「睿思東閣」大印。其後歸金章宗，或剪去舊印，用「明昌御府」「明昌中秘」「明昌珍翫」「明昌御覽」大印。軸桿多檀香合成，蓋慮其久而不蝕故也【三二】。贉卷皆高麗紙，内數軸有「大金密國公樗軒收」，附題字。

案間石屏一，其上横岫，色如黛，林木蓊然，如着色，元暉畫也。莫知爲何石。

一琴名冰清，唐開成中郭亮製，建中靖國修，製作、斷紋皆非常琴可擬。葉森于至元後戊寅歲見此琴，在大街賣骨董康家。

汝窑爐一，瓶二，喝盆二，甚佳。

靈璧石一，佳。

丁晞韓一作顔。畫《孝經》。

丁酉九月三日，王子慶攜陸探微《降靈文殊》來觀，後有高宗御題。本趙蘭坡物，喬仲山以十五錠得之，後爲游和尚所得，今歸張氏。大小人物共八十人，飛仙四，皆有妙處。内亦有番僧手持髑髏盂者，蓋西域俗。然此畫纖毫無遺恨，真奇物也。又李思訓

【三二】蓋慮其久而不蝕故也　「蝕」原作「直」，據秘笈本、四庫本改。

《江山漁樂圖》，金章宗題，有明昌諸印。顔魯公《馬病帖》，高宗題簽。李唐畫《晉文公復國圖》，缺下卷，其上有思陵御題并三御璽，所作人物、樹石絶類伯時。尋常以李唐爲院畫史忽之，乃知名下無虚士如此。元皆王子慶，今屬喬仲山。

焦達卿敏中所藏

晉王逸少《十七帖》真迹五紙，《不出户帖》。「帖」，一作「琴」。

唐孫過庭《書譜》上、下全。徽宗滲金御題，前後「宣和」「政和」印。

古伯彝正如一大青瓜，色碧可愛。

湯仲謀云：「余至順壬申見南安總管趙伯昂所收古伯彝，蓋色光瑩如漆，内有文曰『古伯彝』。不審焦氏曾有蓋否？葉森幼年見焦公此鼎彝，正如前見同，當時即無此蓋。」【三二】

鮮于伯幾樞所藏

《文思博要》「帝王部」一，唐類書也。所引《蔨子》《慎子》《尸子》《莊子》數書，皆古書也。天寶十載十二月朔旦，臣胡山甫書，字極遒麗。至大中年間，方自館中雜書内揀出，是時亦止存一卷而已。卷後有史館新鑄印，用麻紙列館中典掌之人及三校姓

【三二】此條紀至順壬申（元文宗年號，一三三二年）事，在周密死後三十五年，當是後人注文竄入。文中「湯仲謀曰」「葉森按」等當同此。

名。贉卷皆紹聖間題跋，其後如蔡元長、周美成、晁説之、薛紹彭諸人在焉。內有歷下周子默，不知何人也。

湯仲謀曰：「允謨按，《文思博要》一千二百卷，太宗貞觀年間詔左僕射高士廉、特進魏徵等十四人，取歷代載籍，採其精義，至十年書成，即此書也。」

吴彩鸞書《切韻》一卷，其書一先爲廿三先、廿四僊，不可曉。字畫尤古。此物舊藏鮮于伯幾，今又屬諸他人矣。

索靖章草《月儀帖》一，短卷，下有「希世藏」小印，及「閱古」「永興軍節度使」印。

晉武帝真迹，宣和御府物，有唐人跋。

王右軍《與桓温薦謝玄帖》真迹，用蠒紙書，字輕清不類右軍，後有駙馬蔡璀跋，楊和王故物也。牡丹錦標首，儼然着色畫，蓋宣和法錦也。

沈傳師書：「積雪陰山馬過難，殘更深夜鐵衣寒。將軍破了單于陣，更把兵書仔細看。」右御史大夫沈傳師詩《書寄太府兄侍史》。二字甚新。

蘇東坡書晁無咎詞云：「東武城南連隄就，郲湛初溢。」今刊本作「東武南城新隄固，漣漪初溢」，非也。

雜帖一册，內有劉涇巨濟墨迹一紙，印文曰「劉巨濟符」，「符」字甚新。

玉印一，其文曰「鑒定寶書之印」，口題「幽」字。

伯幾云：「太平州有重刻本《瘞鶴銘》，然不知以何物爲别，當叩識者。」又云：「《孔子廟堂碑》，京兆府本無裂乃佳。」葉森今收一本，乃饒州錦江書院本，極佳。又云：「國咄犀，乃蛇角也。其性至毒而能解毒，蓋以毒攻毒也。故又曰『蠱毒犀』。然《唐書》有骨都國，必其地所産，今人訛爲『國咄』耳。」葉森於延祐庚申夏，見其子必明，將骨咄犀刀靶二來者，即此也。其花紋似今市中所賣糖糕，或有白點，或如嵌糖糕點。以手摸之，作巖桂香。若摩之無香者，乃僞物也。

玉爐，經火不甚佳，然皆雲龍紋，謂是思陵中物。

透光鏡一，映日則背花俱見，凡突起之花，其影皆空。昔麻知幾有詩，余亦嘗賦詩。其後伯機又得一面，郝清夫亦有二面，最後胡泳存齋一鏡，透影極分明。余因歸取所有鏡映之，或止透一半【三三】，或透而不甚分明。蓋凡鏡皆透，特有分明不分明耳。

張受益謙號古齋所藏

李西臺《新竹詩》後有蘇子美跋。賈秋壑故物也。

米元章帖十二册，各以其類爲册【三四】，如手簡、家書、詩文，各分類【三五】。聞是韓侂胄故物。中間多韓魏公家園池詩，各有「閱古珍玩」大印。其後歸史衛王府。凡如

【三三】或止透一半　「半」原作「字」，據秘笈本、四庫本改。

【三四】各以其類爲册　「册」原作「次」，據馮鈔本、秘笈本、四庫本改。

【三五】各分類　「各」字原缺，據馮鈔本、秘笈本、四庫本補。

此五六十册，一一精好。米帖家書内有《與友仁》者，有《與寅哥》者，所謂「虎兒」是也。花押乃兩樣：。

李成《看碑圖》，乃李成畫樹石，王崇畫人物。今止有一幅，其人物一幅則不可見矣。余平生觀李營丘筆，當以此軸爲最。舊藏王子慶，今歸張受益。

又山水一幅，號李成。雖非李，然秀潤可喜，人物、屋宇皆好。

范寬《雪景》三幅，闊景，甚偉，元王子慶物。

唐人畫《三官》，佳。

張萱《戲猫士女》，佳。

着色山水三幅，平。一幅云是董元。

唐人畫《阮孚蠟屐圖》。

周昉《揮扇士女圖》，高宗題，妙。

李景元《古木鵪雀》。

周昉《臨六朝人畫〈天官〉》，甚佳。今亦歸張受益。

黄筌《獨釣圖》，山峰刻峭。

徽宗《臨李昭道〈摘瓜圖〉》，小軸。

易元吉手卷，紙上畫子母猿二十餘枚。秦氏物。前有「尚書儀衛使」官印，上題

「潭州散吏易元吉作」，甚佳。

易元吉《獮猴捫虱圖》，有東坡題字。

《歸去來圖》三幅，二幅闊，云是唐人作，即《畫史》所載者。

寶覺大師《二鶴圖》，雙幅，闊，佳。

艾宣《萱草孔雀》，雙幅。

鄧隱《白描十二國圖》，後有「劍南樵客趙昌押」字。一跋云：「雖太古、文播所不及。」尤袤延之亦有跋。賈師憲物也，甚奇。

袁嶬《遊魚》，高宗題，後有賈師憲「封」字印。

湯仲謀曰：「允謨按，『封』字印，篆文如此□【三六】，當是『長』字，與其家『悦生』胡盧印皆美玉爲之。周公謹先生誤以爲『封』字。葉森嘗於圖畫見賈氏此印，約二寸餘闊，印文不甚細。先師吾真白亦云：『言「封」字者，乃「長」字也。』又云：『是唐時物，乃模印作一寸許，命匠者錢獻刊銅印印於書畫中，真者今在張伯雨處。』」

邊鸞《葵花》，花心數蜂如活，是楊中齋故物也。

《櫻桃》《枇杷》二幅，云是趙昌。

山水二幅，云是董元。

銅器中最佳者莫如盥手匜，文藻精妙，色如緑玉，第無款耳。三代之器多無款，今歸

【三六】篆文如此□「□」，秘笈本、四庫本作「圖」。

張可與。

商甗，内有款，歸之張可與。

細文大壺，頸有雕戈，一「月」字。

方壺一，遍身皆硃砂斑，紅如血點。

碧圓壺一，佳。元楊中齋勤有堂物也。壬辰正月。

兩耳彝爐，下連方座，四周皆作雙牛，文藻凸起，朱緑交錯。葉森按：此制非名彝爐【三七】，乃是敦也。

大尊一，仿佛如廉薌林家者。

小鼎一，内有款曰「※且※」，文藻甚佳，其色青褐。「褐」，或作「緑」。

篦刀一，其鐵皆細花文，云此乃銀片細剪，又以鐵片細剪如絲髮，然後團打萬槌，乃成自然之花。其靶如合色烏木，乃西域鷄舌香木也。此金水總管所造刀，上用滲金鐫「水造」二字。

王子慶芝之號井西所藏

五字不損本《蘭亭》，元係堂候官盧宗邁家物。墨花滿面，後有一行空處。歸碑駔童道人，姜堯章自童處得之。凡一册，題跋上有「白石生四屦」之印，又有「鷹揚周郊

【三七】此制非名彝爐　「制」字原缺，據秘笈本、四庫本補。

鳳儀虞廷」印，蓋寓姓名二字，甚奇。後歸蕭千巖之姪沇介文，後有李秀巖跋。既而復歸之俞松壽翁，有夢鷗堂二跋，及「會稽内史」等三古印。最後爲趙子固所得，喜甚，乘舟夜歸，至湖州弁山【三八】，舟覆，幸值淺港，行李盡溺，子固獨持此卷立淺水中，示從者曰：「《蘭亭》已在，其他不足憂也。」跋語亦詳載之，且題八字於卷首曰：「性命可輕，至寶是保。」其風致殊如米老。子固垂死，以此歸之賈氏悦生堂。今藏王子慶。後歸李叔固家，葉森曾於其子仲庸參政處見此本。仲庸棄世，屬之他人。

趙太祖御批三卷。其一卷，侍衛親軍都指揮使党進開寶四年九月請給旗號，樞密院官只押字而不僉名。又内前打鼓陳亭長失去放停公憑，乞别給，御批「不行」。又江南投來者三人，賜衣服，及送西京撰軍名收管，聖旨「照定來」。又三司具糧料奏，後有鹽鐵、度支、户部使印。又内前打鼓亭長郭珣女阿劉，稱夫韋韜爲楊光美打傷，御批「不行」，階級有法故也。以上共五件。其二卷，御筆批出，遞還軍頭都虞候指揮使。又宣徽南院使、義成軍節度使曹彬，奏牛羊司失去驅羊人，聖旨令收捉。又發遣差補十將，御批「我曾與你作指揮，問定遠都頭有家累無家累，且發遣鐵騎軍分」。又内前打鼓百姓王再興，爲人嗾使打鼓，告官家差役不均，御批「與臀杖七十，放」。已上共四件。其三卷【三九】，忻州定襄縣開門寨歸朝人進馬，及代州界投來四人，各賜頭巾、衣服等。已上共三件。今第三卷只有二件，疑有脱誤，當參考《志雅堂雜鈔》。

【三八】至湖州弁山　「弁」原作「昇」，據秘笈本、四庫本改。

【三九】其三卷　「卷」字原缺，據秘笈本、四庫本補。

真宗御書「封泰山，禁音樂」批。

仁宗飛白便面六枚。

英宗舊名宗實，監押侍禁私書及齒藥方云：「生乾地黄、細辛、白芷、不蛀皂角，各一兩，去黑皮并子，入瓷瓶内，調黄泥固劑。用炭火五六斤，煆令炭盡，入白僵蠶一錢，甘草二錢，并爲細末。早晚用揩，齒牙堅固，并名衄血、動摇等疾。」

哲宗御書便面【四〇】：「掬水月在手，弄花香滿衣」。中有御押。

高宗御書「損齋」二大字，并御製《損齋記》，左僕射沈該以下聯名親書表在後。

欽宗圍城日，絹上蠟彈丸徵兵御書。

李西臺古篆并行書《風后廟碑》，甚佳，駙馬都尉王晉卿家物也。王名詵，字晉卿。今印文乃用「進」，蓋字通用。又一印文，如此位置，好奇之過。又於一卷中用《保母帖》中曲水硯樣回，内作古篆，亦近世好奇之士也【四一】。

李伯時《孝經圖》并書，自題云：「鳳閣舍人楊公雅言：『《孝經》關鍵六藝，根本百行，世訓所重。』謂龍眠山人李公麟曰：『能圖其事以示人，爲有補。』元豐八年六月，因摭其一二，隨章而圖之。」

僧元靄畫太宗御容，小本，舒脚幞頭，上插生花六枝，衣金龍袍、玉束帶、描金龍靴，手持毬仗弄毬，神采英武，真天人也。上下有題，此必天章閣本，藏王子慶家。

【四〇】哲宗御書便面　「便面」原缺，據秘笈本、四庫本補。

【四一】亦近世好奇之士也　「之」字原缺，據秘笈本、四庫本補。

邊鸞《海棠》，上有一蝶。

李伯時《山陰圖》許玄度、王逸少、謝安石、支道林四像，并題小字，是米老書。縫有「睿思東閣」小璽，并「米」字印，題「南舒李伯時爲襄陽米元章作」，下用「公麟」小印甚奇，尾有「紹興」小璽。跋尾云：「米元章與伯時説：許玄度、王逸少、謝安石、支道林，當時同游，適於山陰，南唐顧閎中遂畫爲《山陰圖》。三吴老僧寶之，莫肯傳借。伯時率然弄筆，隨元章所説，想像作此，瀟洒有山陰放浪之思。元豐壬戌正月二十五日，與何益之、李公擇、魏季通同觀，李琮記。」「壬戌正月，過山陰，伯時作，迥若神明，頓還舊觀。襄陽米芾。」「《山陰圖》，長沙作。」「一幅輕綃三尺闊，百歲丹青半塵脱。誰將光景寫吴綾，神采森然動毫末。臨卷嘆張芝，落筆入妙思。疏眉映朗目，白玉無泥滓。堂堂偉且長，想見坦腹姿。山陰道士，鶴目龜趺多秀氣；右軍將軍，蕭散精神一片雲。東山太傅，落落龍驤兼虎步；潦倒支公，窮骨零丁少道風。仲殊述。」「伯時爲元章作《山陰圖》，神情邁往，令人顧接不暇。今歸希文家。宣和六年十二月十八日，子楚、師正同觀。」

高宗御題李伯時畫《歸去來辭》，薛紹彭逐段書陶詞，且跋其後。

伯時《天馬圖》，筆意飛動，有王晉卿、蘇子瞻和詩在後。

又伯時白描《于闐國貢獅子圖》，後自有跋。

李伯時《五馬圖》并列其名於後，云：「一匹，元祐元年十二月十六日左騏驥院收于闐國進到鳳頭驄，八歲，五尺四寸；一匹，元祐元年四月初三日左騏驥院收董氈進到錦膊驄，八歲，四尺六寸；一匹，元祐二年十二月廿三日於左天駟監揀中秦馬好頭赤，九歲，四尺三寸；一匹，元祐三年正月上元□□□進滿川花；一匹，元祐三年閏月十九日温溪進照夜白。」山谷跋云：「余嘗評伯時人物似南朝諸謝中有邊幅者，然朝中士大夫多嘆息伯時久當在臺閣，乃爲書畫所累。余告之曰：『伯時丘壑中人，暫熱之聲名，儻來之軒冕，此公殊不汲汲也。此馬駔駿，頗似吾友張文潛筆力，瞿曇所謂識鞭影者也。』黄魯直書。」曾空青跋云：「余元祐庚午歲以方聞科應詔來京師【四二】，見魯直九丈於酺池寺。魯直方爲張仲謀箋題李伯時畫《天馬圖》。魯直謂余曰：『異哉！伯時貌天厩滿川花，放筆而馬殂矣！蓋神駿精魄皆爲伯時筆端攝之而去，實古今異事，當作數語記之。』後十四年，當崇寧癸未，余以黨人貶零陵，魯直亦除籍徙宜州，過余瀟湘江上，因與徐靖國、宋彦明道伯時畫殺滿川花事，云：『此公卷所親見。』余曰：『九丈當踐前言記之。』魯直笑曰：『只少此一件罪過。』後二年，魯直死貶所。又二十七年，余將漕二浙，當紹興辛亥，至嘉禾，與梁仲謨、吴德素、張元覽泛舟訪劉延仲於真如寺【四三】，延仲遽出是圖，開卷錯愕，宛然疇昔，拊事念往，逾四十年。憂患餘生，巋然獨在，彷徨弔影，殆若異世也。因詳序本末，不特使後來者知伯時一段異事，亦魯直遺意，且以玉軸遺延仲，俾重加裝飾

【四二】余元祐庚午歲以方聞科應詔來京師　「聞」原作「開」，據《浩然齋雅談》卷上改。

【四三】張元覽泛舟訪劉延仲於真如寺　「覽」原作「範」，據秘笈本、四庫本改。

云。空青曾紓公卷書。」余按此事不見之他傳記中，豈當時諱不敢言耶？王逢原賦韓幹馬亦云【四四】：「傳聞三馬同日死，死魄到紙氣方就。」豈前代亦有此事乎？畫前後皆有乾卦、紹興印，高宗御題。

易元吉《猿》二，有「吴越之錢」印，及「吴都深居莊書林」印。

又《群獐》一卷。

《清江九華圖》一卷，畫秋浦兩岸，中横大江，林木樓臺，極其精細，全類燕文貴。後有石林二印「石林藝文」「隱居世寶」，及秦氏伯和數印，秦氏伯和章。贉卷有建炎「諫院」之印，紹興「諸王宫學」「朱記宗學」之印，「御史臺六察」之印，建炎「御史臺吏察」并户、禮二察印。後有劉須谿辰翁跋。

黄筌《鵰撲狐》雙幅。

山水雙幅，自號李成。

《帝釋像》，彼以爲吴道子。上有彩幡，帝釋居中立，有四圍火焰，兩手合掌，以方孔雀扇横于二肘間。從者凡十二，其二類天官，手執圭璧，細而乏力。

李伯時《臨〈草堂十志〉》，有劉娘子諸印，記見後。

趙大年水墨《蘆雁》，上題「令穰」二字。

楊補之《梅》二紙。一題云：「江右楊補之作。」

【四四】王逢原賦韓幹馬亦云　「韓」字原缺，據秘笈本、四庫本補。

古鏡一，中藏簧，有聲鏗然，蓋夾鑄者。

王介石虎臣所藏

唐《劉良驕告》，咸通中吴通微書并贊。《告》書體甚佳。米老有跋。

江南《賜周宗卿詔》，用書詔之印。

東坡書蔡君謨二小詩，又書杭妓周韶詩。初，杭州營妓周韶能詩，蘇子容過杭，述古飲之。韶求脱籍，子容令即席賦詩，有云：「隴上巢空歲月驚，忍看回首自梳翎。開籠若放雪衣女，多念阿彌陀世尊。」一時嘆賞。籍中諸妓皆有詩送之，内胡楚、龍靚詩最佳，事在《侯鯖録》。

李建中書絶句云：「鶯已無聲花已老，誰知三月盡頭時？」亦佳句也。歲庚寅七月觀。

米老自畫《東山朝陽巖海岳庵圖》。朝陽巖背焦山，其側有早來堂，率意而寫，極有天趣。後有自書《海岳庵賦并五詩》，筆意奇絶，誠佳物也【四五】。至正癸卯正月廿九日，文璧與士文觀于張松谷家。松谷乃士文泰山，故余得一見。

東丹王畫《番部行程圖》，前有宣和御題，後又題云：「世所謂東丹王者，其畫絶妙。」

【四五】筆意奇絶誠佳物也　此八字原缺，據秘笈本、四庫本補。

鄆王《題唐人臨六朝畫〈七賢〉》。

王晉卿臨小李將軍山水。

宗子叔儺畫魚。

丁晞顔畫《孝經》【四六】。晞顔字令子【四七】，書畫皆精，畫全似伯時，後有米元章跋。

吴元瑜紙畫翎毛四片，甚佳。

高麗紙畫翎毛、梅花。

張可與斯立號繡江所藏

陶隱居小字《黄庭外景經》，元謝起翁物。

蕭子雲進《寫古文啓》，徽宗題。

張旭草書真迹，有六一翁跋。

顔魯公《劉中使帖》。

元微之《轉官告》。

楊凝式《千文》。

【四六】丁晞顔畫孝經　「顔」原作「韓」，據秘笈本、四庫本改。

【四七】晞顔字令子　「顔」原作「韓」，據秘笈本、四庫本改。

郭佑之天錫號北山所藏

晉王右軍《得告帖》，又《快雪時晴帖》，皆真迹。有米老跋，遂以名齋且刻石。葉森曾見此二帖，神韻精采。

又唐模《千文》，又《蘭亭》，乃李山房故物。有米老印，又有李常公擇長印。葉森曾見戴厚甫持此來售，乃南唐椒閣錦標首。

梁人臨《重告》等五帖。

唐徐浩《寶林寺詩》真迹。

歐陽率更碧紙行書《咏陳後主詩》，又《夢奠帖》，勤有堂故物也。舊陳德翁家藏。《禊帖》，甚佳。葉森：芸齋所收即此本，亦厚甫攜售。

虞永興《汝南公主墓志》，後有米老跋，皆真迹。辛卯六月。

褚中令小楷《西昇經》。

《旦極寒帖》，妙。

陶弘景《板帖》，見《東觀餘論》。

閻立本畫，佳。

又御書十餘卷。内太祖者，河陽武林關使身故，乞差人充替，御筆上用内合同印。太宗者，乃尹京時禁打捕榜，後有御押及行移，書字甚草草，可見五代文物苟簡，用開封尹印。真宗數紙，其後臣僚奏狀，既無銜位，亦只押而不書，名作「匡巨」，殊不可曉。徽宗數幅，皆處分中省進呈短奏，亦多不急之事，皆御筆親書「照已畫旨」。欽宗一幅，係親事官節級徐釗狀，稱某處某人聚衆，疑作賊等事，御批「付程振，只令追捕，杖脊配千里」，叵封皮，用御前之寶。

《藥師佛》，甚佳。云是吴生畫。

又紙上《粉本天王》，高僅盈尺，而位置廿八人，筆繁不亂。有劉大年、曹仲玄一作元。收附。

李成《風雨圖》一幅。

陳閎畫馬一。

《真一天師像》，甚古。手持章函，前後植二劍，甚佳。歸之崔晉之。葉森見此畫軸，身衣魚鬣，朱皆硃砂，非銀朱也。章函乃一瑪瑙函云。

《善神立像》二，云是吴生畫。上各有尚書省印，其後有秘書省印，蓋宋秘閣物也。

尉遲乙僧《坐神》，佳。

張璪《松石》，高宗題，誤書爲張藻。

朱繇《立神天女》，奇詭之甚，三幅闊。

王維畫《孟浩然像》，昔爲趙碧瀾由祚物，後歸趙信之，乃歸余，又歸喬仲山，仲山歸之郭北山。

司德用進所藏

王維《捕魚圖》，單小直幅，徽宗題。前有雙龍圓印，後有「大觀」「政和」二璽，「明昌」七印。上作岡阜古木，全如李成所畫。下作數舟閱溪取魚，人物甚佳。

范長壽《醉道圖》，好。至正甲辰文璧見此畫。

丘文播《渡水僧》，弱。

范寬《雪景》，後有遠山重疊。

傅古畫《龍》。

韓滉《歸去來圖》，又《雙牛》，佳。

盧楞伽《過海羅漢》，古。

邊鸞《躑躅孔雀》，平。

李伯時白描《維摩經相》，又《勘書圖》，有元康二印，平。

張萱《抱嬰仕女圖》，佳。

黃筌《時苗留犢》雙幅，二軸。癸巳冬月，見之困學齋。又《琴高故實》。

《火星》一軸。云是吴生，徽宗御題。

王端《人物》，徽宗題。《擊壤圖》，古。

董羽《龍》。

王詵《長江遠岫》，北方物。

李成《晴巒疊嶂》，山水小幅，四軸，内一幅佳。

盧楞伽《羅漢十六》，徽宗題。有李後主題字花押。

董元絳色《山居圖》，千巖萬壑，下有小屋村市，中間人物優裝虎弄，不類尋常所見者。今歸莊蓼塘矣。

胡瓌《啗鷹圖》，佳。

湯子昇《軒轅鑄鏡圖》，徽宗題。後有李後主書字，作屠龍殺虎之類，鬼神獰甚。

《博古圖》，佳。

荆浩山水一軸，所畫屋簷皆仰起，而樹石極粗，與尤氏者一類，然不知果爲荆畫否也。

易元吉《孔雀》一，檞樹甚佳。上有鸜鵒、黄鶯、栗留之類。下作雙孔雀，有院體。

元王井西物。

趙林所作《豫章逢故人》，雙幅。林，宣和末畫人。

《阮孚蠟屐圖》，畫孚草中坐，上裸，止着犢鼻，手執雙屐。傍有一人侍立，手持貂尾并冠蓋，乎所戴者。書薦中書五卷，酒一壺，杯一盎。恐是唐人畫，比之張受益者尤佳。張是小幀，此是卷子也。

閻立本《西旅貢獅子圖》，獅子墨色類熊，而猴毛大尾，殊與世俗所謂獅子不同。聞近者外國所貢，正此類也。

山水一軸，甚古。上有五小字云：「後凉徐麟筆。」《畫譜》中未聞其名，然以余觀之，前凉張軌，後凉乃吕光，正如前漢、後漢，前唐、後唐之類，當時未嘗自稱爲後凉，殊可疑也。

尤氏所藏

支仲元《四老圍棋圖》手卷，高宗題，妙。

顧愷之《水閣圍棋圖》一卷，亦佳。悉歸之張受益。

周文矩《繡女卷》，高宗題，佳。

黄筌《牡丹》一軸，後有奉華堂二印，劉貴妃之物也。

王齊翰《過海天王》，平。

胡瓌《番馬》，平。

盧楞伽《妙聲如來》，高宗題。乾卦、紹興印。

杜子瓌《寶檀菩薩》，高宗題，并御印。

袁嶬《蟹》，高宗題。

戴嵩《牛》二，其一有高宗題。兩目微紅，凡戴牛皆然。

郭熙《秋晚殘霞》。

李成山水。

厲歸真《牛》。題云：「庚辰十月，錦溪迂疎子作。」

荆浩畫《漁樂圖》二，各書《漁父辭》數百字，類柳體。

關仝山水，「宣和」大璽，高宗題。

易元吉《猿》二，内二大猿皆有白牙出於頷外，識者謂母猿然後有牙。上有「宣和」大璽。

宣和御墨《子母雉鷄》，皆有御題并印。又有《古松荷花》。

趙千里《訪戴圖》，有紹興印。

趙希遠《漢武帝受蟠桃圖》，又《蟠桃大樹》。

趙左丞仁榮所藏仁榮即伯昂之兄，字伯華，後爲平章。

周文矩畫《韓熙載夜宴圖》，紙本，長七八尺。前有蘇國老題字，内又題「不如歸去來，江南有人憶」兩句十字，并蘇題識。神采如生，真文矩筆也。元廣濟庫物，先歸監賣官張運副，後歸之趙。

劉浙漕伯益所藏

蒼玉符，長可一尺，闊三寸，厚可半寸許。兩傍作雙螭，中碾七篆字云「玄孫似文治水聖」。勵，彼以爲禹治水符，甚珍之。余則以爲僞物也。蓋禹姒姓，然非從人之「似」；又玄孫乃軒轅之孫，何爲曰「玄孫」；且三代當作鐘鼎文，乃作小篆，刻亦不工，不足奇也。

松江鎮守張萬户所藏

聞所收畫卷甚多，皆御府故物。無非妙品，余僅見下項。

王維《渡水僧》，高宗題。

馮覲《層巒疊嶂》。

顧德謙《乳牛圖》，佑陵題。凡三牛、二犢、一牧童，奇甚。

陶縝《菜》，諸色凡二十種。上題「金陵陶縝筆」。

崔白《五雀圖》，皆賈氏悦生堂物。其間一印，云「賢者而後樂此」。

王子才英孫號修竹所藏

米老書自作《上清儲祥宫碑》，川紙，上大字書。舊在向若水家，後歸賈秋壑，今歸子才。乃與東坡同作，米意極自得，然非爲坡文壓倒，則此老必叫屈也。余家亦有米老自撰自書《天衣禪師第二碑》，字畫絶妙。藏之甚久，爲德生豪奪去，意甚惜之。金蓀璧應桂亦有之，字大於此，然究不及也。

雪竇和尚親書詩一卷，後有諸公題跋。雪竇詩云：「有無盡是兩頭語，諸祖因茲不立言。末代兒孫列户牖，一花五葉失真傳。永嘉雖問曹溪路，畢竟惟聞自己禪。根器警拔誠難遇，鑿透高原始及泉。」「道人詩筆從頭讀，老筆峥嶸自一家。誰會林間相見事，莫都錯看亂飄花。」紹聖四年十二月廿四日，周穜仁熟觀。「百中神鎗歸妙手，當時破敵秖因機。餘花墮械無人見，半偈流傳豈易知。」元符三年，建安陳師錫。「雪竇傍邊，又生一孔。北邙山下，千冢萬冢。兔角龜毛，竟將何用。仔細思量，不如珍重。」浮休居士。「一幅昏昏半已空，何人重出自爲工？從今萬偈并千頌，擾亂春風卒未窮。」襄陽米芾。「真機昔振雲門路，祖席今多雪竇孫。傳到慧林華果盛，須知葉落總歸根。」崇寧二年，鶴林居士葛蘩。「老子休去歇去，遺墨今傳古傳。想見本來面目，不離當處湛然。」崇寧癸未，高郵徐文。一作徐太。《困學齋雜録》云：「越人王修竹所藏雪竇禪師真迹，末用『封』字印。是曾入賈秋壑家，有韓宗古敏甫、時邦美、朱伯原、吴邦獻、王元直、周仁熟、鄧子常、白蒙亨、章致平、王子助、霍静文等紹聖四年跋。」

荆浩、關仝、郭熙各一幅，皆賈氏物，頗佳。

《司馬相如入蜀圖》雙幅，絶類郭熙，後題「御前待詔孫沅水」。支慤其祖，疑是支仲元。仲元，五代人。

五代童氏《六隱圖》一卷，着色山水，全類小李將軍所畫。溪山舟楫及小兒無數。不知六隱故實爲何事。高宗跋。詳見《宣和畫譜》。

張藻秋澗所藏

御府《蘭亭類考》十册，凡百餘種。

高宗臨《十七帖》，内八帖有跋尾印記。

越人董十六閤門所藏

紅瑪瑙一塊，徑三寸許，摇撼之，其中有聲汩汩然，蓋中虚，有水在内故也。彼嘗欲易余家崔白横披《鵜》二軸，時不與相易，後不知歸于何所。葉森家有水晶鈎一，亦如此中空，内有藻一枝，隨水傾瀉。後售魏塘陳家，不知存否。文璧嘗讀《邵氏聞見録》，載楚元輔家藏一黑水晶，中有半開繁杏一枝，希代之寶也。予不之信。今見葉森所見水晶鈎之異，始信元輔之藏不謬。

游氏家藏

陸探微《摩利支菩薩》，徽宗題。四角「宣和」「政和」印，及金書「神品上上」。其畫青地細描，三首四臂。

邊鸞《五色葵花》，花心皆突出，數蜂抱花心不去，活動精彩，真奇物也。元係楊中齋物，今歸張受益。

徐熙山水人物，一騎從數人，上有仁宗飛白「徐熙」二字。

滕昌祐《拒霜野鳧》，上有大蟬。

關仝山水一。

黄筌《秋山詩意》，上寫唐詩八句。

朱繇《天王坐像》。

趙千里大雙幅畫《范蠡西施圖》，恐未真。

趙希遠《夜景》二。

郭熙《松石》二幅，恐非。

王端《出山佛》。彼以爲孫太古。

許道甯山水。

黄居寀《海棠折枝》。

厲歸真《牛》。

崔白《猫》《魚》各一。

馬和之《倚樹觀書》二。

董羽《龍水》雙幅，佳。壬辰八月。

卷下

莊蓼塘肅所藏

張萱《彈琴士女》，明昌御題，并前後印。曾入賈氏，元喬仲山物。

楊庭光畫《觀音》，徽宗題。有「宣和」「政和」印，及「廣運」「大定」二印。蓋未入明昌之前已散在人間也。

孫太古《上真》，其上作山水甚古，怪木磐石，神坐石上，其像甚佳。側有捧劍天女，絶佳。下瞰海水，有龍神足躡巨鰲，手捧琉璃。方座上有龜蛇，又有一龍神捧劍【二】。爐炷香，上有小樹數十株，猴數十枚，甚奇。題云「彭山孫知微筆」。元楊澄之物，後爲和英之所得，今歸莊蓼塘。

董元《溪山圖》，思陵題。王井西得之霅川。

董元《着色山居圖》，思陵題。余家物也。得之王瑠，後歸小許。至正癸卯正月，文璧與士文同觀於乃岳張松谷家。

張南本《勘書圖》，思陵題。

校勘記

【二】又有一龍神捧劍　「神」字原缺，據馮鈔本、秘笈本、四庫本補。

徐崇嗣《花》，二幅。

絳色《山居圖》，云是李伯時。

唐人畫戈船二隻，甚佳。

陸晃畫鹿人車。

孫夢卿《松石問禪》，宣和題。上有雙龍印，下有「宣和」印，所畫一僧絶妙。

荆浩、李成山水各一。

陸晃《捕魚》單幅，明昌題。二漁翁皆衣紅，全類胡人。

周昉《揮扇士女》，高宗題。元受益物。文璧與士文同觀于張松谷家。

紙上《山水》一幅，極細。云是范寬，又云燕文貴。

顧閎中畫《明皇擊梧桐》一本，甚長。元仲山家物。

黄筌《紫葵花》，有雀立花上。

周文矩寫李季蘭真，思陵題。亦仲山家物。癸巳仲冬。

王晉卿《長江遠岫》着色山水，前一帶山水可喜，中題杜詩云「門泊東吴萬里船」之句。前後皆蔡京書，後有「山東東路轉運使」印、「安平府」印。甲午九月。

戴嵩《戲牛圖》，宣和御題。元吴興孟氏物，後歸季文彬宗元，今歸于莊。

吴生《過海騎馬天王》，高宗題。元喬仲山家物。

關仝《山水》。

李思訓《巫山神女圖》，明昌題。榷場物，曾入賈氏。

郭忠恕《飛閣晴巒》，明昌題。宫殿四角皆有款，上有御題。

册葉共十二册，内趙希遠、趙千里共一册，馬和之一册，院畫十册皆精。

廉端甫希貢號薌林所藏

商尊内父已，其質如漆，紅黄青緑之色皆具，文藻絶奇，尤物也。昔康老售之董瓚者。葉森登公門屢見之。又有一尊，恐止是漢器。

敦二，皆有款識，大小亦相似，亦秦漢物。

盂一。

天鹿銜杯硯滴一，元王廷用物，後歸鮮于伯機。今以「蠻人騎獅子」易到。延祐庚申，葉森謁趙承旨時，亦出「蠻人騎獅子」。高七寸許，獅子昂首，口可出水。蠻人坐獅子背上，頂作竅，可吸水起。人披髮，張兩手，左手擎鷹，右手作引鷹勢。

向薌林靈壁卧石，上有刻字并小詩，薌林伯恭書。又靈壁立石【二】。

唐人畫觀音像。

銅鐸二。

【二】又靈壁立石　此五字原缺，據馮鈔本、秘笈本、四庫本補。

袁氏伯長漢印。

東坡畫竹石小壁一堵，元秘書省汗青軒物也。事見《野語》。今歸楊仲威。

紅葉大阮二。

錦褙《阮譜》七册，元御府物也。壬辰七月。

徐容齋琰子方所藏

顏魯公自書《刑部尚書告》，乃用紙書，不可曉。大曆十二年物。

唐人雙鈎《蘭亭》。

孟簡細書《六賦》。

朱希真雙鈎《力命帖》《黄庭經》。

王維《騾綱圖》【三】。

白玉剛卯，四面正方，兩邊真字各兩行，細如絲髮，真奇物也。癸巳三月。葉森曾見先師吾真白所收剛卯一，四面皆有字，乃漢隸也，非真字。

王晉卿《煙江疊嶂圖》，幾二丈。後有與東坡唱和詩各二首及王駙馬花押收附。元係劉漢卿物，有王子約中丞跋，後俾李公略售，歸之戴祖禹。

玉研一，高一尺，廣六寸，厚二寸。雖未甚白，然瑩净可愛。獨受墨處不光，可以研

【三】王維騾綱圖　此五字原缺，據馮鈔本、秘笈本、四庫本補。

磨，亦奇物也。葉森舊有紹興内府玉硯，作壺樣，下碾字云「玉壺」，長六寸，廣四寸半，厚二寸，玉色白潤，然磨墨處光，研墨亦起。

銅持硯一，狀類箕，長近一尺。其硯池傍作一倭人坐其上，後有一獸類雌，四足，以前兩足撫倭人之身，上作牛首。其地皆細花紋，甚精。此必倭人之舊物也。

道士褚雪巘伯秀所藏

銅虎符一半，上有篆文六，云「某處發兵合同」，下有甲至癸十真字各半，疑非古物。葉森曾見先師吾真白收虎符一，長一尺五寸，廣四寸。上剡首，下平。一面作虎蹲在上，下有漢隸字款云「第一至第五」。背面上作身通垂，下有字磨滅不可辨。剡首一邊有字刊年月，磨滅難辨。

黄玉一片，如匕首之狀，其色瑩潤。褚以爲雷斧，非也。葉森又見褚弟子馬虚中出示褚所藏諸古錢，皆作粉牌，綴錢於上，下書其文。褚多有佳品玩物，如金鈿、天尊像、古銅編鐘、彝鼎之類。

霍一作郝。清夫清臣所藏

孫過庭草書《千文》，用五色紙書。其縫内各有「珍」字印，或謂唐文宗印，或謂宋太宗印。又有唐弘文館印。

張旭《秋深不審帖》，上有雙龍圓印，前後并用「宣和」「政和」印也。

聞有蕭子雲《出師頌》真迹，甚佳，未及見也。

李伯時白描《陽關圖》，後有所題詩跋，及書王右丞一詩，并「三鳳後人」等印。後有二印忠恕而已及關西傖父，不知何許人也。

又有唐模《蘭亭》。

高彥敬克恭號房山所藏

折枝花四段，作一卷，趙昌畫也。四花者，躑躅、鷄冠、木瓜、海棠。初不甚佳，却有米老詩，及蔡元度、章子厚、林攄、林希、劉原父、王晉卿、徐兢諸人題跋。官印凡十數，内有太原府尹，中書省，秘書省，温、杭、蘇州觀察使等印。私印有「林希子中秘笈清玩」，及徐兢一印，「保大騎省」「宣和畫學博士」及「襄陽漫士」等印。悉用黄絹素書。本楊和王家故物，有楊倓名印，後有周文忠益公必大及蕭照隣燧等題名。

胡存齋泳所藏

范長壽《西域圖》，長三丈餘，徽宗書題簽。後歸張子有。

展子虔《春遊圖》，徽宗題。一片，上凡十餘人。亦歸之張子有。

玉花尊一隻，約高尺四五，徑七寸。玉雖不甚白，然文藻碾法極精，乃穆陵内府物。在燕得之謝太后，價止中統楮廿定。即鈔也。葉森於大德十一年以一百十五定得之于古董康家，兼有一香楠木座，黑漆光套蓋。今亦屬之他人矣。

圓素玉碗一隻，亦徑五寸餘，色甚佳，碾法尤精。

玉托子一隻，尺二三徑足，乃外來。

玉匜，有足，雙耳，亦徑尺餘。色微黄，前後碾兩饕餮，口有緣，亦精。

玉爵一，高數寸許，滿身文藻，把手下有「政和」二字。

玉楪一，亦數寸徑，腰子樣。癸巳臘。

靈壁硯山一座，無天趣，不甚佳。

楊彦德伯嵓號泳齋所藏

宣和御畫四幅，後各有御題詩一首，并用「宣和」小璽。

易元吉《群獐圖》，高宗御題。乾卦、紹興印。

胡擢《折枝桃花》【四】，高宗御題、御印。

郭乾暉《架上細脛鷹》，高宗題，乾卦印。

【四】胡擢折枝桃花　「擢」原作「璀」，據馮鈔本改。

巨然山水雙幅。

刁光胤《睡猫》【五】，高宗題。

勾龍爽《避秦女》便面，細如絲髮，而精采炯然。

《盧鴻草堂十志圖》，林彦祥臨伯時本，遺草堂、樾館二所，存者八爾。今録詩于後，必盧徵君所賦也。

羃翠庭　羃翠庭者，蓋崖巘積陰，林蘿沓翠，其上綿羃，其下深湛，可以谷神，可以冥道矣。及喧者遊之，則酣謔永日，汩清薄厚。歌曰：「青崖陰兮月澗曲，重幽疊邃兮隱淪躅。草樹綿密兮翠蒙籠，當其無兮庭在中。當其有兮羃翠庭，神可谷兮道可冥。有幽人兮張素琴，白玉徽兮緑水音，聽之愔愔憺忘心。」　如如野叟林師心書。

洞玄室　洞玄室者，蓋因巖作室，析理談玄，室反自然，玄斯洞矣。及邪者居之，則假容竊吟【六】，妄作虚誕，竟以盗名。歌曰：「嵐氣肅兮巖翠冥，空陰虚兮户芸迎。披蕙帳兮促蘿筵，談空空兮覈玄玄。蕙帳蘿筵兮洞玄室，秘而幽兮貞且吉。返自然兮道可冥，繹妙思兮草玄經，結幽門兮在黄庭。」　江湖散人陳昱書【七】。

期仙磴　期仙磴者，蓋危磴穹窿，迥接雲路，靈仙髣髴，想若可期。及儒者毁所不見，則斥之。蓋疑冰之談，信矣！歌曰：「霏微陰壑兮氣騰虹，迤邐危磴兮上凌空。青霞杪兮紫雲垂，鸞歌鳳舞兮吹參差。鸞歌鳳舞兮期仙磴，鴻雁迎兮瑶華贈。山中人兮好神仙，

【五】刁光胤睡猫　「胤」字原缺，據秘笈本、四庫本補。

【六】則假容竊吟　「吟」原作「次」，據秘笈本、四庫本改。

【七】江湖散人陳昱書　「江湖」原缺，據秘笈本、四庫本補。

想像聞此兮欲升煙，鑄月煉液兮佇還年。」　家居道士米友仁書。

滌煩磯　滌煩磯者，蓋窮谷峻崖，發地盤石，飛流攢激，積漱成渠，澡性滌煩，迴有幽致。可爲智者説，難爲俗人言。歌曰：「靈磯盤礴兮奔溜錯，漱冷風兮鎖冥壑。研苔滋兮泉珠潔，一飲一憩兮氛想滅。磷漣清淬兮滌煩磯，靈仙境兮仁智歸【八】。中有琴兮徽以玉，峩峩湯湯兮彈此曲，寄聲知音同所欲。」　湧泉治祭酒道士翟耆年書。

雲錦淙　雲錦淙者，蓋激溜攢衝，傾石叢倚，鳴湍疊浪，噴若風雷，詭輝分麗，焕如雲錦。可以瑩發靈矚，幽玩忘歸。及世士覯之，則反曰寒泉傷玉趾矣！歌曰：「水攢衝兮石叢聳，焕雲錦兮噴洶湧。苔駮犖兮草夤緣，芳羃羃兮瀨濺濺。石攢叢兮雲錦淙，波連珠兮文杳峰。有潔冥者媚此幽，漱靈液兮樂天休，實獲我心兮復何求。」　冷雲庵釋慈賢書。

金碧潭　金碧潭者，蓋水潔石鮮，光涵金碧，岩葩林蔦，有助芳陰，鑒洞虚靈，道斯勝矣！而世士纏乎利害，則未暇游之。歌曰：「水碧色兮石金光，灔熠熠兮熒煌煌。泉葩映兮煙蔦臨，紅灼灼兮翠陰陰。紅翠相鮮兮金碧潭，霜天洞兮煙景涵。有幽人兮好冥絶，炳其焕兮凝其潔，悠悠千古兮長不滅。」　無所住净曇書。

倒景臺　倒景臺者，蓋太室南麓，天門右崖，傑峰如臺，氣凌倒景。登路有三，處處可憩，或曰三休臺。可以邀御風之客【九】，會絶塵之子，超逸興，盪遐襟，此其所絶也。及世

【八】靈仙境兮仁智歸　「靈」原作「是」，據馮鈔本、秘笈本、四庫本改。

【九】可以邀御風之客　「風」原作「鳳」，據馮鈔本、秘笈本、四庫本改。

人登焉，則魄散神越，目極心傷矣！歌曰：「天門豁兮仙臺聳，傑屹崒兮雲澒湧。窮三休兮曠一觀，忽若登昆侖兮期汗漫。仙聳天關兮倒景臺，淩顥氣兮軼囂埃。皎皎之子兮自獨立，雲可朋兮霞可吸，曾何榮辱之所及。」　經堂孫焌書。

枕煙庭　枕煙庭者，蓋特峰秀起，意若枕煙，秘庭凝虛，窅如仙會，即揚雄所謂「爰凈遊神之庭」是也。可以超凡絶世，永潔精神。及機士登焉，則寥闃戃慌，愁懷情累矣！歌曰：「臨泱漭兮背青熒，吐雲煙兮合窅冥。恍歘翕兮沓幽靄，意縹緲兮群仙會。窅冥仙會兮枕煙庭，竦魂形兮凝視聽。聞夫至誠必感兮期祈此巔，契灝氣兮養丹田，終仿像兮覯靈仙。」　隱岳道人石昭問書。

先子《畫史》載，劉子禮以五百緡置錢氏畫五百軸，初未嘗發緘銓美惡也。既得之後，其間有《盧鴻草堂圖》一卷，已是數百年物矣。後李伯時嘗臨一本，仍自書卷首歌一篇，次則秦少游、朱伯原、先子書也，又其次陳碧虛、仲殊師、參寥子輩繼之，餘亦一時聞人。紹興己未仲春，余舟過蘇臺，石瑩中爲長洲令尹，得宇文季蒙所藏伯時本，屬林彥祥爲摹，乃亦首書其篇。瑩中令輒俾余書先子所書一篇，餘悉欲得一時名士繼之，欲其雅尚不凡，因又跋于卷尾。是月二十七日，米友仁元暉。　李參玄居子曰：「十志者草堂，修身畜德之府也；樾館，延賓閲禮之用也；玄室，談道衆妙之宗也；翠庭，棲閑谷神之致也；期仙，靈湛傲睨之適也；滌煩，澡性潔己之謂也；錦淙，沃志日新其德也；碧潭，端形鏡清其色也；倒景，熙熙春臺之樂也；枕煙，渺渺仙山之興也。」十者，蓋天地之成數；志者，即紀述之總名。玄居子道心惟微，幽賞亦異，可謂隱淪之奇絶。今昔所未聞，故備録焉，貽諸好事君子也。小篆書。「甘泉建章空草莽，甲第紛紛誰復數。嵩岳徵君一草堂，却有畫圖傳萬古。岩巒奥勝帶煙霞，曠望幽盤隨處所。微茫短幅幾臨摹，便覺市朝如糞土。輞川別景王維畫，君陽山記希聲叙。胡將冰雪污囂塵，模規雖勝非吾侣。」李參。不知何許人。

盧鴻《草堂十志》，今所存者八，而遺其草堂、樾館二紙。據小米所云，林彦祥臨伯時畫而自書其首，則云二紙者亡之久矣。畫手意趣有神遊八極氣象，歌語亦清峭凌厲，如酌沆瀣而挹浮丘者。若使親接盧處士豐度，應不減識元魯山也。余友毛復父小築林塘，自拔流俗，娱侍汝劉丙峰先生，日徜徉于其間，天下至樂，無以逾此，而篋笥所珍多奇絶者，甗矚如斯卷，特以錚錚者耳。往輩標矩，藐不可見【一〇】，慨想刻舟之痕，以求干將青萍之劍，得無爲癡鬼笑乎？紹定辛卯，復父官左帑且一歲矣。丙峰先生讀書之眼，登臨之脚，尚如少時。八十六翁見其子駸駸有位于朝，但恐林慚澗愧，草堂勒移，預爲君慮。正月十六日，汝陽被褐翁徐逸。其後王子慶于毘陵得伯時畫《十志》，即元暉跋中所言者。録其書人姓名于後：一、龍眠山人李伯時書；二、高郵秦觀書；三、樂圃居士朱長文書；四、吴郡周汭書；内缺一「永」字。五、靜常居士曹輔書；六、縉雲胡份書；七、襄陽漫士米芾書；八、碧虚子陳景元書；九、太平閑人仲殊書；十、參寥子道潛書。

【一〇】藐不可見　「藐」原作「日」，據秘笈本、四庫本改。

然與林彦祥所臨本，人物甚大，多不同。前有「奉華」大小印，向曾收入劉娘子位者；後有一印云「閉關頌酒之裔」，雖用劉伯倫事，然于婦人恐不類耳。又有「瑞文圖書」。

李士宏倜號圓嶠所藏

黄山谷大字《浯溪詩》，有序，甚妙。

山谷草聖書稽康四言詩一卷，絶妙。

關仝山水四軸，雪景尤妙。

許道甯《華岳三峰》雙幅。

王晉卿着色《楚山清曉圖》，有「萬壽無疆」之印，前所未見也。或云此是僞物。

郭熙三幅山水，内一最佳。

又雙幅《雪景》。

董羽《子母出水龍》手卷，徽宗題。

高仲器鑄所藏

唐模《蘭亭》，極瘦而自然。高子奇跋云：「此乃馮承素等所臨。」

柳公權小楷《清净經》，開成五年書于上都昭成觀。

《大肥馬》，甚佳。云是曹霸。
蘇東坡書《杜少陵驃騎圖詩》，後有子由跋、山谷二絶句。
易元吉《草蟲》小幅。
艾宣《鵪鶉》。
韓滉《漁獵圖》。
郭熙仿李成《山城圖》。又山水雙幅。
唐畫《白芍藥》，范仲淹題。

中眉大用致遠號忍齋所藏

周昉《彈箏士女》。
戴嵩《子母牛》。
徐熙《牡丹》。
韓幹《照夜白》。又《雙彈琵琶觀音》。恐非觀音。
又唐佛并卷子。
黄筌《緑竹紅葉花雀》，又《壽星》一。
王齊翰《羅漢》兩軸。每軸四軀。

吴生《大辨才熾盛光佛》，絶佳。

董羽《子母出水龍》。

趙昌册葉數紙，丙申二月。

馬子卿紹號性齋所藏

蕭溝《幽公帖》，明昌題。

張芝《久問帖》，宣和題。恐臨。

東坡《德威堂銘》，黄絹烏絲闌，書大字，甚佳。《上清儲祥宫碑》，黄絹上緑闌書。

《翰苑樂語》草書一大卷，上有「開封趙與懃」小印及「齊齋」印。

石曼卿大字《籌筆驛詩》，奇甚。

山谷草書《鸚鵡賦》，佳。家書數幅。又一帖云：「近有佳會，率以故不得往，豈食料禁不批放耶？呵呵！」又一帖云：「花四枝謾送，餘春尚可賞否？戴花人安否？」前輩風流可想也。

米帖，一。云：「胡不入城？草外恐不堪久。芾白。」「草外」二字新。

洪元慎集王書《勝業贊》，高宗題。

許渾烏絲闌絹上書所作詩，大軸，佳。

展子虔《春遊圖》，今歸曹和尚。或以爲不真。

張萱《横笛士女》，宣和題，佳。

陸晃《初平起石圖》，高宗題。

楊甯《出遊人物》，思陵題，佳。

閻立本《駱駝》。

黄居寀《拒霜秋兔》，明昌題。

徐熙《牡丹鵓鴿》，明昌題。

胡虔《番部卓歇人馬》，思陵題，絶佳。後歸曹和尚。

《天王托塔圖》，不知名。丙申仲春。

閻立本《掃象圖》，宣和題。作胡僧以大帚浥水洗一黑象，傍一人以巾拭之。必有故實，奇甚。

董北苑《松峰圖》雙幅，重岡疊巘，甚奇。玉池上有蔡蕭閑父子及吴激彦高、宇文虚中題詩。

王齊翰《重屏圖》，未佳。

崔中丞彧所藏

閻立本《職貢獅子圖》，大獅子二，小獅子數枚，皆虎首而熊身，色黄而褐，神采粲然，與世所畫獅子不同。胡王倨坐，甚武，傍有女伎數人，各執胡琴之類，并執事十餘，皆沉着痛快。高宗題云：「閻立本《職貢獅子圖》。」前有「睿思東閣」大印，亦賈師憲物。有「台州官估」官印，後有「封」字印。崔中丞物，王德修爲褙。丙申四月，見之容齋。

趙子昂孟頫乙未自燕回出所收書畫古物

虞永興《枕卧帖》，有「建業文房」之印，「紹興」小璽。

李北海《葛粉帖》，宣和題。

顔魯公《乞米帖》，元謝奕修物。

王右丞山水小本。

李思訓《摘瓜圖》，宣和題。

韓幹《五陵遊俠圖》，高宗題。

周昉《春宵秘戲圖》。

吴生《觀音》，剔青地。葉森曾見，公與張伯雨作題。

謝稚《三牛圖》。

魏元君《受經像》，剔青地。

韓滉《五牛圖》。

李成《看碑圖》，元張受益家物。

黄筌《唐詩故實》，又《脱籜新篁》《剪金雛雀》《雙鶺鴒》。

孫知微《十一曜圖》。

董元《河伯娶婦》一卷，長丈四五，山水絶佳，乃着色小人物。今歸莊肅，與余向見董元所作《弄虎故實》略同。

董元《水石吟龍》，高宗題。

王詵《連山絶壑》，高宗題。

趙希遠《蟠松雙兔》。

朱熙《牛》一卷。

崔白《兔》二，一軸作柴棘小叢，佳。

徽宗御畫《古木寒鴉嫩竹》，有御璽押。

王齊翰《巖居僧》，甚古，徽宗題。一胡僧笎耳，凡口鼻皆傾邪，隨耳所向，作快適之狀。

李公麟《慈孝故實圖》。

易元吉《竹石獐猿圖》，高宗題。

徐熙《戴勝梨花》。

自董元至徐熙《梨花》，葉森於松雪齋屢見之。

米海岳書《寶章待訪録》，秦少游、黄庭堅題。公又有水檻，其中所藏尤多，不能盡記也。

璚玉盤螭環，白地上黑，雙螭。此環是葉森先人所贈與公者，甚佳。

又有白玉方頂簪一條，其玉白瑩，真絶品也。

白玉雙荔枝女環一對，可長三寸，并脚通碾，皆白玉也。甚精。此必女直后妃故物，惜乎其一微損。

方銅爐，四脚，兩耳，饕餮面，回文。内有「東宫」二字，款色正黑。後歸張受益，其直十二錠。此鼎《博古圖》所無，在可疑之間。

圓銅鼎一，文藻極佳，内有款云「瞿父癸鼎」。

蛟脚大圜壺一，可受五斗米，滿身蛟螭文。歸之王氏，爲價六錠。

金絲商嵌小鼎，元賈氏，後送謝堂。十爐之一，文極細。後并高麗商嵌歸之吴存齋，還銀四十兩。

靈壁石出香山一，座下有「雲根」二字。亦歸張受益。又靈壁小山一。葉森曾見魏公靈壁石一，其大如拳，峰巒皆五列，公名之五老峰【一一】。手抓之拂之【一二】，皆有聲。米海岳故物也。

古玉筆格一。

圓端硯一。葉森見公一端硯若辟雍，硯名曰大雅。

又洮石，名緑漪，如玉斗樣。

古濟硯，有「神品」朱字。本沈草庭物，製作極精，然滑甚不受墨。

京兆府所刻《東方畫贊》，比之今本字稍大。

趙子固仿湯叔野《霜入千林圖》。又作《水仙》一百一窠。中一株最大，號「百花朝王」。其後自跋云：「效湯所爲，流落北方，子昂得之。」

子昂又云：「北方好事者收《紹興稽古録》廿册，皆高宗時所收三代古器。各圖其物，或青，或緑，或紅。各模其款于右，亦各有考証，如《宣和博古圖》而加詳，近世諸公所收者多在焉。」

周豊鼎，見《博古圖》第三卷，銘六字。子昂題詩云：「豊鼎制特小，周人風故淳。摩挲玉質潤，拂拭翠光匀。鑄法觀來妙，銘文考更真。平生篤好古，對此興彌新。」

【一一】公名之五老峰　「公」原作「分」，據秘笈本、四庫本改。

【一二】手抓之拂之　「抓」原作「瓜」，據秘笈本改。

姚端夫燧號牧庵所藏

琱玉盤螭，甚奇。鮮于伯機一古玉鈎，亦妙。中議相易，不成。葉森曾見姚先生此物。先生所收古銅器尤多，不止此玉螭也。

省齋鎮撫所藏

古琱玉蟠螭，尤奇。一螭角有一小鼠，殊不可曉。或名云「太虚鼠」，又名「虚木相符」，皆不可曉。云皆出太原之高辛一作柴。墓中，皆古玉也。此物紅如血，黑如漆，白如酥，五色備具，真神品也。

天台謝奕修養浩齋所藏

虞永興《頭眩帖》，有「機暇清賞」及「潞國公珍玩」「簑笠軒」印，「紹興」小璽。

顔魯公《鹿脯帖》《乞米帖》，倩仲跋。

楊少師手帖。

李西臺詩。

蘇滄浪草書。

東坡醉草。

温公帖。

陶隱居小楷《大洞真經隱訣》，後有林希父子題。

秦少遊數帖。

周越書《劍器行》。

唐《劉良驤元陵挽郎告》，貞元八年三月廿四日，三省長官董晉，領吏部選袁滋，知吏部選杜黄裳，尚書右丞趙憬，郎中韋夏卿。

唐《陳尚庭縣尉告》，天寶三載，丞相李林甫、韋陟、景融三人名後又稱「陳尚庭四十三載」。按，天寶改年爲載，而人之年齒亦以載代，未通也。告身乃用羅文紙，殊不可曉。後有向若水跋。

趙昌《梨花》，千里收附。

楊補之《四清圖》。

吴越承制，大略如誥敕，後書「天下兵馬元帥尚父吴越王」銜。

王晉卿八帖，皆與親賢宅諸王書。内有送酒一帖云：「瀑釀四器納上。」以瀑釀酒，可謂好奇。

東坡《救月圖并贊》，畢良史印，小米、攻愧齋跋。

《蘇氏譜系帖》，自蘇源明、坡、潁而下凡五世。世各有十餘帖，爲六巨帙。平生所觀蘇帖未有如此之多且旨也。

米老自畫宅圖，又小楷三帖，《珊瑚》等十帖，米老親書楷書畫法，并《青山白雲圖》。米老《辨印帖》詞云：「綏平郡名卯里右政者，中有省文。有人收古印，文曰『相侯宣印』，乃是丞相富民侯薛宣印。最小繆篆，乃今所謂『填篆』也，用辨私印二字。尚書禮部員外郎米芾審定。」

蔡君謨朱書青紙上大字。

東坡書《繡觀音贊》。

吴越王判狀二，并《贊甯狀》，忠懿王草書判字一，花押。

李後主畫《戲猿》，後有「建業文房」之印。

韓滉《子母牛》，有錢氏合章大印。

徐熙《出獵圖》。

戴嵩着色《飲水牛》，高宗題，乾卦印。

唐畫二佛。

郭熙《雪獵圖》。

伯時畫《九歌》，曹緯、吴傅朋跋。

張萱《煎茶圖》。

唐《日本大荒西經圖》，思陵題，乾卦印。

胡虔《獵騎圖》。

以上共三十五卷，多賈師憲故物，後以此送謝堂，堂不能保，歸之起翁，起翁今亦不自保也。

陳氏所藏

顧愷之《初平叱石起羊圖》，高宗題，乾卦印，「紹興」小璽。顧愷之《吴王斫鱠圖》，紙畫，後有「元祐丙寅」四字，及乾卦印、「紹興」小璽。

菊坡趙待制所藏

韓滉作《稽康像》。

宣和御畫水墨《草蟲》，後題云「紫宸殿游戲」，并御押、御印。又作《百合萱草群蚓圖》，蚓甚佳。

黄筌《雪鶻圖》，高宗題。

易元吉《乳猫圖》。

艾宣《野皃》。

孫知微《九曜圖》。

崔白《野皃》。

黄筌《梅竹白鷴》。

石恪《鍾馗》。

趙希遠紙畫《百勞》二。

古畫二，一作五丁開山，一作帝仙對弈。上有飛鬼，下有神馬。疑是石恪畫。

山谷大字《發願文》。

唐畫人物二，又《梅枝上鷹》一。

崔白《野皃》雙幅，紙上草蟲二，作茴香、薄荷，尤奇。

宋秘書省所藏

乙亥春，秘丞王汝濟以蓬省司點邀予偕行，於是具衣冠，望拜右文殿，然後遊道山堂，堂有坡仙所作竹石，歷汗青軒，登渾儀臺，觀銅渾儀，儀色澤如銀如玉，精緻特甚。後步玉渠，登秘閣，閣内兩傍皆列龕，藏先朝會要及御書畫，别有硃漆巨匣五十餘，皆古今法書、名畫也。是日，僅閱秋收冬藏内畫，皆以鸞鵲綾、象軸爲飾，有御題者則加以金花綾。每書表裏皆有尚書省印。關防雖嚴，往往以僞易真，殊不可曉。其佳者有：

董元《笑虞丘子圖》。

唐模顧愷之《説經圖》。此二畫絶高古。

李成《重巖寒溜圖》。

孫太古《誌公像》。

展子虔《伏生》。

無名人《三天女》，亦古妙。

燕文貴紙畫山水小卷，極精。

趙士雷《湘鄉小景》。

符道隱山水。

胡瓌《馬》。

關仝山水。

文與可《枯木竹石》。

陳晦《柏》。

餘悉常品，亦有甚謬者。通閲一百六十餘卷，絶品不滿十焉。余想像書之，以爲平生清賞之冠。

董震齋德時所藏

購得括蒼葉氏召公尊，其蓋細花，款文極精妙。尊腹有五指掐文，中有款，細十字，真三代之奇物。《博古圖》有之，俗名手捏尊。後以開元宮遺火失其蓋，送之張萬户之子焉。

教化參政所藏

癸字鼎，初出蕭山張稱孫家。其制三足兩耳，其饕餮圓雷文，粗細花相間，儼然一局鑪耳【一三】。第青緑自内出，外則裹之以褐色，光瑩可愛。内有三字款文，狀「卄目[illegible]」，然其樣則不古也。沈大馨得之，以爲奇貨。既而董瓚者欲得之，遂酬以善價。後歸喬氏，復歸教化參政矣。余自世變以來，所見香鼎多矣，未有如内字款者，爲佳。此賈師憲第一器，後歸謝堂，又歸駔者珠陳家，又歸僧祐德巖，今不知歸之何人。

張氏收

宋太祖御書一紙，前據殿前軍馬數次，有御筆兩行云：「我白別勾當公事，誰要汝具

【一三】儼然一局鑪耳　「一」字原缺，據秘笈本、四庫本補。

人數來。」後復有太祖御書字印，其下有封禪鹵簿使印，印上書「臣陳康伯」四字。

劉漢卿所藏

回回刀一，小口，背上皆金錯出回回書。内金錯出一人面獸，精甚。聞回回國主所佩者。

趙德潤藏

一鏡，杏葉樣。背有大鐵環，乃挂鏡也。上有銘云：「人有一口前牛無八角牛口走」，殊不可曉。下有一牛轉頭，前有草一叢，下篆「辟祟驅邪」，兩傍亦有字，細考之，乃「丙午造」三字。其下牛與草必寓年號耳。張夢符孔孫曰：「今御府有寶硯曰『蒼龍橫沼』，内有龍形橫硯沼中。」趙子昂云：「蒼龍者，世所謂岩花是也。今在集賢院中。又有聚寶硯，玉板太乙船，無眼而温潤。皆寶硯也。」

琴則春雷爲第一，向爲宣和殿萬琴堂稱最。既歸大金，遂爲章宗御府第一琴。章宗挾之以殉葬，凡十八年復出人間，略無毫髮動。今又爲諸琴之冠。蓋天地間尤物也。

又有唐氏所斵玉振及黄鵠、秋嘯，皆瑟。瑟徽白玉，焦尾，岳軫足。

又有所謂混沌，材自高麗來，亦異寶也。

又有殷玉鉞，長三尺餘，一段美玉，文藻精甚。三代之寶，宣和故物。後歸大金，今在御府，每大朝會，必設之外庭。

高彦敬二琴：其一，後題「金儒鳴玉，唐大中五年，處士金儒斲」，於琴名下刻「高士談家寶藏」六字，爲人削去，尚有書迹。此琴乃宣和御府故物，後歸大金高士談家。金人以與宋通被殺故，或者諱而去其字。其色赤如新栗殼，斷文隱起如蛇虬【一四】，誠奇物也。其一，三足鼎峙，皆美玉，咸通二年張鉞斲，款用小篆，精妙。又有銘文，漫漶不可識，但見「龍鳳等取像」數字。

彦敬又藏蒲序墨一笏，甚古。上有數十字，佳品。其下光澤可愛。恐在廷珪之前。

廉御史廷臣所藏

琴名「玉澗鳴泉」，咸通二年西蜀雷迅斲。

廉端甫所藏

琴名「雙響」，慶曆五年道士衛中正奉聖旨斲，崇寧三年馬希亮奉聖旨重修。

喬仲山收「冰清」，大中祥符年西蜀郭亮斲，馬希仁修。

廉端甫又藏一琴名「秋籟」，唐三慧大師斲。

【一四】斷文隱起如蛇虬　「虬」原作「蚪」，據秘笈本、四庫本改。

鮮于伯機收唐琴，張鉞斲，僧智仁重修。
郭北山收唐琴「萬壑松」，白玉軫足。
張受益收「懷古」，斷文如絲髮而赤色。
又一琴名「霜鐘」。
李公略收雷威百衲琴，雲和樣，内外皆細紋，腹内容三指。内題：「大宋太平興國七年歲次壬午六月望日，殿前承旨監杭州瓷窑務趙仁濟再補修，進入吴越國王宫。」百衲雷威琴極薄而輕，異物也。

古今斲琴名手：
唐雷霄【一五】、雷威、雷珏、郭亮，并蜀人。
張鉞、張□、沈鐐，皆江南人。
蔡叡、僧智仁、衛中正，慶曆中人。
朱仁濟、馬希亮、馬希仁，崇寧中人。
金淵，汴人，紹興初妙手。
金公路，所謂金道者，琴薄而清，紹興初人。
陳亨道，高宗朝，琴厚而古。
近世有嚴樽，古清之祖。

【一五】唐雷霄　此三字原缺，據馮鈔本、秘笈本、四庫本補。

馬大夫向，居癸辛街。

梅四官人，古清妻父。

龔老應奉。

林杲東卿，石橋之父。

林石橋云：「近世琴之有名者，如趙郡丞之『大雅』，黄玉軫足。又『松雪』，亦蘭坡物，今歸趙子昂。趙節齋之『浮磬』，樊澤卜氏之『奔雷』，吴沂詠齋之『存古』，今歸張受益。張佑之『萬壑松』。」

南北名琴　北人粘合文卿云：「古琴絶品皆聚於宣和，後悉歸之大金。今散落現存者，如『春雷』，蜀人雷威作，賜傅初庵，可以爲冠。其次『玉振』，藏隆福宫，『石上清泉』古篆書，不知作者。都下陳天賜家『寒玉』，沈鐐作。宋少卿家『冰清』，唐郭亮作。喬仲山『百衲』，雷威作，内外皆漆，吴越重修，恐即李公略者。」「秋嘯」，内府之物。「秋塘寒玉」，雷氏斵，唐承旨收。「冠古韵磬」，唐張鉞斵，在李學士家。

又隋人趙取利所斵二張，在余家。

褚伯秀云：「江南李後主常詔徐鉉，以所藏前代墨迹爲古今法帖入石，名《昇元帖》。然則在淳化之前，當爲法帖之祖。」

龔聖予云：「《禊序》有大業間石本，其後有隋諸人銜位。然則在智永未藏之前，此帖亦嘗入御府矣。」

又見伯機仲山言有所藏《貞觀御府書畫譜》。以上三者余皆未之見也。

嘗見汪龍溪彦章一帖云：「去年得下血疾，半年有餘。今春誤食胡桃，復嘔血升餘，始知胡桃能下血。」汪不善書，僉名葉如此寫【一六】。

高宗御府手卷，畫前上白引首，縫間用乾卦圓印，其下用「希世藏」小方印，畫卷盡處之下用「紹興」二字印。墨迹不用卷上合縫卦印，止用其下「希世」小印，其後仍用「紹興」小璽。

徽宗朝墨迹，用天水雙龍縫印及泥金御題淡金狹簽頭。

余家有火浣布尺餘，外祖知泉州日得之里人，後歸余家。

長生螺數枚，置之鮓中則活。

瑪瑙盞，二雙。其一純白，中有金鱔魚一條；其一純紅，中有白鰍魚一條。

沉香連三暖閣，窗隔皆鏤花，其下替板亦然。下用抽替，打篆香在内，則氣芬郁，終日不散。前後皆施錦繡簾，挂瓶皆官窑，妝飾侈靡，舉世未有。後獻之福邸。

先子向寓杭，收奇異書，太廟前尹氏嘗以綵畫《三輔黄圖》求售。每宮殿各繪成圖，甚精。後爲衢人柴氏所得。近者左藏庫變賣禁中故書，内有出相綵畫《本草》一

【一六】僉名葉如此寫　「葉」原作「業」，據秘笈本、四庫本改。

部，極佳。

米氏《研山》，後歸宣和御府，今在台州戴覺民家。大衍庫出售雜物時，有靈壁小峰，長僅五六寸，高半之，玲瓏秀潤，所謂胡桃皮、沙背、水道皆有之。於上峰之半，有圓白小月，瑩然如玉。徽宗御書八小字刻於峰傍，云「山高月小，水落石出」，略無琢刻之迹，真奇物也。

元豐間，米老自號鹿門居士，其印文曰「火正後人芾印」，其後并不見用之。

趙子俊孟籲藏一爵，其款云「自火」，色黑而褐，亦佳物也。但一足已折，粘綴于上，爲可惜耳。

東坡詩卷，近世跋云：「觀此真迹，始覺僞者甚可笑也。」亦善下語云。

三代遠矣，鼎彝之器傳至於今者絶少。或僅而傳，類多損缺，勢使然耳。今世收古之家必以其完，殊可笑也。其間自有一種色黑而文藻精細者【一七】，往往皆宣和間禮製局依仿而造。今人見其完備，乃以爲真三代器，尤爲可笑。余嘗得三代器之不完者，其饕餮一羊首，瑩如緑玉，其傍乃黄銅耳。蓋古鑄器用黄銅，歲久自然丹碧，其元質不變者正黄銅。其後乃用藥煙薰染而成，殊失古意。

【一七】其間自有一種色黑而文藻精細者　「色黑」原缺，據秘笈本、四庫本補。

何道士收

古玉圭，出自土中。玉色類碔砆，長一尺三寸，廣三寸五分，厚八分。其上甚鋭，其下所執處隆起二分。其底有竅，廣一寸而墮【一八】，或半寸許，與他圭製絶異，當考。

三十八代天師張廣微與材所藏

玉印一紐，方二寸，厚一寸，把手又高寸許，一璞所成。其文曰「陽平治都功」，印凸，鑽碾甚精美，玉色亦温潤。

法劍一口，玉靶，靶上兩面皆有篆字二行，每行十餘字。劍長四尺許，兩面皆鈿紫金，作法篆【一九】。其一面略記有文「」，日月内有春夏秋冬，其下三台、北斗。其一面字不能辨，最下作「雲雷電」三字。劍兩面俱有鋒鋩，無缺蝕。蓋自漢到今千七百年，累代所持以立教，止此二物耳。

又出御賜玉圭，約長尺五寸，廣四寸，厚一寸餘。瑩然白玉，略無纖瑕，上鋭下方，圭面碾四小山「」。乃思陵所秉鎮圭也。

又玉珮二，環玦等八事，穿以大珠，亦宋諸帝之佩。

又金冠一，甚大，并頮仰簪，共用黄金二十五兩。前爲北斗，後爲南斗，每面嵌紫金捺

【一八】廣一寸而墮　「墮」原作「擕」，據秘笈本、四庫本改。

【一九】作法篆　「篆」字原缺，據秘笈本、四庫本補。

子五粒，斗星皆大鋭珠，大如彈者爲之，通計大白北珠三十四粒。頰仰如意簪亦嵌大珠。法衣一領，所謂納失失者，皆織渾金雲鳳，下闌皆升龍。

《絳帖》第九卷《大令書》第四行内「面」字，右邊轉筆全不成字，正在石破處，隱然可見。今乃無其「面」字，下一字與第五行第七字亦不同。又第七行第一字舊本行書「正」字，今本乃草書「心」字，筆法且俗。以此推之，今之所見多非舊本。

賈師憲丞相《祭器銘》曰：「維景定三年正月一日，詔太傅丞相賈公似道，奕世勳勞，再造王室，其錫家廟于行都，乃作俎豆，供奉時薦。」有「子孫永保」之款。

余家有《墨妝圖》，不知所出。後見周宣帝傳位太子，自稱「天元皇帝」，禁天下婦人不得粉黛，自非宫人者黄眉墨妝，方知所出。

附録

范應宫序

自古書畫奇玩，實天地間神靈之氣所結，鑒賞家歷代寶之，甚至愛戀不已，爲之殉葬。故珍收塵散，往往相鄰。此見物之尤者，正如石光電火，僅一現諸空界，尋復爲神靈竊去，而後世嗜古者見圖册所傳述，猶擾擾熱中而垂涎之。惜哉物之聚散無常，不似煙之凝而如龍如螭如山川草木，雲之結而爲鳥爲蓋爲峰巒層疊，何所不幻其景象於眉睫，而刹那即滅，曾不若隨所見而録，因所録而珍，較冥搜廣索置列一室者，反更勝也？而公謹氏又何以雲煙過眼名哉？大凡物以形質存，其形質必有壞。人代各爲收藏，便生爾我、貪愛、離合種種惡趣。得之戀戀，失之惋惋。不若是録，具無壞理。禹圭舜琴堯土杯，惟存空紙上，故令億萬載後恍若目擊。倘史册不書，而古人必求爲國珍爲聖迹，必不能於百千水火劫中尋法物也。今山林貧士既不能遍買書畫奇物，又難斷博古之癖，願展是録，作過眼煙雲觀，則孰成孰虧，孰久孰近，總之流轉於太虚，又能空諸愛戀貪著之想。東坡云：「書畫奇物，近年視之，不啻如糞土。」得毋與仲醇、天生參訂是録之意同乎？刻成，天生徵余序，故爲弁之首。

（清鈔《雲煙過眼録》四卷《續録》一卷本卷首）

夏頤跋

至正廿年秋八月，夏頤手鈔于立志齋中。

（清劉履芬鈔本《雲煙過眼録》卷尾）

周曰東跋

隆慶三年秋八月，周曰東重書一過。

右《雲煙過眼録》一册。往歲嘉靖乙丑臘日，余過東城顧氏何有齋，文四子悱攜元人鈔本來觀，且托少潛文録寄乃公三橋博士。明春丙寅，少潛因自鈔一册。居二，士貞借歸，録置蒼雪館。至隆慶改元丁卯冬殘，轉從士貞處將歸鈔完，爲錢叔寶將去。今年八月十二日，偶過少潛宅，復從借録。録畢，因詳記始末如此。

是日，周韜叔在坐，陸玄崖攜具來，留款竟日。因談及《伯夷傳》，玄崖言：「太史公叙此，深明其不怨也。」余以爲不然。蓋太史公本自有怨誹之心，實欲發此以證己之是耳。前史所謂《小雅·巷伯》之倫，正此謂也。因各辨論不服，未知孰是。并附記于此，别當叩識者。周曰東。

（清劉履芬鈔本《雲煙過眼録》卷尾）

葉奕跋

此編予從馮定遠偉節處得周君手鈔本録就。元本鈔字極爲瘦細可觀，蓋馮轉從友人某甲借來。余轉攜至者，書字極爲潦草。方録成，校對次，適馮大已蒼自婁江歸，話錢瞿黨事，連染酒酣，憤恨而别。挑鐙卒卷識此。時崇禎十年閏四月八日，葉奕記。

（清劉履芬鈔本《雲煙過眼録》卷尾）

丁敬跋

乾隆己卯端午日，鐙下鈔完。俟求他本對過。再以楷書寫之。敬老人記於剪刀巷石佛庵對面寓舍之側。

是本與陳眉公《秘笈》中所刻又不同，然得《秘笈》刻本，亦可參校也。

余得一本，乃元人夏頤所鈔本，以蘭坡趙公所藏爲首，與《秘笈》所刻多不同。惜燬去。當訪之中吴賞鑒家，求此本，方爲善本也。敬身又記。

此録當以蘭坡趙與懃爲首者是好本子。内中所引王晉卿，即章所爲畫樣式特詳所記，亦比别本詳悉。惜余此本燬於火。聞汪伯子兄向余言，有張米庵藏本，當屬善本無疑。當借來影鈔之。切記！切記！敬叟又誌。

（清鈔《雲煙過眼録》二卷《别録》二卷本《雲煙過眼録》卷下後）

此本乃吾友江承齋通守所藏本也。實爲秘本。蓋周公謹爲此録屬筆初本，故所記多周詳，源流井井，足資稽古者考訂，極不易得。惜鈔手粗率，誤錯脱失，政復不少。若再得善本，細校一過，真珠一船，何足擬耶！乾隆己卯五月六日，晨曦映窗，又記。敬身老人。時年六十五歲。

（清鈔《雲煙過眼録》二卷《别録》二卷本《雲煙過眼别録》卷下後）

張仁美跋

録中所載大半南北宋御府秘藏，一劫於金，一劫於元，遂使書畫奇珍、銅玉寶玩散落人間，良可慨嘆。周公謹集此成帙，亦以見珍襲非可長恃，等諸過眼雲煙，轉不若載于筆者可傳久也。展卷閲之，寶光四照，如將三代漢唐之物羅列一堂，大是快心悦目。鈔而存之，以爲多見而識之助云爾。是刻訛字極多，其可信者皆爲改正，其可疑者姑闕之，以俟考焉。乾隆庚寅三月上浣，寶閑主人書授二兒。

（清鈔《雲煙過眼録》四卷《續録》一卷本卷尾）

嚴元照跋

廿三日齋，午後録罷。寄楮分。懋堂先生有札。女病亦小愈矣。修能。

（清鈔《雲煙過眼録》二卷《別録》二卷本《雲煙過眼別録》卷上後）

廿五日午後，修能録畢。即將鈔宋本《夷堅志》矣。

宋氏所藏丁徵君手録《雲煙過眼録》後有《別録》二卷。前録以所藏之人爲目，而此則記某年月日觀於某所，與前録多參錯不同。前後自壬辰至乙未，計四年，乃至元二十九年至元貞元年也。其年次亦雜亂無序。丁君謂是草窗初稿，殆可信也，《盧鴻草堂圖》其詩前録不載，此則全載之，并書人姓名，惜脱誤太多，以前録校改一二，殊未能盡。欲求善本，俟諸異日云。修能識。

（清鈔《雲煙過眼録》二卷《別録》二卷本《雲煙過眼別録》卷下後）

嘉慶八年七月鈔《女真征緬録》《女真招捕總録》既畢，乃以丁龍泓徵君手鈔此録録一副本。丁本係小行狎書，甚草草，脱誤亦極多。余以意標出，未敢輕改。十八日晡時記。元和顧澗蘋廣圻寄賀納姬詞一闋，調寄《浣溪沙》，又以近作詠物詞五闋寄來。香修病已五日，卧床矣。修能元照書。

（清鈔《雲煙過眼録》二卷《別録》二卷本《雲煙過眼録》卷上後）

二十日録畢。昨甚熱，今日午後得雨凉。香修病起，女又病。修能手書。晚間接到段封翁之訃，金壇段懋堂先生之尊人也。封翁及見元孫，壽九十四。懋堂年已七十矣。真人世奇福。予去冬訪懋堂於其家，曾見封翁揖讓俯仰，絶無老態。修能又書。

中夏下旬，自武林歸，路經塘棲里，訪宋茗香助教，觀所藏書，借得數種，中有丁龍泓先生手鈔《雲煙過眼録》一册，愛其記述清妙，新秋始凉，以楷書謄之。《録》中湯仲謀、葉森、文璧三人皆有附注之語。丁鈔或别行低一格，或徑雜於各條中，皆非也。又提行分段，亦多焯知其謬者，予悉正之。然訛字脱文尚不勝摘，俟訪它本校之。草窗引林石橋語，謂當時名琴，樊澤卜氏之奔雷居其一。樊澤，距余家不五里，今有琴堂庵，相傳爲藏琴之所也。又載賈秋壑祭器銘乃景定三年錫家廟於行都而造者。案，秋壑家廟在葛嶺之西，有磨崖大八分書云：「景定三年正月八日，賈似道蒙上恩賜家廟第宅於行都，辭勿獲，因集芳園鄰舊居，就賜給緡錢使營葺焉，用謹欽承，子子孫孫，其毋忘忠報。」共五十四字。故臨海知縣金匱華君瑞潢寓於北山，近年始搜得之。志桑諸書未有載之者，并識於此。廿一日清晨，嚴元照書於芳茉堂。

向華秋槎先生借得《秘笈》本，研朱校對一過，補入「張萬户所藏」一段。《盧鴻草堂十志詩跋》，此本亦不載，即校於《别録》，不復補訂矣。其它訛脱亦甚多，與此本相伯仲。雖校之，殊未得爲完善也。十二月十八日，修能校畢識。香修卧病二日矣。

（清鈔《雲煙過眼録》二卷《别録》二卷本《雲煙過眼録》卷下後）

張承湛跋

龍集道光歲在己亥浴佛日，曾孫承湛恭傳一本，授大宗三省堂枝姪樹本敬謹尊藏。

（清鈔《雲煙過眼録》四卷《續録》一卷本卷尾）

勞權跋

此《别録》二卷，係從《志雅堂雜鈔》中録出。圖畫碑帖一門全録，諸玩則録其半，寶器取其一則，爲此録之上卷。下卷全録《續鈔》，《續鈔》止圖畫碑帖一門，又有羼入者數條，并非全書也。《雜鈔》乃草窗著述之底本，其中所載且有見於《浩然齋雅談》各書者。若此《别録》，則又後人鈔出，不足存也。惟謬誤處彼此可以互校，故是一得。《雜鈔》吾鄉余秋室學士手寫刊板，此長白榮譽子譽《得月樓叢書》中重刊本也。

咸豐紀元三月九日校畢記。

（清鈔《雲煙過眼録》二卷《别録》二卷本《雲煙過眼别録》卷下後）

咸豐壬子四月，以影寫明人鈔本校作一卷，與元鈔本同，但多脱誤，爲草窗定本也。

有一人所藏而數見者，乃隨所見先後記之。有第云某人所藏某件，不别前標名氏而列書畫者。此本勘以《雜鈔》，無不悉合。此本俱歸并一處。有偶見一二件，第云某人所藏某件者，此本改從一例，前標姓名而列書畫於後。割裂牽合痕宛然。又盡削記録年月及轉徙歸宿及前後重出之語，蓋後人重編本。惟字多異同，又記收藏姓名特詳，恐出别本。又如王子慶、趙太祖、郭祐之，此本有之，而一卷本不載，又有出其外□條。予疑一卷本固有脱佚，重編本亦爲從《雜鈔》增入者。亦有一卷本及《雜鈔》俱載，此本所無者，則重編時所遺脱也。丹鉛生記。

丁隱君所云張米庵本不可得見，據其《清河書畫舫》所載，每與此本合，其次第不同，疑米庵所重定。先書後畫，又略分時代先後，《雜鈔》所記年月及流傳源委，校録爲詳。書中所載已見著述定本，卻與《録》可并行，且有《録》中因其書畫不足重而不載者。雖書賈鈔出充入，亦一得也。望日又記。

後有得述古、汲古兩家影元寫本及米庵本，自當據元本刊行而置此本於不論，惟元人附識之語，當并存之耳（《清河書畫舫》載之，則米庵本亦有），亦足爲書畫廣聞見也。燈下又記。

《珊瑚木難》載《弁陽老人自銘》，載其所著《經傳載異》、《浩然齋五筆》、《齊東野語》、《臺閣舊聞》、《澄懷録》、《武林舊事》、《詩詞叢談》、詩文、樂章，而不及此録。

（清鈔《雲煙過眼録》二卷《别録》二卷本《雲煙過眼録》卷上前）

丁徵君所言張米庵本不可得見，以其所著《清河書畫舫》所載者校之，亦有湯允謨、葉森、文璧附識，則與寶顔堂、龍泓館兩本相同，唯可正其謬誤耳。余藏一卷本，正以蘭坡趙都丞與懃所藏爲首，次第與此本多不同。「蘭坡」一則爲著所脱，嫌多訛脱，未及參校。元人鈔本雖燬於火，毛斧季汲古閣、錢遵王述古堂俱爲影寫之本，當向吴中物色之。陶南村《説郛》倘此録，則其本當未盡劣也。咸豐紀元辛亥三月十一日識。時欲往湖州訪吾友高宰平司訓，等伴不至，聊檢校一過。此本向爲宰平借去遺失，展轉數年，今陶林元爲搜得，復歸於余，殊不勝歸趙之喜。并記。丹鉛生。

「蘭坡趙都丞」一則，《清河書畫舫》載，則此本校不缺，屬族子□叔秀才據以補寫。四月望日誌。時訪宰平司訓於菰城乍歸，行將往杭州赴宰平之約也。

（清鈔《雲煙過眼録》二卷《别録》二卷本《雲煙過眼録》卷下後）

周星詒跋

右《雲煙過眼録》二卷《續録》一卷，二册全。丙寅十月廿一日，以白金十兩購之福州帶經堂陳氏。季貺星詒記于福州楊橋巷寓齋。

蕭山丁藍叔文蔚藏張樗寮楷書杜詩二律，横卷，有翁覃溪、吴伯榮、那繹堂三跋。所藏木匣亦伯榮題字。又鮮于伯機草書《茅屋爲秋風所破歌》卷子，即汪松泉《墨緣彙觀》中所載，惟佚香光一跋耳。舊皆藏那文毅家，公孫度南軒大令攜以入閩。大令潦倒貧病以卒，藍叔以八十金得之。丁卯歲左季高尚書督師來福州，藍叔以伯機書卷獻之，大蒙欣賞。賊平，得列名。

薦剡以鷭翎酬之，張卷尚在，索價二百金也。陳子崧太守□思藏宋拓晉唐小楷四册，爲李公博侍郎故物，精妙極倫。趙松雪書《太上靈寶洞玄經》小楷，幾及萬字，爲上清真人薛玄卿以真迹上石者，有薛及袁清容二跋，神采奕奕，不減真迹。龍南徐大令田薦藏宋拓《醴泉銘》，爲明上海顧汝修集肥瘦各本裝成者，册面題字爲是顧手迹，有翁覃溪跋。又于册中諸字以小行書考證所出，贊美傾倒備至，皆入閩來所見上上神品也。閲是書竟，坿記卷末，以誌墨緣云。又武進吴企夫大令光漢新得宋拓《聖教序》及陳章侯墨筆花卉卷子，計百種，各種幾備變化（穿榡襯貼）百出，諸法咸具。尾有行書長跋，得意傑作也。予生平所見陳畫于此卷嘆觀止矣！隔水上□□□□關防，蓋林文志舊物。企夫以二十金得之。次日又記。

（清鈔《雲煙過眼録》二卷《續集》一卷本卷尾）

趙宗建跋

余病後偶至陳希詵齋中，見案頭有何小山校本，假歸臨之。未及半，而病復作，俟稍瘳，重爲臨竟。此册脱誤殊甚，若無善本，亦無從正其謬誤，是以舊本之足貴也。光緒乙未季夏非昔居士校畢記。時年六十有八。

希詵爲稽瑞樓之孫，當時藏書甚富。刼後散失殆盡，此猶是樓中剩物也。非昔又記。

（清鈔《雲煙過眼録》四卷《續録》一卷本卷尾）

《四庫全書總目》提要

《雲煙過眼録》四卷，《續録》一卷。浙江巡撫採進本。宋周密撰。密有《武林舊事》，已著録。是書記所見書畫、古器，略品甲乙而不甚考證。其命名蓋取蘇軾之語，第考軾《寶繪堂記》，實作「煙雲之過眼」。舊本刊作「雲煙」，殆誤倒其文。然錢曾《讀書敏求記》載，元至正間夏頤鈔本已作「雲煙」，則訛異已久矣。曾記夏本作一卷，而此本四卷，或後人所分歟？觀所記收藏之人，蓋入元以後所作。中有湯允謨、葉森、文壁之語，蓋點勘是書各爲題識，傳寫者誤合爲一，如「王子慶所藏宋太祖御批三件」條末云「今第三卷只有二件，疑有脱誤，當參考《志雅堂雜鈔》」云云。《志雅堂雜鈔》亦密所著，不應自云「當參考」，知亦誤連校正之語爲正文矣。中記蘇軾手書詞稱「郟湛初溢」，今本訛爲「漣漪初溢」，然「郟湛」字不可解，恐亦有訛。又記《蘭亭序》有隋煬帝内府石刻，不知何據。又記吴彩鸞書《切韻》，以一先、二仙爲十三仙、二十四先，稱不可曉。案，《困學紀聞》載魏了翁之言已稱《唐韻》下平不作一先，則《唐韻》或有此別本，亦未可知也。《續録》一卷，題逢澤湯允謨撰，凡三十九條。董其昌《戲鴻堂帖》定絹本《黄庭經》爲楊許舊迹，蓋本此書，則亦以其賞鑒爲準矣。

（《四庫全書總目》卷一百二十三子部三十三雜家類七）

《讀書敏求記》提要

《雲煙過眼録》一卷。

周公謹《雲煙過眼録》，隆慶三年秋八月，周曰東從至正廿年夏頤手鈔本重書一過，字畫端楷。且與居士貞【一】、錢叔寶諸公友善，共相摹寫，洵一名士也。《録》云：「焦達卿有吴彩鸞書《切韻》一卷，其書一先爲二十三先、二十四仙。」相傳彩鸞所書《韻》散落人間者甚多，余從延令季氏曾睹其真迹【二】，「一先」仍作「一先」，與達卿所藏者異。逐葉翻看，展轉至末，仍合爲一卷。張邦基《墨莊漫録》云旋風葉者即此，真曠代之奇寶。因悟古人「玉躞金題」之義，《唐六典》所以有「熟紙裝潢匠」之別也。自

【一】且與居士貞　「貞」字原缺，據管庭芬、章鈺《讀書敏求記校證》本補。

【二】余從延令季氏曾睹其真迹　「令」原作「陵」，據管庭芬、章鈺《讀書敏求記校證》本改。

北宋刊本書行世，而裝潢之技絶矣。余幸遇此《韵》，得覯唐時卷帙舊觀。今季氏零替，此卷歸之不知何人，世無有賞鑒其裝潢者，惜哉！

（清雍正四年松雪齋刻本錢曾《讀書敏求記》卷三）

《鄭堂讀書記》提要

《雲煙過眼録》四卷寶顔堂秘笈本。《續録》一卷。奇晉齋叢書本。

宋周密撰。其《續録》則元湯允謨作也。允謨字仲謀，逢澤人。《四庫全書》著録。倪氏、錢氏《補元志》雜藝術類。祇載原書，而不及《續録》，蓋兩家尚未之見也。原書乃其入元以後所作，皆記所見古器奇玩及法書名畫，各以所藏之人標目，間加以賞鑒之語。然記載頗夥，足資參考。其書名蓋取蘇東坡《寶繪堂記》語，而刊者誤倒其字也。仲謀所續體例，頗與原書相似，雖止三十九條，亦足以補其闕。其書世無傳本，故唐宋叢書祇收原書，不及《續録》。近陸梅谷得都元敬手鈔本，刊入叢書，并爲之跋。

（民國間吴興叢書本周中孚《鄭堂讀書記》卷五十八）

《鐵琴銅劍樓藏書目録》提要

《雲煙過眼録》一卷。舊鈔本。

宋周密撰。錢遵王《讀書敏求記》載元至正間夏頣鈔本，此本即從之傳録。卷尾一行云：「隆慶三年秋八月，周曰東重書一過。」首尾不分卷，與世所行四卷者異，其中序次、文字亦互有詳略，殆爲後人增損與？舊藏邑中馮氏。每葉欄外左角有「馮氏藏本」四字。卷首有「長樂」「馮舒之印」二朱記。

（清光緒間常熟瞿氏家塾刻本瞿鏞《鐵琴銅劍樓藏書目録》卷十六子部四）

雲煙過眼録續録

⊙湯允謨撰

點校説明

《雲煙過眼録續録》不分卷，或題作《雲煙過眼録續集》《雲煙過眼續録》，湯允謨撰。湯允謨，字仲謀，逢澤人，生卒年及生平不詳。據《雲煙過眼録》卷上「焦達卿敏中所藏」條湯氏注文「余至順壬申（一三三二）見南安總管……」推測，湯氏應活動於元代中後期。

是書全仿《雲煙過眼録》體例，記古器、古墨、書畫等，亦略作點評，共四十三條，可補史傳之缺。由於此書與《雲煙過眼録》關係密切，故明清以來相關刻本、鈔本多將此二書先後編排，并行於世。傳世版本有《寶顔堂秘笈》本、《奇晉齋叢書》本、《四庫全書》本、《十萬卷樓叢書》本等。諸本卷帙大體相同，文字略有差異，其中以《十萬卷樓叢書》本最佳。

此次整理以陸心源所刻《十萬卷樓叢書》本爲底本，校以陳繼儒輯《寶顔堂秘笈》本（簡稱「秘笈本」）、文淵閣《四庫全書》本（簡稱「四庫本」）及《奇晉齋叢書》本（簡稱「奇晉齋本」）。整理過程中對清鈔《雲煙過眼録》二卷續集一卷本（謝□校注，周星詒校并跋本）有所參考。

目録

附録　三七三

總管太中灤陽趙伯昂仁舉所藏

古器【一】

羊鐙一，内有款曰「南宮羊鐙」。

古伯彝蓋一，色青緑，花瑩可愛。上有把鈕，爲人盗去。

又有兩鼎，内有款識，字尤多，在底下，甚佳。

玉馬一，高五寸有奇。雕琢極精，作嘶鳴狀如生，玉色温美。古玉色如此樣有十餘枚，或大或小，或有文，或無文，或青或緑，長不滿寸，蓋人綰繩之物。

玉人一，高五六寸，束髮於頂，餘髮被腦後，衣垂至地，不見足。色温潤，與馬同。人如顧愷之所畫《列女圖》中人物。

子母蟠螭玉鉤環，徑六寸，螭身白，頭紅，子亦紅，走母腹上，作相視之狀，宛然如生。紅如荔枝，白如酥，製作精巧，通前人馬，爲諸玉之冠。

楊庭光《下生如來像》，思陵題，乾卦印。如來衣朱衣，坐圓光内。

王右軍《司州帖》，古黄紙書，金章宗泥金書籤，明昌七印全。

又《屏風帖》，硬黄紙書，徽宗泥金題籤，首尾天水、宣、政、内府圖書等印并全。

吴元瑜《瑶池圖》二卷。一作王母，冠玉冠，乘金車，駕二龍，前後女從各執旌節導

校勘記

【一】古器　「古」字原缺，據清鈔《雲煙過眼録》二卷《續集》一卷本補。

引，攀龍撫鸞者亦二髽髻女童，甚奇。卷尾作大池，即瑶池也。一作穆王坐金殿，據金椅，而王母與一峩冠婦人鼎峙而坐。彼云右坐者，上元夫人也。畫極精緻而有院體。前後「政和」七印，佑陵題。《宣和畫譜》云三卷，今止二卷。

吴元瑜《梅竹雪雀圖》，有明昌七印。

西域貝葉一片，長二尺餘，高只二寸半，即今西番字葉。色如蒲，裹經細竹片二片，内有識字云「大蜀皇帝賜撫州溥山院」。今世畫工作羅漢誦貝葉經像【二】，多作手持樹葉，甚謬，可笑。

古墨

潘衡墨一，已斷。上有「潘衡」二字，約重四兩，背有金填篆書「墨成，不敢用，進上蓬萊宫」。

宣和雙龍一笏，佑陵書八字云【三】：「政和丙申宣和睿製。」

俞林一笏，題「順慶殿」，殿名未審，當再考。

劉士元一笏，題云：「緝熙殿，乙未星砂。」

胡光烈黑犀一笏。

郭忠恕鏡湖方氏一笏，劉文通一笏。

郭玘一笏，上題「緝熙殿」。

【二】今世畫工作羅漢誦貝葉經像　「工」原作「上」，據秘笈本、四庫本改。

【三】佑陵書八字云　「佑」原作「裕」，據秘笈本、四庫本改。

宣和天水雙龍印，有方圓二樣，法書用圓，名畫用方。

宣和、明昌二帝題簽，法書用墨，名畫用泥金。

明昌七印，其一曰内府葫蘆印，其二曰群玉秘珍，其三曰明昌珍玩，其四曰明昌御覽，其五曰御府寶繪，其六曰明昌中秘，其七曰明昌御府。

祝君祥永昌收

趙千里《釋迦佛行像》一，下有細字云：「臣伯駒奉聖旨畫。」其像廣目深眉，螺髮大耳，耳垂二大金鐶，螺髯而虬鬚，頂有肉髻，左眉放光一道，衣紋腹腿，隱隱可見。筆法極佳，宛然西域一胡僧。

端硯一，背有墨紋者皆成細花，面有鐫篆字兩行，云：「王次張漢老舊坑下巖【四】，子子孫孫，其永寶用。」沼貯水不涸。，其樣如此。王次張，高宗紹興中爲肇慶通判。此硯乃賈秋壑物也。

山居太史楊瑀所藏

古玉天禄，長一尺餘，背起一竅，身皆水銀，古如虎斑文爪牙，製作極精巧。

銅虎符一，全體具存，背上篆云「某處發兵待行」，腹下分書十干，唯戊、癸二字合

【四】王次張漢老舊坑下巖「舊」原作「水」，據秘笈本、四庫本改。

全，餘八字皆平。腹内作牝牡五竅，鬭合之則一全虎也。往往有漢虎符者，褚雪巘及吾貞白所收皆如是。符牌樣上鑄一小虎形，下云「某處發兵」，或左右，或止有一邊。今此全虎形，亦異矣。

竹龜一，乃以老竹片製【五】，首尾四足皆他竹外來者。竅小，兩頭倍大，可轉動而不可出，故用縱横之竹，紋理顯然。背上負三接碑牌一面，兩側有轉動者，亦是外來之竹。首大腰細，不知何法得入。雖巧於製作，亦罔測之，或云鬼工也。

奇石子一，色青而質粗，大如鵝卵形差匾，上有兜塵觀音像，天然如畫，或加磨洗，精神愈見。

又瓊漿石，漿水瑪瑙也。二寸許，乃塊石耳。觀之則滴水在内，摇之則上下流動。古玉畫也。《圖畫志》云：「張文懿公某有玉畫。」或疑其故物云。

智永石刻《千文》《九成宫》，石刻皆金士孫所模。

余見施家有一手卷，錦表首漢王元昌《羸馬圖》。上寫「廣德一作政。元年七月奉旨撿入，漢王元昌畫，臣嚴款之，臣陳净心進」。上有龍鳳印，「紹興」印，乾卦七印，餘一印不分曉。

鮮于伯機有震雷琴，是許旌陽手植桐作，琴背旌陽印劍之迹宛然。

又有黄素《黄庭經》，飄飄有仙氣，有楊玄靖、許穆之印，陶穀、米芾跋。

【五】乃以老竹片製　「以」原作「一」，據秘笈本、四庫本改。

余見某家藏

宋徽宗御筆，作一胡鷹，紅緑皮圈，足前有一馬，缺足，栗殼色，甚奇特。

又有滕王《雙蝶穿花》，上有一押印，亦真迹也。

東坡《竹》。

昔漁者于江邊見雷公逐一小黄蛇，擊殺之，化爲劍，背有八字「許旌陽斬蛟第三劍」，蓋至寶也。今在張伯雨家。

趙雍家有閻立本作《十八學士圖》，于中虞世南、房玄齡最佳。

余家舊藏

司馬文正公手録富鄭公《使北日鈔》一卷，其長五尺，大字書，雖若古拙，而首尾端書如一，豈像其平生行止耶？史稱公之至誠可以動天地，此卷見之。丞相益國公周必大子充爲之跋。賈師憲物也【六】。

《林邑進雞鵝圖》【七】，蓋唐貞觀時經進，太宗以其思歸，并二女皆放之「放之」一作「送」。還國。乃閻立本真迹也。

【六】

此條原在「靳公子家所藏」下，據奇晉齋本移至此處。

【七】

林邑進雞鵝圖　「雞鵝」原作「鸚鵡」，據秘笈本、四庫本、奇晉齋本改。

楊元誠家所藏

唐王建親書宮體小詩一百二十首，蓋《宮詞》也，極其宛轉妖麗，今人罕能及。後有錢武肅王印赤心三九，押龍，蓋宣和内府物也。其字皆章草。

余見薛玄卿示以銅雀香鼎一，兩耳有二龍，交蟠宛轉，目各有珠，能轉，又取不出。蓋紹興古物，亦希世之寶也。

靳公子家所藏

錦川石，長五丈餘，蓋宣和後宰門所謂艮岳前河梁也。石色紫碧相間，皆成文理，近世罕得。今藏戚順王家。

附録

張昞跋

余從眉公寶顏堂獲觀此書，拜録以歸。每遇風雨薄暝，景物蕭然，則焚香對展。因自笑窮波斯博得紙上肉好，便如少文室中四壁皆響。近爲友人借閲甚衆，余當汾之，請無以懷璧爲罪。清和季子張昞識。

（《寶顏堂秘笈》本《雲煙過眼録續録》卷尾）

林村跋

弁陽老人所著《雲煙過眼録》，中附葉森、文璧二氏所見，與湯允謨《續録》數頁，非盡周公之書也。世所傳鈔與刻本皆訛舛不可讀，此爲張青甫所校，猶有未盡。余復重加考正，然其中錯亂無序者尚多，聊且録出，以備遺忘。戊午三月廿二日，京師横街。時余病口糜，食粥一月矣。林村題。

（《十萬卷樓叢書》本《雲煙過眼録續集》卷尾）

陸烜跋

周公謹《雲烟過眼録》，《説類》中蓋不一刻矣。獨湯君《續録》則世多未見。《御定書畫譜》曾一采之，烜訪求十餘年，近始得都元敬手鈔本，相其體例錯雜，當是未定之書。然代改時移，寶迹良散，而獨存此蠹餘數頁，愛古者，誰忍聽其淹没而不傳也？或有誤字，恐涉金根車之陋，不敢臆易云。陸烜識。

（《奇晉齋叢書》本《雲煙過眼續録》卷尾）

周星詒跋

丁卯四月二十四日，借得魏稼孫藏《奇晉齋叢書》殘帙，皆鮑以文先生手校者。中有湯氏《續録》與都南濠《寓意編》合訂一册。因以對勘此卷，陸刻脱誤雖經鮑以文、盧抱經校正，而貝葉、古墨、古玉畫、龍蓋、同硯、錢武肅赤心三九二印諸條，非得此本，莫從考補。以此知博雅如二公，不得佳本，亦難盡善，而舊鈔之可寶蓋如此云。季貺星詒燈下校訖記。

（清鈔《雲煙過眼録》二卷《續集》一卷本卷尾）